*Sind Sie richtig versichert?*

Susanne Leuzinger-Naef / Hans Schmidt /
René Schuhmacher / Hans-Peter Thür

# Sind Sie richtig versichert?

*Das Handbuch für alle Versicherungsnehmer*

*Ein Ratgeber aus der Beobachter-Praxis*

**Beobachter**
RATGEBER

Die Autoren sind als Rechtsanwälte in Zürich tätig.

Für die einzelnen Kapitel zeichnen verantwortlich:

*Susanne Leuzinger-Naef*
Berufliche Vorsorge, Alters- und Hinterlassenenversicherung, Invalidenversicherung, Ergänzungsleistungen zur AHV und IV

*Hans Schmidt*
Arbeitslosenversicherung, Unfallversicherungen

*René Schuhmacher*
Lebensversicherungen, Privathaftpflichtversicherungen, Hausratversicherungen, Rechtsschutzversicherungen

*Hans-Peter Thür*
Krankenversicherungen, Autoversicherungen, Reiseversicherungen

Das Kapitel über die Militärversicherung entnahmen wir dem Beobachter-Ratgeber «Unfall, was nun?» von Dr. Peter Stein, Rechtsanwalt in Basel, und Josef Rennhard, Beobachter-Redaktor.

Das Kapitel über die Reiseversicherungen beruht auf Angaben aus dem Abschnitt «Sicher ist sicher» im Beobachter-Ratgeber «Reisen ohne Sorgen» von Ruedi Schärer, Redaktor in Basel.

Herausgeber: Der Schweizerische Beobachter
Lektorat: Rolf Pfister/Die Beobachter-Redaktion
Schutzumschlag: Atelier Binkert, Regensberg
Satz: Fosaco AG, Bichelsee
Druck: B & K Offsetdruck, Ottersweier
©Verlagsgesellschaft Beobachter AG, Glattbrugg
2., verbesserte und ergänzte Auflage 1986 (11.–18. Tausend)
ISBN 3-85569-102-9

# Inhaltsverzeichnis

# Was will dieses Buch?

**Alle für einen und einer für alle!** — diesen Grundgedanken jeder Versicherung, der vielerorts in Vergessenheit geraten ist, wollen wir unserem Ratgeber als Motto voranstellen.

Noch vor wenigen Jahrzehnten verunsicherten die Angst vor dem finanziell nicht abgesicherten Alter, die Furcht vor Krankheit, Unfällen, Arbeitslosigkeit, dem Tod des Ernährers weite Kreise der Bevölkerung.

Seither haben politische Massnahmen, Privatversicherungen, aber auch der zunehmende Wohlstand die Entwicklung in neue Bahnen gelenkt. Die meisten Schweizerinnen und Schweizer brauchen heute in finanzieller Hinsicht keine Angst mehr vor dem Morgen zu haben. Dem Einzelnen bietet sich aber das dichtgeknüpfte Netz der sozialen Sicherheit keineswegs als Hängematte dar, in der man sich geruhsam erholen kann. Vielmehr herrscht ein Wirrwarr von Prämien und Lohnabzügen vor, für die der einzelne Arbeitnehmer bisweilen den Lohn von zwanzig Arbeitstagen und mehr im Jahr aufwenden muss. Ein Gesetzes- und Vorschriftendschungel auch, den der Versicherte oft kaum mehr durchblicken kann.

Hier will unser Ratgeber Hilfe anbieten. Er versucht in knapper Form die wesentlichen Aspekte unseres Sozialversicherungssystems darzustellen. Er schliesst aber auch die freiwilligen Versicherungen mit ein, die in der Schweiz weitgehend durch private Gesellschaften angeboten werden. Wer ist wann, wo und wie versichert? Auf diese Frage will **Sind Sie richtig versichert?** Antworten geben.

Die Autoren haben vielerorts mit Kritik nicht gespart. Sei es, dass sie Lücken oder Ungerechtigkeiten in der Sozialgesetzgebung anvisieren, sei es, dass sie die privaten Gesellschaften zu mehr Klarheit in den Bedingungen und in der Tarifpolitik auffordern. Wichtig scheint uns, dass damit jeder Einzelne aufgefordert wird, seine eigene Versicherungssituation neu zu überdenken. Was ist für mich und meine Angehörigen wichtig? Dieser Frage geht unser Ratgeber nach, er hilft, Doppelspurigkeiten zu vermeiden und allfällige Lücken zu schliessen.

Versicherungen sind sinnvoll — dies ist unbestritten. Wie und wann welches Risiko versichert sein muss oder versichert sein sollte, darüber scheiden sich die Geister. Wenn unser Ratgeber dem einzelnen Versicherungsnehmer helfen kann, die richtigen Entscheide zu treffen, ihn darüber hinaus im Falle eines (Versicherungs-)Falles zuverlässig berät, dann hat er seinen Zweck erfüllt.

Die Autoren danken folgenden Personen für die wertvolle Unterstützung:
Kathrin Asal, Zürich; Dr. Kurt Bänninger, Zürich; Peter Bohny, Basel; Franz Cahannes, Zürich; Heidi Hofmann, Zürich; Dr. Atila Ileri, Zürich; Susi Käppeli, Zürich; Peter Müller, Zürich; Thomas U. Müller, Zürich; Robert Rohrbach, Solothurn; Verena Thalmann, Zürich; Ulrich Walser, Zürich; Kurt Widmer, Aarau.

Glattbrugg, im Oktober 1985    Die Autoren

Der Schweizerische Beobachter

**Zur zweiten Auflage**

Unser Versicherungsratgeber scheint einem Bedürfnis vieler Versicherungsnehmer zu entsprechen. Nur wenige Monate nach Erscheinen wird bereits die zweite Auflage fällig.

In der neuen Auflage konnten dank zahlreichen − auch kritischen − Hinweisen aus dem Leserkreis viele Details verbessert und missverständliche Formulierungen ausgemerzt werden. Die Zahlenangaben wurden auf den neuesten Stand gebracht. Schliesslich wurde die Neuausgabe durch ein Register ergänzt, das den Gebrauchswert des Ratgebers noch erhöhen soll.

Autoren und Verlag sind allen Lesern zu Dank verpflichtet, die zur Verbesserung der Neuauflage beigetragen haben. Für weitere Anregungen sind wir stets dankbar.

Glattbrugg, im Juni 1986    Die Autoren

Der Schweizerische Beobachter

# Berufliche Vorsorge
# (zweite Säule)

Die finanzielle Sicherung alter und invalider Menschen sowie von Menschen, deren Versorger gestorben ist, beruht nicht nur auf der AHV und der IV. Hinzu tritt als sogenannte *zweite Säule* die berufliche Vorsorge, allgemeiner bekannt unter dem Namen Pensionskasse. Sie ist seit dem 1. Januar 1985 für alle Arbeitnehmer obligatorisch.

Während AHV und IV das Existenzminimum garantieren sollen, ist das Ziel der beruflichen Vorsorge die Sicherung der gewohnten Lebenshaltung.

In den Jahren der Hochkonjunktur diente eine gut ausgebaute Pensionskasse als Lockvogel im Kampf um Arbeitskräfte und auch als «goldene Fessel», denn bei Stellenwechsel konnte der Arbeitnehmer nicht das ganze für ihn gesammelte Kapital mitnehmen. Nicht zuletzt weil seit Ende der 60er Jahre damit gerechnet werden musste, dass eine Pensionskasse für alle Arbeitnehmer obligatorisch erklärt werden würde, gab es im Jahre 1978 bereits über 17 000 Vorsorgeeinrichtungen, die sehr unterschiedliche Leistungen erbrachten, mit über 1,5 Millionen Aktivmitgliedern und über 300 000 Rentnern. Immerhin, 20–25% der Erwerbstätigen waren überhaupt nicht versichert, und bei weiteren 20% war der Versicherungsschutz in dem Sinne unzulänglich, dass er nicht die Fortsetzung der gewohnten Lebenshaltung garantierte. So bringt das seit anfangs 1985 in Kraft stehende Obligatorium der beruflichen Vorsorge für fast die Hälfte der Beschäftigten eine Leistungsverbesserung mit sich. Für die andere Hälfte verändert sich dagegen kaum etwas, da die bisherigen Pensionskassen selbstverständlich weiterbestehen können. Immerhin muss der Stiftungsrat jeder Pensionskasse überprüfen, ob sie den Vorschriften des Gesetzes über die berufliche Vorsorge (BVG) genügt, und allenfalls die notwendigen Änderungen vornehmen.

## Was geschieht mit den bisherigen Pensionskassen?

Wer schon vor 1985 einer Pensionskasse angehörte, verliert die damit erworbenen Rechte nicht. Indessen ist das BVG auf Leistungen, die vor Inkrafttreten des Gesetzes erworben wurden oder die über dieses Minimum hinausgehen, grundsätzlich nicht anwendbar.

Für solche vor- und überobligatorischen Leistungen bestehen nur sehr wenige gesetzliche Vorschriften (im *Arbeitsvertragsrecht* und im *Stiftungsrecht*), so dass im wesentlichen auf die Statuten und Reglemente der Vorsorgeeinrichtungen abzustellen ist. Da die Reglemente ausserordentlich vielfältig sind, können die folgenden Ausführungen nur die gesetzlichen Bestimmungen — BVG, Arbeitsvertragsrecht und Stiftungsrecht, soweit sie von der beruflichen Vorsorge handeln — behandeln.

> Tauchen konkrete Fragen auf, ist es unerlässlich, die Reglemente der eigenen Vorsorgeeinrichtung zu studieren.

Die folgenden Ausführungen sind gedacht für die Versicherten, die Beiträge bezahlen müssen oder Leistungen beanspruchen können. Fragen, die sich den mit der Geschäftsführung von Pensionskassen betrauten Personen, z. B. Mitgliedern eines Stiftungsrates stellen, können hingegen nur gestreift werden.

## Die Versicherten

■ Obligatorisch versichert sind grundsätzlich die meisten Arbeitnehmer.

■ Selbständigerwerbende können sich freiwillig versichern, während Nichterwerbstätige — z. B. Hausfrauen, Arbeitslose, Vollinvalide, Schüler und Studenten — nicht versichert sind und sich auch nicht freiwillig versichern können. Diese haben sich mit AHV, IV und allfälligen privaten Versicherungen zu begnügen.

■ Aber auch nicht alle Arbeitnehmer sind obligatorisch versichert: Wer bei einem Arbeitgeber weniger als Fr. 16 560.— pro Jahr (ab 1986: Fr. 17 280.—) verdient, ist nicht versichert, denn bei tieferen Löhnen wird das Leistungsziel der beruflichen Vorsorge — 60% des früheren Einkommens — bereits mit der zu erwartenden Rente der AHV bzw. IV erreicht. Mit dieser Einkommensgrenze fallen viele Teilzeit-Angestellte, meistens Frauen, aus der obligatorischen Versicherung heraus.

Arbeitnehmer, die bei verschiedenen Arbeitgebern insgesamt mehr als Fr. 16 650.— (ab 1986: Fr. 17 280.—) verdienen, aber bei jedem einzelnen Arbeitgeber weniger, haben die Möglichkeit, sich *für das ganze Einkommen freiwillig versichern zu lassen,* entweder bei der Vorsorgeeinrichtung eines ihrer Arbeitgeber (wenn deren Reglement dies zulässt) oder bei der gesamtschweizerischen *Stiftung Auf-*

*fangeinrichtung.* Ist der Arbeitnehmer nur bei *einem* Arbeitgeber obligatorisch versichert, kann er auch das beim andern Arbeitgeber erzielte Einkommen freiwillig versichern lassen, entweder bei der Vorsorgeeinrichtung, wo er obligatorisch versichert ist (wenn deren Reglement es zulässt) oder bei der Auffangeinrichtung. Die Arbeitgeber haben die Hälfte seiner Beiträge zu übernehmen. Auch Temporär-Angestellte sind nicht obligatorisch versichert, wenn das Anstellungsverhältnis auf maximal 3 Monate befristet ist.

■ Wer mindestens 17 Jahre alt ist, ist gegen die Risiken Invalidität und Tod zu versichern, während die Versicherung für die Altersrente erst ab dem 25. Altersjahr obligatorisch ist.

## Versicherung gegen Invalidität bei Stellenverlust

Die Versicherung beginnt mit dem Antritt des Arbeitsverhältnisses.

■ Ein Vorbehalt wegen bereits bestehender Krankheiten ist *nicht zulässig.* Wird der Arbeitnehmer wegen einer bei Antritt der Stelle bestehenden Krankheit invalid oder stirbt er daran, muss die Vorsorgeeinrichtung jedenfalls die Minimalleistungen gemäss BVG erbringen. Die Versicherung endet, sobald der Arbeitnehmer Anspruch auf eine Altersrente hat oder wenn sein Lohn unter den Betrag von Fr. 16 560.− (ab 1986: Fr. 17 280.−) jährlich sinkt.

Bei Stellenwechsel erlischt die Versicherung gegen Invalidität und Tod 30 Tage nach Austritt aus der Firma (wenn der Arbeitnehmer nicht vorher einer andern Vorsorgeeinrichtung beitritt). Wird der Arbeitnehmer nach Ablauf dieser 30 Tage invalid oder stirbt er, muss die frühere Vorsorgeeinrichtung nichts bezahlen!

■ Der Anspruch auf das Altersguthaben bleibt hingegen auch bei Stellenwechsel erhalten (s. S. 25).

Der Arbeitgeber hat es also in der Hand, die Pensionskasse seines Betriebs von sogenannten schlechten Risiken zu entlasten, *indem er einen kranken Arbeitnehmer entlässt!* Aufgrund der Absenzenkontrolle wird er ja in der Regel leicht feststellen können, wer von Invalidität bedroht sein könnte. Ein Arbeitnehmer, der in diesem Sinn ein Risiko darstellt, wird es auch schwer haben, eine neue Stelle zu finden.

Immerhin sieht das BVG vor, dass sich der stellenlose Arbeitnehmer weiterhin freiwillig versichern kann, entweder bei der bisherigen Vorsorgeeinrichtung, wenn deren Reglement es zulässt, oder bei der Auffangeinrichtung. Die frühere Vorsorgeeinrichtung muss den Arbeitnehmer auf die Möglichkeit der Fortführung der Versicherung aufmerksam machen.

## Was tun, wenn sich der Arbeitgeber keiner Vorsorgeeinrichtung anschliesst?

Es ist Sache des Arbeitgebers, sich einer Vorsorgeeinrichtung anzuschliessen. Sobald er dies getan hat, sind alle von ihm beschäftigten Arbeitnehmer dort versichert, auch wenn er nicht alle gemeldet oder wenn er die Beiträge nicht bezahlt hat. Die AHV-Ausgleichskassen kontrollieren, ob sich alle Betriebe einer Vorsorgeeinrichtung angeschlossen haben. Falls sich der Arbeitgeber auch nach entsprechender Mahnung nirgends anschliesst, kann er zwangsweise der gesamtschweizerischen Stiftung Auffangeinrichtung angeschlossen werden.

■ **Aber auch solange der Arbeitgeber keine Vorsorgeeinrichtung gewählt hat, sind die von ihm beschäftigten Arbeitnehmer nicht schutzlos.** Im Risikofall bezahlt nämlich die Stiftung Auffangeinrichtung die ihnen zustehenden Leistungen.

## Lohnt sich die freiwillige Versicherung für Selbständigerwerbende?

Selbständigerwerbende können sich freiwillig versichern lassen, wenn sie jährlich mehr als Fr. 17 280.– verdienen. Versicherer ist entweder die Vorsorgeeinrichtung des Berufsverbandes oder ihrer Arbeitnehmer oder aber die Stiftung Auffangeinrichtung.

Anders als bei den Arbeitnehmern, darf die Vorsorgeeinrichtung gegenüber dem freiwillig versicherten Arbeitgeber für bestehende Krankheiten einen Vorbehalt für maximal 3 Jahre machen. Wird der Versicherte in dieser Zeit wegen der vorbehaltenen Krankheit invalid oder stirbt er daran, hat die Vorsorgeeinrichtung nichts zu bezahlen. Dieser Vorbehalt ist indessen unzulässig, wenn der Versicherte vorher mindestens 6 Monate obligatorisch versichert war und sich innert Jahresfrist freiwillig versichert.

Viele Selbständige stellen sich die Frage, ob sie einer Vorsorgeeinrichtung beitreten sollen oder ob sie für die Risikofälle individuell vorsorgen wollen. Die Frage ist nicht leicht zu beantworten.

Die zweite Säule bringt Selbständigerwerbenden zwei Vorteile:
■ Einerseits haben die Versicherungsgesellschaften günstigere Tarife für die Versicherung gegen die Risiken Invalidität und Tod anzubieten; erbringen die Vorsorgeeinrichtungen diese Leistungen selbst, sind sie in der Regel noch etwas günstiger.
■ Anderseits bringt die zweite Säule ab 1.1.1987 *steuerliche Vorteile,* indem die Beiträge an Vorsorgeeinrichtungen vom Einkommen abgezogen werden können, die Zinserträge steuerfrei sind und das Stiftungsguthaben *nicht als Vermögen* zu versteuern ist. *Erst die Leistungen sind steuerbar,* die dann aber in eine einkommensschwächere Lebensphase fallen.

Von Nachteil ist dagegen, dass über das bei der Vorsorgeeinrichtung liegende Vermögen grundsätzlich erst bei Aufgabe der Erwerbstätigkeit verfügt werden kann (Ausnahme s. S. 26). Auch müssen bei der Vermögensanlage die gesetzlichen Vorschriften beachtet werden, die eher auf Sicherheit als auf hohen Ertrag abzielen, was als Nachteil empfunden werden kann.

## Vorsorge steuerfrei?

Ab 1987 können sämtliche an Vorsorgeeinrichtungen geleisteten Beiträge bei den eidgenössischen, kantonalen und Gemeindesteuern abgezogen werden. Anderseits sind die von Vorsorgeeinrichtungen ausgerichteten Leistungen ab 1987 in vollem Umfang als Einkommen steuerbar. Davon ausgenommen sind Renten und Kapitalabfindungen, die vor 1987 zu laufen beginnen oder fällig werden oder aber vor dem Jahr 2002 zu laufen beginnen oder fällig werden und auf einem Vorsorgeverhältnis beruhen, das Anfang 1985 bereits bestand.

Auch andere Vorsorgeformen − die sogenannte dritte Säule − kommen in den Genuss von Steuererleichterungen, etwa Vorsorgepolicen bei Lebensversicherungsgesellschaften und Vorsorgevereinbarungen mit Banken.

Folgende jährlichen Aufwendungen für die dritte Säule müssen nicht versteuert werden: 20% des Erwerbseinkommens, maximal Fr. 20 736.−, wenn daneben keine Beiträge an die zweite Säule geleistet werden. Werden Beiträge geleistet, können Fr. 4 487.− abgezogen werden.

Die dadurch verursachten Steuerausfälle werden voraussichtlich durch anderweitige Einsparungen oder durch allgemeine Steuererhöhungen aufgefangen. Von der Steuerbefreiung dürften eher die betuchteren Versicherten profitieren können.

## Haben die Arbeitnehmer ein Mitspracherecht, bei welcher Vorsorgeeinrichtung sie versichert sein wollen?

Solange die berufliche Vorsorge nicht obligatorisch war, hat der Arbeitgeber allein bestimmt, bei welcher Vorsorgeeinrichtung sein Personal versichert sein sollte. Mit der Unterschrift unter den Arbeitsvertrag hat der Arbeitnehmer gleichzeitig auch zugestimmt, einer bestimmten Pensionskasse anzugehören. Wählen konnte er nicht, höchstens entscheiden, ob er der Pensionskasse des Betriebs überhaupt angehören wolle oder nicht; für gewisse Gruppen des Personals, z. B. Teilzeitbeschäftigte, konnte der Beitritt fakultativ sein.

An dieser Entscheidungsbefugnis des Arbeitgebers hat auch die Einführung des Obligatoriums nicht viel geändert. Bis zum Inkrafttreten des Obligatoriums, also bis Ende 1984, war der Arbeitgeber nämlich frei zu bestimmen, welcher Vorsorgeeinrichtung er sich anschliessen wollte. Da die meisten Betriebe von ihren Verbänden und den Privatversicherungen aufgefordert wurden, die Versicherung rechtzeitig abzuschliessen, dürfte der Entscheid bei den meisten Betrieben bereits gefallen sein. Nur dort, wo ein Arbeitgeber bis anfangs 1985 noch keine Vorsorgeeinrichtung gewählt hat, hat das Personal ein Mitbestimmungsrecht; bei Uneinigkeit entscheidet ein Schiedsrichter. Leider ist diese Bestimmung — anders als andere organisatorische Vorschriften — nicht vorzeitig in Kraft gesetzt worden.

## Haben die Versicherten bei der Geschäftsführung ihrer Vorsorgeeinrichtung mitzureden?

Das BVG gesteht den Arbeitnehmern *neu, indessen erst ab 1.1.1987,* ein paritätisches Mitbestimmungsrecht zu. Die Arbeitnehmer stellen also die Hälfte des Stiftungsorgans — in der Regel des Stiftungsrates —, das die notwendigen Reglemente erlässt, für die Finanzierung und Vermögensverwaltung besorgt ist und über die auszurichtenden Leistungen entscheidet. Das Reglement hat Auskunft zu geben über das Verfahren bei Stimmengleichheit.

■ Es ist unzulässig, dem Arbeitgeber die Möglichkeit zu geben, die Arbeitnehmervertreter zu überstimmen, etwa indem der Stichentscheid dem Vorsitzenden überlassen wird und dieser immer von der Arbeitgeberseite gestellt wird.

Die paritätische Verwaltung **gilt für alle Kassen, die die obligatorische berufliche Vorsorge durchführen,** auch wenn eine Kasse über das BVG-Minimum hinausgehende Leistungen erbringt.

Um die paritätische Verwaltung teilweise zu umgehen, haben manche Arbeitgeber für die Minimalversicherung nach BVG eine separate Kasse gegründet; sie muss paritätisch verwaltet werden. Die andere Kasse aber erbringt die Leistungen, die über das BVG-Minimum hinausgehen. Sie ist entsprechend dem Verhältnis der Beitragsleistungen von Arbeitgeber und Arbeitnehmern, **also nicht paritätisch,** zu verwalten.

Dies ist der Grund dafür, dass seit anfangs 1985 viele Arbeitnehmer bei zwei Kassen versichert sind. Die Rechte und Pflichten gegenüber diesen beiden Kassen sind jeweils gesondert zu prüfen.

## Die Beiträge

FINANZIERUNG DER ZWEITEN SÄULE DURCH KAPITALDECKUNG: EIN PROBLEMATISCHES VERFAHREN

Die Finanzierung der zweiten Säule unterscheidet sich grundlegend von der Finanzierung der ersten Säule, der AHV. Für die AHV wird das *Umlageverfahren* angewendet, bei dem die aktive Bevölkerung die Leistungen an die Rentner aus ihren Beiträgen finanziert, die Reserven sind klein (siehe S. 33). In der zweiten Säule dagegen gilt das *Kapitaldeckungsverfahren:* Jeder Versicherte spart das Kapital zusammen, das ihm später (samt den im Lauf der Zeit mit dem Kapital erwirtschafteten Zinsen) in Form von Renten wieder ausbezahlt wird.

Trotzdem stimmt es nur rechnerisch, dass jedermann seine eigene Rente spart. Tatsächlich ist es immer die *aktive Bevölkerung,* die die Renten finanziert. Ausser einer bewohnbaren Liegenschaft kann man ja nichts Jahrzehnte zum voraus anschaffen. Das gesparte Geld *muss* angelegt werden, und es *muss* eine *Rendite* abwerfen, aus der die Renten bezahlt werden. Diese Rendite wird von der aktiven Bevölkerung erarbeitet. Wird z. B. das Kapital in Form von Obligationen (Darlehen) in einer Firma angelegt, muss das Darlehen samt Zinsen von den Arbeitnehmern dieser Firma durch Arbeit amortisiert werden. Wird mit dem Kapital ein Haus mit Mietwohnungen gekauft, müssen die Mieter die Rendite in Form des Mietzinses bezahlen.

■ Diese Beispiele zeigen, dass das Kapitaldeckungsverfahren kaum mehr Sicherheiten bietet als das *Umlageverfahren:* Macht die Firma Konkurs, können wahrscheinlich die Obligationen nicht vollständig zurückbezahlt werden; sinkt das Einkommen der Bevölkerung, können nicht die erwarteten hohen Mietzinse eingenommen werden. Nur schon durch die «normale» Teuerung verliert das gesparte Kapital an Wert: In den letzten Jahren haben die Pensionskassen wegen der Teuerung Milliardenbeträge an Realwert verloren.

## KRITISCHE STIMMEN

Nachdem seit 1985 sämtliche Arbeitnehmer zum Zwangssparen verpflichtet sind, werden die Pensionskassen bis ins Jahr 2000 zweihundert Milliarden Franken anlegen müssen. Schon heute stellt sich die Frage, ob sie dies im Interesse der Versicherten tun können. Oder werden Mieter auf die Strasse gestellt, weil «ihre» Pensionskasse eine höhere Rendite erzielen will oder muss? Werden Arbeitnehmer auf die Strasse gestellt, weil «ihre» Pensionskasse dem Betrieb Geld für Rationalisierungsmassnahmen zur Verfügung gestellt hat?

Von links bis rechts mehren sich kritische Stimmen zum Finanzierungsverfahren der beruflichen Vorsorge. Der Nationalökonom Henner Kleinewefers, der zu Handen des Bundesrates den Expertenbericht «Lage und Probleme der schweizerischen Wirtschaft 1978/ 79» mitverfasste, meint: **«Dieser Volksentscheid war wahrscheinlich der verhängnisvollste wirtschaftspolitische Fehlentscheid der Geschichte der Eidgenossenschaft.»**

## Die Beiträge der Versicherten

Bezüglich der Beiträge ist im Gesetz lediglich vorgeschrieben, dass der Arbeitgeber mindestens die Hälfte der Beiträge leisten muss. Die *Höhe der Beiträge* ist gesetzlich nirgends geregelt. Jede einzelne Pensionskasse muss sie im Reglement so festlegen, dass sie allen Versicherten bei Eintritt des Risikofalles — Invalidität, Tod, Alter — die ebenfalls im Reglement versprochenen Leistungen erbringen kann. (Bei der Gestaltung der Leistungen ist die Pensionskasse ebenfalls frei, als Minimum muss sie aber seit anfangs 1985 die Leistungen gemäss BVG bringen.)

■ Jedem Versicherten muss ein bestimmter Prozentsatz seines *koordinierten Einkommens* (AHV-pflichtiger Lohn minus Fr. 17 280.—) gutgeschrieben werden, der abhängig ist von Alter und Geschlecht. Viele Pensionskassen erheben von ihren Versicherten für die Altersrente den Betrag, den sie seinem Konto gutschreiben müssen:

| Altersjahr | | Ansatz in % des | |
| Männer | Frauen | koordinierten Lohnes | |
| 25 – 34 | 25 – 31 | 7 | |
| 35 – 44 | 32 – 41 | 10 | |
| 45 – 54 | 42 – 51 | 15 | 1985/86: 11 |
| 55 – 65 | 52 – 62 | 18 | 13 |

## Nachteil für Ältere

Dieses System kann sich für ältere Arbeitnehmer als *nachteilig* erweisen. Da der Arbeitgeber die Hälfte der Beiträge zu übernehmen hat, wird er es sich gut überlegen, ob er einen Arbeitnehmer anstellen will, der ihm derart hohe Sozialabgaben verursacht.

■ Andere Pensionskassen erheben – als Ausdruck der *Solidarität von Jung und Alt* – von allen Versicherten denselben Prozentsatz des (koordinierten) Lohnes. Weisen die Versicherten einer Kasse eine gleichmässige Alters- und Lohnstruktur auf, dürfte der durchschnittliche Beitragssatz auf dem koordinierten Lohn für die Altersrente ca. 12% betragen.

■ Zu diesen Beiträgen für die Altersrente kommen, sowohl bei gestaffelten als auch bei durchschnittlichen Beiträgen, die Kosten für die Risiken *Invalidität und Tod,* die 1,7 bis 3,5% auf dem koordinierten Lohn ausmachen.

■ Weitere 0,3% der koordinierten Löhne muss die Vorsorgeeinrichtung an die gesamtschweizerische *Stiftung Sicherheitsfonds* überweisen. Dieser obliegen zwei Aufgaben: Einerseits springt sie ein, wenn eine Kasse zahlungsunfähig geworden ist und die BVG-Mindestleistungen nicht mehr erbringen kann. Anderseits zahlt sie Zuschüsse an Kassen, die eine ungünstige Altersstruktur aufweisen:

Das System der Altersgutschriften kann dazu führen, dass eine Kasse mit überwiegend jungen Versicherten weniger als 10% Beiträge auf dem koordinierten Lohn erheben muss, während eine Kasse mit überwiegend älteren Versicherten gegen 18% gutschreiben müsste. Das wird als unzumutbar erachtet. Übersteigen die Altersgutschriften 14%, *übernimmt deshalb der Sicherheitsfonds den Rest.*

■ Ein weiteres Beitragsprozent auf dem koordinierten Lohn ist innerhalb jeder einzelnen Kasse für die sogenannten *Sondermassnah-*

17

*men* bereitzustellen: Für Leistungen an Versicherte mit kleinen Einkommen, die vor 1994 pensioniert werden und kein grosses Alterskapital sparen konnten, und für den Teuerungsausgleich auf den laufenden Altersrenten.

## Muss man sich in die BVG-Pensionskasse einkaufen?

In bezug auf die Minimalleistungen des BVG *nicht*. Da die Kassen aber nach oben in der Gewährung von Leistungen frei sind, ist es ihnen auch unbenommen, den zuletzt erzielten Lohn zu versichern und entsprechende (Einkaufs-)Beiträge zu erheben.

## Wie werden die Beiträge einkassiert?

Der Arbeitgeber zieht den Arbeitnehmern den Beitrag jeweils vom Lohn ab und überweist ihn zusammen mit seinem eigenen Anteil der Vorsorgeeinrichtung.

## Die Leistungen

**Was muss im Minimum ausbezahlt werden?** Das BVG soll — zusammen mit den AHV- und IV-Renten — den Pensionierten, Invaliden und Hinterlassenen die Fortführung der gewohnten Lebenshaltung erlauben. Die Renten müssten dafür etwa 60% des letzten Verdienstes erreichen, haben die Statistiker errechnet. Dieses *Leistungsziel* wird erreicht, wenn der Versicherte während 40 Jahren, vom 25. bis 65. Altersjahr, insgesamt 500% (je 10 Jahre à 7, 10, 15 und 18%) seines koordinierten Lohnes anspart und alsdann (bei einer mittleren Lebenserwartung nach der Pensionierung von 13,8 Jahren) jährlich eine Rente von 7,2% des angesparten Altersguthabens bezieht. Damit dieses Ziel effektiv erreicht werden kann, müssen also verschiedene **Voraussetzungen** erfüllt sein:

■ Der Versicherte muss durchgehend während 40 Jahren erwerbstätig sein: Wer wegen Schwangerschaft, Kinderbetreuung, Arbeitslosigkeit, Krankheit etc. längere Zeit nicht arbeiten kann, erreicht das Leistungsziel nicht; ob die Versicherten, die vor dem Jahre 2024 pensioniert werden, das Leistungsziel erreichen, ist ungewiss (Problem der sog. Eintrittsgeneration, s. S. 19).

■ Die allgemeine Einkommenssteigerung und die erwirtschafteten Zinsen halten sich die Waage. Wenn die Inflation höher ist als die durchschnittliche Rendite der Kapitalanlage, wird das Leistungsziel wertmässig nicht erreicht.

■ Der durchschnittliche Lohn, auf dem Beiträge entrichtet werden, entspricht dem vor der Pensionierung erzielten letzten Lohn. Wer im Laufe seines Erwerbslebens in Genuss einer Reallohnerhöhung kommt, erreicht das Leistungsziel nicht.

■ Dem Parlament war bewusst, dass das heute gültige BVG *nur die erste Etappe* auf dem Weg zur Erreichung des Leistungsziels ist. **Schon der erste Artikel des Gesetzes besagt, dass es vor Ablauf von 10 Jahren, also vor 1995, zu revidieren ist.**

### WELCHES EINKOMMEN IST VERSICHERT?

Versichert ist der Lohn, der zwischen den Grenzbeträgen von Fr. 16 560.– und Fr. 49 680.– (ab 1986: Fr. 17 280.– und Fr. 51 840.–) jährlich liegt, der sog. koordinierte Lohn. Berücksichtigt werden die gleichen Lohnbestandteile wie in der AHV (s. S. 37).
■ Wer weniger als Fr. 16 560.– (ab 1986: Fr. 17 280.–) jährlich verdient, erreicht das Leistungsziel von 60% *mit der AHV* allein. Der obere Grenzlohn entspricht demjenigen Lohn, der zur maximalen AHV-Rente berechtigt.

## Die Altersrente

Wie in der AHV sind Frauen nach dem 62. Altersjahr rentenberechtigt. Männer dagegen erst nach dem 65. Altersjahr. Abweichend vom Gesetz können die Vorsorgeeinrichtungen Altersrenten schon bei früherer Aufgabe der Erwerbstätigkeit ausrichten.

### DIE HÖHE DER ALTERSRENTE

Auf dem koordinierten Lohn hat die Vorsorgeeinrichtung die sog. Altersgutschriften vorzunehmen und auf das Konto des Versicherten einzutragen. Dessen Stand muss jederzeit bekannt sein. Er umfasst die jährlichen Altersgutschriften, den jährlichen Zins sowie die aus früheren Beschäftigungen eingebrachten Freizügigkeitsguthaben (s. S. 26).

Jede Pensionskasse muss mindestens ein Vermögen im Wert der Altersgutschriften sämtlicher Versicherter haben. Die Altersgutschriften sind abhängig vom Alter und Geschlecht des Versicherten (s. S. 17).

Die *Staffelung* der Altersgutschriften führt dazu, dass das Sparkapital vor allem in den letzten Jahren vor der Pensionierung angesammelt wird und somit weniger der Geldentwertung und den Risiken des Kapitalmarktes ausgesetzt ist. Sie hat auch den Zweck, denjenigen Versicherten ein höheres Alterskapital zu verschaffen, die vor Ablauf der für die Erreichung des Leistungsziels vorausgesetzten 40jährigen Beitragsdauer pensioniert werden.

**Auch wenn eine Kasse von jedem Versicherten gleichmässige Beiträge von 12% erhebt, muss sie dem 30jährigen nur 7% gutschreiben, dem 55jährigen dagegen 18%.** Pech hat der Versicherte, der in jungen Jahren einer Kasse mit gleichmässigen Beiträgen angehört und in späteren Jahren einer solchen mit gestaffelten: Er wird nicht in Genuss der Solidarität der Jungen kommen, die er selbst früher geübt hat.

■ Die Altersgutschriften sind jährlich mit mindestens 4% zu verzinsen.

■ Bei Eintritt ins Rentenalter verfügt der Versicherte durch Äufnung von Altersgutschriften über ein bestimmtes Alterskapital. Seine Altersrente beträgt jährlich 7,2% davon.

■ Das System der Altersgutschriften gemäss BVG gilt erst seit anfangs 1985. Entsprechend gelten die Vorschriften des BVG nur für das Alterskapital, das seit anfangs 1985 angespart wurde. Für Leistungen, die durch frühere Beiträge oder über das BVG-Minimum hinaus erworben wurden, gelten nicht die Vorschriften des BVG, sondern die Reglemente der Vorsorgeeinrichtung.

■ Achtung: Die Altersrenten werden − im Gegensatz zu denjenigen der AHV − praktisch nicht der Teuerung angepasst. Die einmal berechnete Altersrente bleibt also frankenmässig gleich und verliert mit fortschreitender Teuerung an Kaufkraft. Zwar müssen die Vorsorgeeinrichtungen 1% auf den koordinierten Löhnen für «Sondermassnahmen» bereitstellen. Zwei Drittel davon werden aber für die Aufbesserung der Renten der sog. Eintrittsgeneration verwendet (s. S. 23), so dass für die Teuerungsanpassung der laufenden Altersrenten kaum mehr viel übrig bleibt.

## Die Invalidenrente

Ist der Invalide im Sinne der IV mindestens zur Hälfte invalid, richtet die Vorsorgeeinrichtung eine halbe Invalidenrente aus. Bei einer Invalidität im Ausmass von mindestens 66⅔% erhält der Invalide eine ganze Invalidenrente.

Voraussetzung ist aber immer, dass der Versicherte bei Eintritt der Arbeitsunfähigkeit, deren Ursache zur Invalidität geführt hat, versichert war (s. S. 22).

*Zusätzlich* zur IV-Rente nach BVG werden *Kinderrenten* ausgerichtet in der Höhe von 20% der Invalidenrente, wenn ein Kind des Invaliden jünger als 18 Jahre alt ist bzw. jünger als 25 Jahre, wenn es sich noch in Ausbildung befindet oder wegen Invalidität von mindestens 66⅔% nicht erwerbsfähig ist.

## Die Hinterlassenenrenten

Wenn der verstorbene männliche Versicherte eine Ehefrau hinterlässt, erhält diese eine *Witwenrente* in der Höhe von 60% der Altersrente, sofern die Frau Kinder hat oder aber mindestens 45 Jahre alt ist und die Ehe mindestens 5 Jahre gedauert hat.

Sind diese Voraussetzungen nicht erfüllt, erhält die Witwe eine Kapitalabfindung in der Höhe von *drei Jahreswitwenrenten.* Der Anspruch auf die Witwenrente endigt mit einer Wiederverheiratung. **Der Witwer erhält, wie bei der AHV, nichts!**

*Waisenrenten* werden unter den gleichen Voraussetzungen und in gleicher Höhe ausbezahlt wie die Kinderrenten für Kinder von *Invaliden.*

UND DIE GESCHIEDENE EHEFRAU?

Die geschiedene Ehefrau hat Anspruch auf eine Witwenrente, wenn die Ehe mit dem verstorbenen Mann mindestens 10 Jahre gedauert hat. Anders als bei der AHV sind die Leistungen der Pensionskasse zudem beschränkt auf den Betrag, den der geschiedene Mann der Frau in Form von Unterhaltsbeiträgen oder einer Kapitalabfindung noch hätte bezahlen müssen. Dabei werden die Leistungen der Pensionskasse erst noch um die allfälligen Renten der AHV gekürzt.

Hinterlässt der Versicherte weder eine Witwe noch eine (geschiedene) Ehefrau oder Kinder, verbleibt sein angespartes Kapital der *Pensionskasse. Es wird nicht etwa anderen Erben ausbezahlt.*

## Die Höhe der Invaliden- und Hinterlassenenrenten

Wer vor Erreichung des Pensionsalters invalid wird oder stirbt, hat erst einen Teil des für die Renten nötigen Kapitals angespart.
■ Würden die Invaliden- und Hinterlassenenrenten nur aufgrund dieses Kapitals berechnet, wären sie ungerechtfertigt klein.

Dem vorhandenen Altersguthaben werden deshalb die fehlenden Altersgutschriften bis zum Eintritt ins Rentenalter fiktiv und ohne Verzinsung zugeschlagen, und zwar auf dem Lohn, den der Versicherte während des letzten Jahres verdiente, in dem er der Vorsorgeeinrichtung angehörte. War dieses Einkommen bereits wegen Krankheit oder Unfall vermindert, ist es auf den Betrag aufzurunden, den der Versicherte bei voller Erwerbsfähigkeit verdient hätte.

---

Die Invalidenrente nach BVG beträgt — gleich wie die Altersrente — 7,2% des so ermittelten Altersguthabens. Witwenrenten machen 60% dieses Betrages aus, Kinder- und Waisenrenten je 20%.

---

Da Invaliden- und Hinterlassenenrenten unter Umständen weit länger ausgerichtet werden müssen als Altersrenten, ist gesetzlich vorgesehen, dass sie — im Gegensatz zu den Altersrenten — bis zum Erreichen des Rentenalters des Versicherten der Teuerung angepasst werden müssen.

---

Die Invalidenrenten nach BVG werden — anders als die Renten der Invalidenversicherung — bis zum Tod ausgerichtet.

---

Da ein Invalider möglicherweise später wieder erwerbstätig wird, wird sein Altersguthaben (auf der Basis seines letzten Versicherungsjahres) bis zum Erreichen der ordentlichen Altersgrenze weitergeführt und verzinst. Erlischt sein Anspruch auf die Invalidenrente, hat er Anspruch auf eine Freizügigkeitsleistung in der Höhe seines weitergeführten Altersguthabens (s. S. 26), die er in eine neue Vorsorgeeinrichtung einbringen kann.

Ist der Invalide nur zur Hälfte invalid — was ihn zu einer halben Invalidenrente berechtigt —, wird nur die Hälfte seines Altersguthabens fiktiv weitergeführt. Auf dem Lohn, den der Invalide noch verdient, erhält er die normalen Altersgutschriften. Massgebend ist bereits der Lohn, der Fr. 8280.— (ab 1986: Fr. 8640.—) jährlich übersteigt.

In der Regel werden bei Invalidität und Tod nicht nur von der zweiten Säule Leistungen ausgerichtet, sondern auch von IV und AHV.

Damit der Invalide bzw. die Hinterlassenen finanziell nicht besser dastehen, als wenn der Versicherte nicht invalid geworden (bzw. gestorben) wäre, kann die Vorsorgeeinrichtung ihre Leistungen kürzen, und zwar soweit sie zusammen mit anderen Einkünften 90% des mutmasslich entgangenen Verdienstes übersteigen.

Allfällige Leistungen einer privaten Versicherung (eigene Unfallversicherung, Lebensversicherung etc.) dürfen indessen nicht angerechnet werden, Ehepaar-, Kinder- und Waisenrenten der AHV/ IV nur zur Hälfte, Zusatzrenten für die Ehefrau gar nicht.

■ Die Vorsorgeeinrichtungen können nach BVG in ihrem Reglement die Leistungspflicht *ausschliessen,* wenn die obligatorische Unfallversicherung oder die Militärversicherung zum Zug kommen.

■ *Altersrenten* der beruflichen Vorsorge werden dagegen *nicht* gekürzt, auch wenn zusammen mit der AHV eine Überversicherung eintritt. Das Kapital für seine Altersrente hat ja der Versicherte selbst gespart.

## Zusatzleistungen für Versicherte mit geringen Einkommen, die vor 1994 pensioniert werden

Versicherte, die bei Inkrafttreten des BVG anfangs 1985 bereits mehr als 25 Jahre alt waren, können das Leistungsziel des BVG nicht mit den normalen gesetzlichen Altersgutschriften erreichen; das bis zum Eintritt ins Rentenalter gesparte Kapital reicht nicht aus, eine Rente in der Höhe von — zusammen mit der AHV — 60% des letzten Lohnes auszurichten. **Die Verfassung aber bestimmt, dass innert 10 bis 20 Jahren sämtliche Versicherte in den Genuss der vollen Leistungen kommen sollen.** Zu Gunsten der sogenannten **Eintrittsgeneration** müssen also zusätzlich zu den Altersgutschriften Sondermassnahmen ergriffen werden, um ihr Altersguthaben schneller aufzustocken.

■ Das BVG regelt diese Sondermassnahmen vorerst nur für die Versicherten, die bis 1994 pensioniert werden. Bis dann ist ja das Gesetz zu revidieren. Zweifellos werden weitere Sondermassnahmen für die später ins Rentenalter tretende Eintrittsgeneration nötig sein.

Die Leistungen an die Eintrittsgeneration werden durch Ergänzungsgutschriften zu den ordentlichen Altersgutschriften verbessert, und zwar durch zwei Systeme:

■ *Ergänzungsgutschriften* in Form einer *einmaligen Gutschrift* bei Eintritt eines Versicherungsfalles: Das effektiv gutgeschriebene

Altersguthaben wird verdoppelt und alsdann verglichen mit dem Altersguthaben eines Versicherten, der während der ganzen Dauer des Obligatoriums auf einem koordinierten Lohn von Fr. 13 940.– Altersgutschriften erhielt. Die ordentliche Altersgutschrift eines solchen Versicherten bildet die obere Grenze der Ergänzungsgutschrift, denn begünstigt werden sollen nur Versicherte mit tiefen Einkommen.

*Finanziert* wird die Ergänzungsgutschrift aus dem einen Beitragsprozent, das die Vorsorgeeinrichtung auf allen koordinierten Löhnen erheben und für Sondermassnahmen bereithalten muss. $2/3\%$ sollen für die Ergänzungsgutschriften verwendet werden, $1/3\%$ für den Teuerungsausgleich auf den bereits laufenden Altersrenten. Das Gesetz lässt leider ausdrücklich zu, dass eine Vorsorgeeinrichtung, die nicht in der Lage ist, die Ergänzungsgutschriften zu finanzieren, diese einfach entsprechend herabsetzen kann!

■ *Jährliche Ergänzungsgutschriften:* Wenn die Vorsorgeeinrichtung das Beitragsprozent für die Sondermassnahmen nicht benötigt, kann sie jährliche Ergänzungsgutschriften machen, insbesondere wenn sie vorwiegend Versicherte hat, die vor Erreichen der Altersgrenze austreten, oder wenn überhaupt wenige Versicherte vorhanden sind.

---

*Kurz:* Ob mit den gesetzlich vorgesehenen Ergänzungsgutschriften für die Versicherten, die vor 1994 ins Rentenalter treten, die Leistungen wirklich verbessert werden können, ist fraglich. Es werden dafür schlicht zuwenig Mittel zur Verfügung stehen. Glücklich, wer schon vor dem BVG-Obligatorium einer Pensionskasse angehörte!

---

## Rente oder Kapital?

Grundsätzlich ist das Altersguthaben bei Eintritt des Risikofalles als monatliche Rente auszubezahlen.

■ Die Vorsorgeeinrichtung kann indessen eine *Kapitalabfindung* auszahlen, wenn die jährliche Alters- oder Invalidenrente weniger als 10%, die Witwenrente weniger als 6%, die Waisenrente weniger als 2% der einfachen Mindestaltersrente der AHV (Fr. 8280.–, ab 1986: Fr. 8640.–) beträgt.

Das Reglement der Vorsorgeeinrichtung kann vorsehen, dass der Anspruchsberechtigte statt einer Rente eine Kapitalabfindung verlangen kann.

> Die Ausrichtung einer Altersabfindung muss der Versicherte drei Jahre vor der Pensionierung *beantragen.*

Auch wenn das Reglement nichts dergleichen vorsieht, kann sich der Versicherte bis *höchstens die Hälfte* seines Altersguthabens auszahlen lassen, wenn er es zum Erwerb von Wohneigentum für den Eigenbedarf oder zur Amortisation von Hypothekardarlehen, die auf seinem Wohneigentum lasten, verwendet.

## Jederzeit Kapital auf Kosten der Rente

Schon vor Eintritt ins Rentenalter kann der Versicherte sein jeweiliges Alterskapital zum Erwerb von Wohneigentum zum Eigengebrauch oder zum Aufschub der Amortisation von darauf lastenden Hypothekardarlehen verpfänden, maximal aber das Altersguthaben, das im Alter von 50 Jahren zur Verfügung stand.

Zur Regelung von Einzelheiten der Wohneigentumsförderung mit Mitteln der beruflichen Vorsorge hat der Bundesrat eine separate Verordnung erlassen.

## Bleibt der Vorsorgeschutz bei Stellenwechsel erhalten?

Bis zum Inkrafttreten des BVG anfangs 1985 wirkte sich ein Stellenwechsel fast immer nachteilig auf den Vorsorgeschutz aus, weil der Versicherte bei Austritt aus der Pensionskasse vor dem Pensionierungsalter bzw. vor Eintritt einer Invalidität die vom Arbeitgeber geleisteten Beiträge ganz oder teilweise verlor.

Das BVG bestimmt neu, dass dem Arbeitnehmer beim Austritt aus der Vorsorgeeinrichtung das gesamte bis dahin geäufnete Alterskapital aus Arbeitnehmer- und Arbeitgeberbeiträgen zusteht. Es gewährt also die volle *Freizügigkeit.*

■ **Achtung: Der Anspruch auf volle Freizügigkeit gilt nur für das dem BVG-Minimum** entsprechende Alterskapital. Für Alterskapitalien, die vor 1985 geäufnet wurden oder die über das BVG-Minimum hinausgehen, sind weiterhin nur die Stiftungsreglemente sowie Art. 331 a und b OR (Obligationenrecht) anwendbar.

Das BVG bestimmt weiter, dass die Freizügigkeit nach den Bestimmungen des OR zu berechnen ist, wenn sich so ein höheres Guthaben als nach BVG ergibt. Dies ist vor allem denkbar bei *jüngeren Versicherten,* von denen die Vorsorgeeinrichtung durchschnittliche Beiträge von z. B. 12% erhob, auf deren Alterskonto aber nur die tieferen gesetzlichen Gutschriften von z. B. 7% eintragen musste.

Ist der austretende Arbeitnehmer bei einer BVG-Minimalkasse und bei einer weiteren Kasse (Split s. S. 10) versichert, kann er bei der ersten Kasse die Freizügigkeit gemäss BVG oder OR – die höhere von beiden – beanspruchen, bei der anderen *zusätzlich* diejenige nach OR.

## Die Freizügigkeitsleistung wird in drei Formen ausgerichtet:

■ Bei Stellenwechsel: *Überweisung* an die Vorsorgeeinrichtung des neuen Arbeitgebers.

■ Wenn der Versicherte *keiner andern Vorsorgeeinrichtung* beitritt: Die frühere Pensionskasse errichtet eine *Freizügigkeitspolice*, z. B. beim Pool der Lebensversicherungsgesellschaften.

■ *Barauszahlung* kann der Versicherte beanspruchen: Wenn er insgesamt während weniger als 9 Monaten versichert war; wenn er die Schweiz endgültig verlässt; wenn er eine selbständige Erwerbstätigkeit aufnimmt; wenn eine verheiratete oder vor der Heirat stehende Versicherte die Erwerbstätigkeit aufgibt.

Während die Barauszahlung bei Ausreise aus der Schweiz oder bei Aufnahme einer selbständigen Erwerbstätigkeit dem Aufbau einer neuen Existenz dienen kann, fehlt eine plausible Begründung für die Barauszahlung bei Heirat einer Frau. Gibt sie das ausbezahlte Kapital aus und verliert sie später ihren Versorger, wird sie mit ihrer beruflichen Vorsorge wieder bei Null beginnen müssen, sofern sie das Geld nicht wieder einzahlen kann.

> Wer Schulden hat, soll sich gut überlegen, ob er Barauszahlung verlangen will (aufgezwungen werden kann sie ihm nicht): Während die Freizügigkeitspolice dem Zugriff der Gläubiger entzogen ist, haftet der Schuldner mit dem bar ausbezahlten Alterskapital!

## Höhere Leistungen bei rezessionsbedingtem Arbeitsplatzverlust

Arbeitnehmer, die lediglich zu BVG-Minimalbedingungen versichert sind, haben bei Stellenverlust volle Freizügigkeit. Bei höherer

Versicherung hängt das Ausmass der Freizügigkeitsleistung von der Dauer der Kassenzugehörigkeit ab. Verliert der Arbeitnehmer die Stelle indessen ohne eigenes Zutun, aus Gründen der Rezession oder Restrukturierung, wäre es ungerecht, ihn auch in seinen Pensionskassenansprüchen zu benachteiligen. In solchen Fällen sollte ihm deshalb ebenfalls die volle Freizügigkeit zustehen.

Viele Pensionskassen verfügen nebst den angesparten Alterskapitalien über weitere Mittel, das «freie Stiftungsvermögen». Auch dieses muss für die berufliche Vorsorge verwendet werden. Tritt ein einzelner Arbeitnehmer aus einer Pensionskasse aus, verliert er die mögliche Nutzniessung am freien Stiftungsvermögen. Verliert aber eine grössere Gruppe von Arbeitnehmern, z. B. rezessionsbedingt, den Arbeitsplatz, wäre es unbillig, wenn das freie Stiftungsvermögen nur noch den Kollegen an den sicheren Arbeitsplätzen dienen würde. Austretende Versicherte sollten deshalb nebst der vollen Freizügigkeit auch einen Teil des freien Stiftungsvermögens im Rahmen eines Sozialplans erhalten.

## Wie setze ich meine Rechte durch?

Die Rechte der Versicherten werden einerseits durch organisatorische Massnahmen gewahrt, anderseits kann ein Versicherter *auch die Gerichte anrufen,* wenn er der Meinung ist, die Vorsorgeeinrichtung verlange von ihm zu viele Beiträge oder richte ihm zu geringe Leistungen aus.

## Paritätische Verwaltung

Die von den kantonalen Aufsichtsbehörden anerkannten Pensionskassen — sowohl diejenigen, die lediglich dem BVG-Minimum genügen als auch solche, die darüber hinausgehende Leistungen erbringen — müssen ab 1.1.1987 paritätisch verwaltet werden. Im Organ, das die reglementarischen Bestimmungen erlässt sowie über Finanzierung und Vermögensverwaltung der Kasse entscheidet (in der Regel der Stiftungsrat), haben Arbeitnehmer- und Arbeitgebervertreter Anspruch auf gleich viele Sitze.

■ Taucht zwischen Kasse und Versichertem ein Konflikt auf, sollte der Versicherte in einem *ersten Schritt* Kontakt aufnehmen mit einem der *Arbeitnehmervertreter im Stiftungsrat.* Wer Mitglied des Stiftungsrates ist, kann bei der Stiftung selbst oder bei der kantonalen Aufsichtsbehörde in Erfahrung gebracht werden.

27

Der *Schweigepflicht* unterstehen die Mitglieder des Stiftungsrates nur bezüglich der persönlichen und finanziellen Verhältnisse der anderen Versicherten und der Arbeitgeber, *so dass sich der Versicherte nicht mit dem Hinweis auf die Schweigepflicht abzuwimmeln lassen braucht.*

## Kontrolle über die Vorsorgeeinrichtung

Dass die Pensionskasse die vorgeschriebenen Leistungen auch tatsächlich erbringen kann, ist durch Vorschriften über die Vermögensanlage und verschiedene Kontrollinstanzen gewährleistet:

■ Jede Vorsorgeeinrichtung muss eine Kontrollstelle bestimmen, die jährlich die Geschäftsführung, das Rechnungswesen und die Vermögensanlage überprüft.

■ Jede Vorsorgeeinrichtung muss einen anerkannten Experten bestimmen, der periodisch überprüft, ob die Vorsorgeeinrichtung jederzeit sicher ihre Verpflichtungen erfüllen kann, ob die reglementarischen Bestimmungen über die Leistungen sowie die Finanzierung den gesetzlichen Vorschriften entsprechen.

■ Eine kantonale Aufsichtsbehörde beaufsichtigt die Vorsorgeeinrichtungen, die ihren Sitz im betreffenden Kanton haben. Sie trifft die zur Behebung allfälliger Mängel notwendigen Massnahmen.

■ Die kantonalen Aufsichtsbehörden unterstehen der Aufsicht des Bundesrates.

Kommt ein Versicherter zur Auffassung, dass in seiner Pensionskasse den gesetzlichen oder reglementarischen Bestimmungen nicht nachgelebt wird, kann er der Aufsichtsbehörde Meldung erstatten.

## Der Prozessweg

Können sich Versicherter (bzw. Arbeitgeber) und Vorsorgeeinrichtung nicht gütlich einigen, haben alle Beteiligten die Möglichkeit, den Rechtsstreit durch ein Gericht beurteilen zu lassen. Wenn das Reglement der Vorsorgeeinrichtung vorschreibt, dass für Rechtsstreitigkeiten ein Schiedsgericht zuständig ist, muss zuerst dieses angerufen werden. Gegen dessen Entscheid ist der Weiterzug an das kantonale Gericht zulässig.

Zuständig für die Klage von Versicherten oder Arbeitgebern gegen eine Vorsorgeeinrichtung ist das Gericht am Sitz der Vorsorgeeinrichtung oder am Ort des Betriebes, wo der Versicherte angestellt war bzw. ist. Klagt die Vorsorgeeinrichtung, ist das Gericht am Wohnsitz der eingeklagten Partei zuständig.

■ Eine bestimmte Klagefrist muss der Kläger *nicht* einhalten, und zwar auch dann nicht, wenn er bei einer öffentlichen (Beamten-) Versicherungskasse versichert ist und diese ihren negativen Entscheid mit einer Rechtsmittelbelehrung versieht, wonach nur innert einer bestimmten Frist Beschwerde erhoben werden kann. **Die Forderung auf Zahlung von Beiträgen als auch auf Ausrichtung von Renten verjährt innert 5 Jahren, nachdem der Anspruch entstanden ist, andere, nicht-periodische Forderungen verjähren innert 10 Jahren.** Die Verjährungsfristen können durch Betreibung oder Klage unterbrochen werden.

Das BVG schreibt den kantonalen Gerichten ein einfaches, rasches und — abgesehen von Fällen «trölerischer» Prozessführung — kostenloses Verfahren vor. Das Gericht muss den Sachverhalt von sich aus erforschen und es darf einem Kläger mehr zusprechen, als er eingeklagt hat, oder weniger, als die beklagte Partei zugestanden hat. Die Kantone dürften das Verfahren gleich ausgestalten wie in AHV-Streitigkeiten (s. S. 42).

■ Ist der Versicherte mit dem Entscheid des kantonalen Gerichtes *nicht einverstanden,* kann er *innert 30 Tagen* seit Erhalt des Urteils Verwaltungsgerichtsbeschwerde beim Eidgenössischen Versicherungsgericht erheben. Auch hier kommt das gleiche Verfahren zur Anwendung wie bei AHV-Streitigkeiten (s. S. 42 und S. 43).

# Alters- und Hinterlassenen-versicherung

**Es ist noch gar nicht so lange her, seit Menschen, die infolge Alter oder Tod des Versorgers den Lebensunterhalt verloren, allfällige eigene Ersparnisse, Unterstützung durch die Familie oder die staatliche Fürsorge in Anspruch nehmen mussten.**
Die Sozialversicherungen sollten hier eingreifen. Während in den ersten Jahren nach Einführung der AHV sehr bescheidene Renten ausbezahlt wurden, gebietet seit der Revision von 1972 die Bundesverfassung, dass

■ die Renten der staatlichen AHV den Existenzbedarf *angemessen decken* müssen und dass

■ die Renten regelmässig der *allgemeinen Lohn- und Preisentwicklung anzupassen* sind.

*Das Ziel der Existenzsicherung ist aber bis heute nicht erreicht.* Zehntausende von Rentnern sind noch auf zusätzliche Leistungen – die Ergänzungsleistungen (EL) (s. S. 91) – angewiesen.

Nicht nur die Leistungshöhe lässt noch zu wünschen übrig. Zunehmend kritisiert wird auch das Konzept der AHV, das auf die traditionelle Rollenverteilung von Mann und Frau ausgerichtet ist. Beschliesst ein Ehepaar, die Sorge für den finanziellen Unterhalt und die Betreuung von Kindern und Haushalt anders zu verteilen, erleidet es gegenüber der AHV empfindliche Nachteile, ebenso die Frau, die wegen Scheidung nicht mehr ins traditionelle Rollenbild passt. Von Männern und Frauen wird auch vermehrt gewünscht, den Eintritt ins Rentenalter selbst bestimmen zu können. Stellung der Frau und flexibles Rentenalter sind denn auch die Probleme, die bei der nächsten, der 10. AHV-Revision zu lösen sind.

Organisation und Ansprüche gegenüber der AHV sind für den Laien nicht leicht durchschaubar. Die folgenden Ausführungen können zwar wertvolle Informationen vermitteln. Sie werden aber nicht immer ausreichen, um beim Auftauchen eines konkreten Problems genügende Klarheit zu schaffen.

■ Wer mehr wissen möchte, sollte sich deshalb nicht scheuen, die entsprechenden Gesetze – insbesondere das Bundesgesetz über die Alters- und Hinterlassenenversicherung (AHVG) und die Verordnung über die Alters- und Hinterlassenenversicherung (AHVV) – zu studieren.

31

Da die AHV unter der Aufsicht des Bundes steht, hat das Bundesamt für Sozialversicherung eine Reihe von Wegleitungen und Kreisschreiben herausgegeben, die von den AHV-Organen wie Gesetze angewendet werden.

Die gesetzlichen Erlasse und die wichtigsten Weisungen können beim Bundesamt für Sozialversicherung bestellt werden. Allgemeinverständlicher geben eine Reihe von Merkblättern Auskunft, die unentgeltlich bei den Ausgleichskassen bezogen werden können.

## Die Versicherten: Was heisst versichert sein?

■ Wer in der AHV versichert ist, kann im Alter Leistungen — zur Hauptsache eine Rente — beanspruchen. Falls der/die Versicherte stirbt, erhalten seine/ihre Angehörigen eine Rente. Aber auch wer aus der Versicherung austritt, z. B. infolge Abreise ins Ausland, kann unter Umständen später noch in den Genuss von Leistungen kommen.

## Wer ist obligatorisch versichert?

■ *Alle Einwohner der Schweiz,* also Schweizer und Ausländer. Ausnahmen: ausländische Diplomaten; Kurzaufenthalter; Personen, deren Einbezug in die Versicherung infolge ihrer Zugehörigkeit zu einer ausländischen staatlichen Versicherung eine unzumutbare Doppelbelastung bedeuten würde.
■ in der Schweiz arbeitende Grenzgänger
■ Schweizer, die im Ausland für einen schweizerischen Arbeitgeber tätig sind und von diesem entlöhnt werden.

## Können sich nicht obligatorisch versicherte Personen freiwillig versichern?

Ja, Schweizer, die im Ausland wohnen und arbeiten, können sich freiwillig versichern. Im Ausland wohnende Schweizerinnen, die mit einem obligatorisch versicherten Schweizer verheiratet sind, sind *nicht* obligatorisch versichert, aber auch sie haben die Möglichkeit der freiwilligen Versicherung (bis Ende 1985 auch rückwirkend). Schweizer, die im Ausland wohnen, müssen in der Regel auch an die ausländische Sozialversicherung Beiträge bezahlen. Aus der freiwilligen Versicherung bei der schweizerischen AHV erwächst ihnen deshalb eine *Doppelbelastung.*

■ *Sie sollten diese in Kauf nehmen* und freiwillig versichert bleiben, weil sonst Beitragslücken auftreten, die zu einer empfindlichen Reduktion der AHV-Rente führen können (vgl. S. 41). Zahlreiche Gesetzesbestimmungen befassen sich mit den *Ausländern.* Diese gelten aber nur dort, wo durch *Staatsverträge* (Sozialversicherungsabkommen) nichts Abweichendes geregelt ist. Bei den AHV-Ausgleichskassen können gratis Merkblätter bezogen werden, die über die Abkommen mit den verschiedenen Staaten — auch in der Sprache des Vertragsstaates — Auskunft geben.

## Die Beiträge

**Die Renten werden aus Steuergeldern und durch die AHV-Beiträge finanziert.** Der Bund (hauptsächlich aus der Alkohol- und Tabaksteuer) und die Kantone leisten Beiträge in der Höhe von insgesamt 20% der Ausgaben. Der grosse Rest wird aus den Beiträgen der aktiven Bevölkerung finanziert.

## Wer muss Beiträge bezahlen?

■ die Erwerbstätigen vom 18. Altersjahr an, und zwar auch über das AHV-Alter hinaus, dann jedoch nur, wenn das Einkommen aus einem Arbeitsverhältnis Fr. 1000.— im Monat bzw. Fr. 12 000.— im Jahr übersteigt.
■ die Nichterwerbstätigen vom 20. Altersjahr an bis zum Erreichen des AHV-Alters. Es sind dies hauptsächlich frühzeitig Pensionierte, ohne Lohn bei Verwandten arbeitende Hausangestellte, Invalide, Studenten, geschiedene Frauen und Anstaltsinsassen.
■ *Ausnahmen:* Nichterwerbstätige Ehefrauen und Witwen von Versicherten.
Dass nichterwerbstätige Ehefrauen und Witwen keine Beiträge bezahlen müssen, ist schon oft kritisiert worden. Es war eigentlich die Absicht des Gesetzgebers, diese Frauen zu bevorteilen, die durch die Erziehung von Kindern gratis für die Gesellschaft wichtige Arbeit leisten. Diese Solidarität ist aber nicht konsequent durchgeführt: Einerseits müssten dann auch *ledige* und *geschiedene* Mütter sowie Männer, die Kinder betreuen — Hausmänner —, von der Beitragspflicht befreit sein. Andererseits ist nicht einzusehen, warum auch Frauen, die *keine* Kinder erziehen (bzw. erzogen haben), privilegiert sein sollen. Was noch wichtiger ist: Die Beitragsbefreiung ist nur ein Privileg, wenn die Ehe *nicht* geschieden wird. Grundsätzlich hängt

33

nämlich die Höhe der Rente von den geleisteten Beiträgen ab
(s. S. 41); bei Scheidung werden die fehlenden Beiträge zum Nachteil. Eine Lösung wäre, dem Kinder betreuenden und haushaltfüh-
renden Ehepartner die Hälfte des Einkommens des erwerbstätigen
Partners gutzuschreiben (sog. Splitting). Hauptthema einer kom-
menden 10. AHV-Revision ist die Stellung der Frau in der AHV. Die
Expertenkommission will aber die Gleichberechtigung der Frauen
nur vordergründig verwirklichen, indem in Zukunft auch der Hausmann von der Beitragspflicht befreit sein soll. Die Nachteile aus
erwerbs- und beitragslosen Zeiten, die einem Teil der Frauen heute
noch zugemutet werden, sind damit nicht behoben.

## Arbeitnehmer bezahlen mehr als Selbständige

Die AHV unterscheidet zwischen Beiträgen der *Unselbständigerwerbenden* und der *Selbständigerwerbenden*. Die Beiträge der Unselbständigerwerbenden betragen immer 8,4% des massgebenden
Lohnes. Davon muss der Arbeitgeber mindestens die Hälfte bezahlen. Für den Arbeitnehmer ungünstigere Abmachungen sind ungültig.

Die Beiträge der *Selbständigerwerbenden* sind abhängig vom
Einkommen, liegen aber immer tiefer als die Beiträge der
Unselbständigerwerbenden (s. S. 40).

**Die Nichterwerbstätigen bezahlen entweder den Minimalbeitrag
von Fr. 252.– (1986) oder aber Beiträge entsprechend ihrem Vermögen oder einem allfälligen Renteneinkommen.** Nur die Nichterwerbstätigen bezahlen also Beiträge auf ein Einkommen, das *nicht* aus
einer Erwerbstätigkeit stammt. Erwerbstätige zahlen nur Beiträge
aus Erwerbseinkommen; es ist unwichtig, ob sie ausserdem Vermögen haben oder eine Rente beziehen.

Ob ein Versicherter von der AHV als Selbständigerwerbender
oder Unselbständigerwerbender eingestuft wird, gibt immer wieder
Anlass zu Meinungsverschiedenheiten und auch zu Prozessen. Nicht
nur sind die AHV-Beiträge der Selbständigerwerbenden tiefer, sie
haben auch Abzugsmöglichkeiten für Gewinnungskosten, für Abschreibungen und Rückstellungen sowie Geschäftsverluste, so dass
bei ihnen das für die Beitragspflicht massgebende Einkommen häufig niedriger ist als das Einkommen eines Arbeitnehmers in ver-
gleichbarer Funktion. Die Einstufung als Selbständigerwerbender
durch die AHV ist oft ein Indiz dafür, dass der Versicherte nicht
obligatorisch der Unfallversicherung, der Arbeitslosenversicherung
und der beruflichen Vorsorge unterstellt ist.

Die Einstufung als *Selbständigerwerbender* kann deshalb eine erkleckliche Prämienersparnis bringen. Es ist dann aber zu bedenken, dass man bei den nur für Unselbständigerwerbende obligatorischen Zweigen der Sozialversicherung auch den Versicherungsschutz verliert.

Für die Unterscheidung zwischen Unselbständig-, Selbständigerwerbenden und Nichterwerbstätigen sind nicht die zivilrechtlichen Vertragsverhältnisse, sondern die wirtschaftlichen Gegebenheiten massgebend. Unselbständig ist im allgemeinen, «wer von einem Arbeitgeber in betriebswirtschaftlicher bzw. arbeitsorganisatorischer Hinsicht abhängig ist und kein spezifisches Unternehmerrisiko trägt». Klassischer Fall des Unselbständigerwerbenden ist der mit einem Arbeitsvertrag angestellte Arbeitnehmer. Klassischer Fall des Selbständigerwerbenden ist der Unternehmer mit eigenem Geschäft (mit Angestellten) und grösserem Kundenkreis.

Dazwischen gibt es aber die immer grösser werdende *Grauzone* von Versicherten, die zwar im Rahmen eines Werkvertrages oder Auftrages formalrechtlich selbständig tätig werden, aber faktisch in einem recht starken Abhängigkeitsverhältnis zum Auftraggeber stehen. Das Eidgenössische Versicherungsgericht musste sich u. a. befassen mit Tätigkeiten wie: Ablagehalter, Akkordant, Akquisiteur, Alphirt, Artist, Babysitter, Buchhalter, Chefarzt mit Privatpatienten im Spital, EDV-Spezialist, Erfinder, Fremdenführer, Handelsvertreter, Hauswart, Heimarbeiter, Journalist, Lehrer, Musiker, Photomodelle, Taxifahrer, Transportfahrer, Übersetzer. *Die Rechtsprechung ist widersprüchlich.*

Heinz Meyer, Präsident der AHV-Rekurskommission des Kantons Zürich, schlägt in Berücksichtigung der Gerichtspraxis folgende Abgrenzung zwischen Selbständig und Unselbständig vor (in: Schweizerische Zeitschrift für Sozialversicherung und berufliche Vorsorge 1984, S. 125):

«Als unselbständig erwerbstätig ist im allgemeinen zu betrachten, wer neben seiner Arbeitskraft kein Kapital einsetzt, keine wesentlichen Investitionen zu tätigen hat und kein spezifisches Unternehmerrisiko trägt (z. B. Inkassorisiko); ein in einem festen Auftragsverhältnis mit einer Unternehmung stehender Erwerbstätiger, der kein wesentliches Kapital einsetzen muss, aber mangels genügender Aufträgen nur ein geringes Einkommen erzielt, trägt kein unternehmerisches, sondern ‹bloss› ein ökonomisches Risiko.

Weitere Indizien für eine unselbständige Erwerbstätigkeit sind die betriebswirtschaftliche bzw. arbeitsorganisatorische Abhängigkeit von einem Arbeitgeber, dessen Weisungsrecht sowie der Umstand, dass der Erwerbstätige nur geringe oder doch zum voraus abschätzbare Unkosten zu tragen hat, und der Umstand, dass ihm die Vergütungen von *einem Arbeitgeber* und nicht von verschiedenen Kunden entrichtet werden. Schliesslich kann auch noch berücksichtigt werden, ob jemand die ihm übertragenen Aufgaben persönlich zu erfüllen hat oder nicht.»

## Beiträge der Unselbständigerwerbenden (Arbeitnehmer)

Arbeitnehmer und Arbeitgeber haben vom massgebenden Lohn je 4,2% als Beiträge zu entrichten. Massgebender Lohn ist jedes Arbeitsentgelt, insbesondere Lohn, Zulagen (soweit nicht Unkostenersatz), Provisionen, Gratifikationen, Naturalleistungen (z. B. Unterkunft und Verpflegung), Ferien- und Feiertagsentschädigungen, Trinkgelder (soweit diese einen wesentlichen Bestandteil des Einkommens ausmachen).

*Abgezogen* werden können berufsbedingte Auslagen, falls sie 10% des ausbezahlten Lohnes übersteigen und vom Arbeitgeber nicht entschädigt werden. Mitarbeitende Familienmitglieder (Ehefrauen, Minderjährige, Altersrentner) entrichten Beiträge nur auf der Basis ihres *Barlohns.*

■ *Achtung:* Die in einem *Konkubinat* lebende, nicht ausserhalb des Hauses erwerbstätige Frau gilt als Hausangestellte. Das Eidgenössische Versicherungsgericht hat in einem Urteil von 1984 festgestellt, dass die Konkubine im Gegensatz zur Ehefrau nach dem geltenden Zivilrecht *nicht* zur Haushaltführung verpflichtet ist; ebensowenig hat der Mann gesetzliche Unterhaltspflichten gegenüber seiner Partnerin. Wenn diese trotzdem den Haushalt besorgt und dafür vom Partner eine Naturalleistung in Form von Kost und Logis, allenfalls auch Taschengeld erhält, dann ist diese Gegenleistung AHV-rechtlich einer Lohnzahlung gleichzustellen. Der männliche Konkubinatspartner hat darum wie jeder andere Arbeitgeber AHV-Beiträge zu entrichten.

## Beiträge der Selbständigerwerbenden

Die Selbständigen können vom Roheinkommen folgende Abzüge machen: Gewinnungskosten, bestimmte Abschreibungen und

Rückstellungen, Geschäftsverluste, Zuwendungen des Geschäftsinhabers für Zwecke der Wohlfahrt des Personals und ein Zins (1985 6%) auf dem Betriebskapital.
Der Beitragssatz beträgt 7,8% des so ermittelten Erwerbseinkommens, wenn es mindestens 34 600 Franken beträgt. Ist es tiefer, reduziert sich der Beitragssatz nach folgender Skala:

| Jährliches Erwerbseinkommen in Franken | | Beitragsansatz in Prozenten des Erwerbseinkommens |
|---|---|---|
| von mindestens | aber weniger als | |
| 6 100 | 11 000 | 4,2 |
| 11 000 | 13 400 | 4,3 |
| 13 400 | 14 800 | 4,4 |
| 14 800 | 16 200 | 4,5 |
| 16 200 | 17 600 | 4,6 |
| 17 600 | 19 000 | 4,7 |
| 19 000 | 20 400 | 4,9 |
| 20 400 | 21 800 | 5,1 |
| 21 800 | 23 200 | 5,3 |
| 23 200 | 24 600 | 5,5 |
| 24 600 | 26 000 | 5,7 |
| 26 000 | 27 400 | 5,9 |
| 27 400 | 28 800 | 6,2 |
| 28 800 | 30 200 | 6,5 |
| 30 200 | 31 600 | 6,8 |
| 31 600 | 33 000 | 7,1 |
| 33 000 | 34 600 | 7,4 |

## Beiträge der Nichterwerbstätigen

Nichterwerbstätige bezahlen einen Beitrag zwischen Fr. 256.— und Fr. 8400.— pro Jahr (1986), je nach ihrer finanziellen Situation. Den Mindestbeitrag schulden nichterwerbstätige Studenten und Versicherte, die aus öffentlichen Mitteln oder von Drittpersonen unterhalten oder unterstützt werden.
Beiträge als Nichterwerbstätige zahlen auch Versicherte, die nur zeitweilig erwerbstätig sind, wenn sie einerseits ein Vermögen und/ oder ein Renteneinkommen haben und andererseits auf dem Erwerbseinkommen nicht bestimmte minimale Beiträge leisten müssen.

Die Beiträge der Nichterwerbstätigen werden nach folgender Skala berechnet (Stand 1986):

| Vermögen bzw. mit 30 multipliziertes jährliches Renteneinkommen Franken | Jahresbeitrag Franken | Zuschlag für je weitere 50 000 Franken Vermögen bzw. mit 30 multipliziertes jährliches Renteneinkommen Franken |
|---|---|---|
| weniger als 250 000 | 252 | – |
| 250 000 | 336 | 84 |
| 1 750 000 | 2 856 | 126 |
| 4 000 000 und mehr | 8 400 | – |

Arbeitgeber von Unselbständigerwerbenden, Selbständigerwerbende und Nichterwerbstätige bezahlen zusätzlich zu diesen Beiträgen noch maximal 3% des Beitrages an die Verwaltungskosten.

## Die AHV-Ausgleichskasse zieht die Beiträge ein

Die AHV-Ausgleichskassen bestimmen die Höhe der Beiträge im Einzelfall und ziehen sie ein. Es gibt 104 Ausgleichskassen, nämlich 26 kantonale Ausgleichskassen, die Eidgenössische Ausgleichskasse (für das Bundespersonal) sowie 76 Verbandsausgleichskassen (das sind Kassen, die von Unternehmerverbänden gegründet wurden).

Zuständig ist eine *Verbandsausgleichskasse*, wenn der Arbeitgeber eines Unselbständigerwerbenden oder ein Selbständigerwerbender Mitglied des Gründungsverbandes ist. Für alle andern ist die *kantonale Ausgleichskasse* am Wohnsitz des Versicherten zuständig. Jeder Ausgleichskasse ist eine Nummer zugeteilt, die auf dem AHV-Ausweis des Versicherten eingetragen wird.

■ Die Adressen der Ausgleichskassen sind auf der letzten Seite des Telefonbuches verzeichnet.

**Die Versicherten, ihre Arbeitgeber, staatliche Behörden etc. sind den Ausgleichskassen gegenüber zur Auskunft verpflichtet.** Dadurch erhalten die Sachbearbeiter über die Versicherten viele *Informationen, die sonst niemanden etwas angehen.* Sie unterstehen deshalb der *Schweigepflicht* und können bestraft werden, wenn sie diese verletzen. Die Schweigepflicht besteht natürlich nicht, wenn die Ausgleichskassen von Gesetzes wegen selbst Auskünfte erteilen müssen: an das Bundesamt für Sozialversicherung, das die Aufsicht des Bundes über die Ausgleichskassen ausübt, und an Revisions- und Kontrollstellen, die die Tätigkeit der Ausgleichskassen ein- bis zweimal jährlich überprüfen.

## Der Arbeitgeber überweist die Beiträge der Unselbständigerwerbenden

Der Arbeitgeber muss jedes Arbeitsverhältnis der Ausgleichskasse melden. Er hat die Beiträge der Unselbständigerwerbenden bei jeder Lohnzahlung abzuziehen und zusammen mit seinen Arbeitgeberbeiträgen der Ausgleichskasse zu überweisen (in der Regel monatlich). Wenn ein Arbeitgeber seinen Angestellten zwar deren AHV-Beitrag vom Lohn abzieht, aber nicht an die Ausgleichskasse weiterleitet, macht er sich damit strafbar! Wenn die Firma Konkurs macht, müssen aus dem Erlös der Aktiven die AHV-Beiträge *vor den meisten anderen Forderungen* beglichen werden. Kommt die Ausgleichskasse trotzdem zu Verlust, kann sie die Firmenverantwortlichen persönlich einklagen.

Arbeitnehmer erleiden keinen Schaden, wenn der Arbeitgeber die auf ihren Lohn entfallenden Beiträge nicht überweist. Auf ihrem individuellen Konto (siehe S. 43) werden nicht die bezahlten Beiträge, sondern das massgebende *Einkommen* eingetragen, sofern das Arbeitsverhältnis gemeldet ist.

## Die Steuereinschätzung entscheidet über die Beiträge der Selbständigerwerbenden

Die Beiträge der Selbständigerwerbenden werden aufgrund der rechtskräftigen Veranlagung des Erwerbseinkommens für die direkte Bundessteuer (wenn eine solche nicht vorliegt, aufgrund der rechtskräftigen Veranlagung des Erwerbseinkommens für die kantonale Einkommenssteuer) ermittelt und der Ausgleichskasse mitgeteilt. Ihre Angaben sind für die Ausgleichskasse verbindlich, ausser wenn sie offensichtliche Irrtümer enthalten. Die Ausgleichskasse erlässt die Beitragsverfügung – gegen die Beschwerde erhoben werden kann (siehe S. 42) – für eine Beitragsperiode von 2 Jahren und schickt den Selbständigerwerbenden quartalsweise eine Rechnung. Die Beitragsverfügung stützt sich auf eine 2jährige Berechnungsperiode, nämlich das zweit- und drittletzte Jahr vor der Beitragsperiode (was einer Berechnungsperiode der direkten Bundessteuer entspricht).

Beispiel: Beitragsjahre 1984/85. Berechnungsgrundlage ist das Durchschnittseinkommen 1981/82. Einschätzung fusst auf der direkten Bundessteuer 1983 (22. Periode).

Ausnahmsweise muss die Ausgleichskasse das Erwerbseinkommen selbst einschätzen: Wenn die Steuerbehörden keine Meldung erstellen können, bei Aufnahme der selbständigen Erwerbstätigkeit oder wenn sich das Einkommen seit der letzten massgebenden Berechnungsperiode wesentlich verändert hat. Diese ausserordentliche Bemessung kommt grundsätzlich zur Anwendung, bis die Beiträge im normalen Verfahren festgesetzt werden können.

Da es im ordentlichen Verfahren Jahre dauert, bis sich eine Einkommenserhöhung auf die Beiträge auswirkt, ist einem Selbständigen zu empfehlen, Einkommenserhöhungen der Ausgleichskasse sofort zu melden, damit er nicht später von einer massiven Nachzahlung überrascht wird.

## Die Nichterwerbstätigen müssen sich selbst bei der Ausgleichskasse melden

Die Beiträge der Nichterwerbstätigen werden im Prinzip gleich erhoben wie diejenigen der Selbständigerwerbenden. Stichtag für die Vermögensbestimmung ist in der Regel der 1. Januar des Jahres vor der Beitragsperiode.

Damit keine Beitragslücken entstehen (die zu empfindlichen Rentenreduktionen führen können), sollten sich die Nichterwerbstätigen unbedingt selbst bei der kantonalen Ausgleichskasse melden!

## Nachzahlung von Beiträgen

Wenn eine Ausgleichskasse erfährt, dass ein Beitragspflichtiger keine oder zu wenig Beiträge bezahlt hat, kann sie die geschuldeten Beiträge nachfordern. Auch der Beitragspflichtige selbst kann von sich aus geschuldete Beiträge nachzahlen, z. B. eine noch nicht oder nicht mehr verheiratete Frau, die nicht erwerbstätig ist, keine Beiträge bezahlt hat und nachträglich die Beitragslücke schliessen will.

■ Stellt der Beitragspflichtige fest, dass er zuviel Beiträge bezahlt hat, kann er sie innert eines Jahres zurückfordern.

■ Eine Nachzahlung oder Nachforderung kann nur innert 5 Jahren nach Ablauf des Kalenderjahres, für das die Beiträge geschuldet sind, verlangt oder geleistet werden.

## Ich kann die Beiträge nicht bezahlen. Was tun?

*Selbständigerwerbende* und *Nichterwerbstätige* können bei der Ausgleichskasse eine Herabsetzung der Beiträge beantragen, wenn sie und ihre Familie bei Bezahlung des vollen Betrages unter das Existenzminimum geraten würden. Wenn sie auch den Mindestbeitrag der Selbständigerwerbenden bzw. Nichterwerbstätigen nicht bezahlen können, muss auf Begehren des Versicherten der Wohnsitzkanton den Mindestbeitrag bezahlen. Dasselbe gilt, wenn die Ausgleichskasse für frühere Jahre Beiträge nachfordert. Das Gesuch muss innert 30 Tagen nach Erlass der Beitragsverfügung schriftlich begründet bei der Ausgleichskasse gestellt werden.

41

## Ich bin mit der Beitragsforderung der Ausgleichskasse nicht einverstanden

Die Ausgleichskasse teilt ihre Beitragsforderung mit schriftlicher Verfügung mit.

■ Der Beitragspflichtige soll diese sorgfältig überprüfen, er hat dazu auch das Recht, die Akten der Ausgleichskasse einzusehen.

Gelangt nach dieser Prüfung der Versicherte zur Auffassung, dass die Verfügung nicht stimmt, kann er dagegen Beschwerde erheben. Die Verfügung der Ausgleichskasse enthält eine Rechtsmittelbelehrung, aus der ersichtlich ist, bei welcher Instanz die Beschwerde einzureichen ist. Die Frist beträgt 30 Tage. Die *Beschwerdeinstanz* ist von Kanton zu Kanton verschieden, manchmal ist es das auch für andere Sozialversicherungen zuständige *Versicherungsgericht,* manchmal eine spezielle *AHV-Rekurskommission.* Wer im Ausland wohnt, muss die Beschwerde bei der Eidgenössischen Rekurskommission in Lausanne einreichen.

Die Beschwerdeinstanz ist an den von der Ausgleichskasse festgestellten Sachverhalt nicht gebunden, sondern kann ihn auf Verlangen des Beschwerdeführers oder von sich aus ergänzen. Die Beschwerdeinstanz kann die angefochtene Verfügung der Ausgleichskasse auch zu *Ungunsten* des Beschwerdeführers abändern.

■ Sie muss dies aber vor dem Entscheid dem Beschwerdeführer mitteilen, damit dieser noch die Möglichkeit hat, die Beschwerde zurückzuziehen, so dass es bei der ursprünglichen Verfügung bleibt; es sei denn, die Ausgleichskasse komme zum Schluss, die Verfügung sei «von vornherein offensichtlich unrichtig» gewesen. Dann kann sie diese in Wiedererwägung ziehen.

Das Beschwerdeverfahren ist (nur dann) *gratis,* wenn einem nicht von vornherein klar sein muss, dass man mit seiner Beschwerde keinen Erfolg hat («Trölerei»!). Gewinnt der Beschwerdeführer das Verfahren, hat er Anspruch auf eine Prozessentschädigung. Die Höhe der Entschädigung richtet sich nach den Auslagen für das Verfahren (Anwaltskosten).

Falls ein Anwalt beigezogen werden muss, den sich der Beschwerdeführer zum vornherein nicht leisten kann, muss er beantragen, dass das Honorar des Anwaltes vom Staat getragen wird. In diesem Fall übernimmt der Staat die Kosten, auch wenn der Beschwerdeführer im Verfahren den kürzeren zieht.

■ Ist der Beschwerdeführer auch mit dem Urteil der Beschwerdeinstanz nicht einverstanden, hat er die Möglichkeit, die Angelegenheit wiederum innert 30 Tagen an das Eidgenössische Versicherungsgericht weiterzuziehen. Dort gelten die gleichen Verfahrensvorschriften wie bei der ersten Beschwerdeinstanz, mit folgenden Ausnahmen:

das Eidgenössische Versicherungsgericht muss bei seinem Urteil von demjenigen Sachverhalt ausgehen, den die erste Beschwerdeinstanz ermittelt hat, und es werden Gerichtskosten erhoben.

## Eine weitere Beschwerdemöglichkeit gibt es nicht

Wird die Verfügung der Ausgleichskasse bzw. das Urteil der Beschwerdeinstanz nicht angefochten, ist es vollstreckbar. Gegen eine Betreibung können keine Einwände mehr erhoben werden.

## Die Buchführung über die einbezahlten Beiträge

Jede versicherte Person wird bei Eintritt in die Beitragspflicht (oder wenn sie schon früher Leistungen der AHV oder IV beansprucht) im Register der zentralen Ausgleichsstelle in Genf registriert. Diese gibt einen Versicherungsausweis mit einer Versichertennummer ab.

Da die einbezahlten Beiträge über die Höhe der späteren Rente entscheiden, muss über die Beiträge jedes einzelnen Versicherten Buch geführt werden. Zu diesem Zweck eröffnet die zentrale Ausgleichsstelle für den Versicherten ein individuelles Konto und überweist es der zuständigen Ausgleichskasse, die darin die massgebenden Jahreseinkommen einträgt.

**Bei jedem Stellenwechsel muss der Arbeitnehmer den Versicherungsausweis dem neuen Arbeitgeber abgeben, der, falls er einer anderen als der bisherigen Ausgleichskasse angehört, bei seiner Ausgleichskasse die Eröffnung eines weiteren individuellen Kontos für den Arbeitnehmer veranlasst.**

Die Kennziffer der neuen Ausgleichskasse wird auch im Versicherungsausweis eingetragen. Damit infolge eines Ausweisverlustes nicht vergessen geht, bei welchen Ausgleichskassen individuelle Konten für den Versicherten geführt werden, wird jeweils die Eröffnung eines neuen Kontos auch bei der zentralen Ausgleichsstelle registriert.

Da der Versicherte im Berufsleben in der Regel verschiedenen Ausgleichskassen angehört hat, müssen die verschiedenen individuellen Konten zusammengerufen werden, sobald der Versicherte Leistungen zugut hat. Auch dies besorgt die zentrale Ausgleichsstelle.

Der Versicherte hat ein *Einsichtsrecht* in seine individuellen Konten. Entweder kann er bei der Ausgleichskasse, der er zuletzt Beiträge bezahlt hat, Kopien von allen individuellen Konten verlangen. Das kostet nur eine Kleinigkeit. Oder er kann bei jeder Ausgleichskasse, deren Nummer auf dem Versicherungsausweis vermerkt ist, einen Auszug aus dem dort geführten individuellen Konto verlangen. Das ist einmal in vier Jahren gratis.

Stellt der Versicherte fest, dass etwas falsch eingetragen wurde, kann er innert 30 Tagen bei der Ausgleichskasse Einsprache erheben, die dann eine beschwerdefähige Verfügung erlässt. Auch im Zeitpunkt, wo Leistungen beansprucht werden, kann der Versicherte sämtliche individuellen Konten einsehen. Eine Berichtigungsmöglichkeit besteht dann nur noch, wenn die Unrichtigkeit offenkundig ist oder der Versicherte die Unrichtigkeit 100prozentig *beweisen* kann. Das ist in der Regel schwierig, weil man Lohnbelege etc. nicht auf Jahrzehnte hinaus aufbewahrt.

## Die Renten: Die heutigen Beiträge finanzieren die heutigen Renten

Wer AHV-Beiträge bezahlt, legt damit kein Sparkapital an, das ihm nach Eintritt ins AHV-Alter als Rente zurückbezahlt wird. Er finanziert die Leistungen an die jetzt Rentenberechtigten, natürlich in der Annahme, dass die spätere Generation dereinst seine eigene AHV-Rente bezahlt. Man nennt dies «das Umlageverfahren». Es hat grosse Vorteile gegenüber dem sogenannten Kapitaldeckungsverfahren, das bei der beruflichen Vorsorge zur Anwendung kommt (siehe S. 15):

■ Es muss kein Kapital angespart werden, das ständig durch die Inflation entwertet wird; bei Ansteigen der Löhne gehen automatisch höhere Beiträge ein, was erlaubt, die Renten laufend der Teuerung anzupassen.

■ Die AHV ist nicht gezwungen, nach immer neuen Investitionsmöglichkeiten zu suchen. Der AHV-Ausgleichsfonds muss lediglich über ein Kapital verfügen, mit dem − ohne Eingang von Beiträgen (dieser Fall ist nahezu undenkbar) − die Renten für ein Jahr ausbezahlt werden könnten.

## Die Rente kommt nicht automatisch

Die Rente wird nicht automatisch ausbezahlt, weil die AHV bis zum Rentenfall nur den Namen und die Versichertennummer des Versicherten kennt, nicht aber Adresse und Veränderungen im Zivilstand nachführt. Wer eine Rente der AHV beansprucht, muss bei der

Ausgleichskasse, an die zuletzt Beiträge bezahlt wurden, das Formular «Anmeldung zum Rentenbezug» bestellen, die darauf verlangten Angaben ausfüllen und zusammen mit dem Versicherungsausweis einreichen. Die Anmeldung sollte etwa zwei Monate vor dem Erreichen des Rentenalters abgeschickt werden, damit die Rente bei Erreichen des Rentenalters auch tatsächlich ausbezahlt werden kann. Die Beschaffung der notwendigen Unterlagen, z. B. Zusammenruf der individuellen Konten, erfordert einige Zeit. Falls die Auszahlung der Rente länger als zwei Monate nach Erreichen des Rentenalters auf sich warten lässt, kann der Versicherte provisorische Zahlungen verlangen. Wer einen Rentenanspruch zu spät anmeldet, hat Anspruch auf Nachzahlung für höchstens fünf Jahre. Ältere Ansprüche sind verwirkt.

## Die AHV bezahlt zur Hauptsache Renten

Die AHV zahlt Hilflosenentschädigungen an schwer Behinderte und pflegebedürftige AHV-Rentner und gibt auch Hilfsmittel ab, die in der Verordnung über die Abgabe von Hilfsmitteln durch die AHV aufgezählt sind.

Hauptsächlich bestehen aber die Leistungen der AHV in den Renten an Betagte und Hinterlassene (Zusammenstellung aus: Merkblatt über die Leistungen der AHV, hrsg. von der Informationsstelle der AHV-Ausgleichskassen):

■ Einfache Altersrenten an Frauen, die das 62. Altersjahr, und an Männer, die das 65. Altersjahr zurückgelegt haben, sofern kein Anspruch auf eine Ehepaarrente besteht.

■ Ehepaar-Altersrenten, wenn der Ehemann das 65. Altersjahr zurückgelegt und die Ehefrau das 62. Altersjahr vollendet hat oder mindestens zur Hälfte invalid ist. Die Ehefrau kann sich ohne Begründung die halbe Ehepaarrente auszahlen lassen.

■ Eine Zusatzrente zur einfachen Altersrente des Ehemannes für die Ehefrau, sofern diese vor dem 1. Dezember 1933 geboren wurde (Übergangsregelung bis 1988) oder das 55. Altersjahr vollendet hat. Bezog der Ehemann unmittelbar vor der Entstehung des Anspruchs auf die Altersrente eine Zusatzrente der Invalidenversicherung für die Ehefrau, so wird die Zusatzrente zur Altersrente auch für eine jüngere Frau gewährt. Der Anspruch auf die Zusatzrente erlischt mit dem Entstehen der Ehepaar-Altersrente.

■ Der Anspruch auf Zusatzrenten für Ehefrauen besteht auch für geschiedene Frauen, sofern diese für die ihnen zugesprochenen Kinder überwiegend aufkommen und weder eine Alters- noch eine Invalidenrente beanspruchen können.

45

■ Kinderrenten als Zusatz zur einfachen Altersrente oder zur Ehepaar-Altersrente: allgemein für Kinder bis zum vollendeten 18. Altersjahr; für Kinder in der Ausbildung längstens bis zum vollendeten 25. Altersjahr.

Dieser Anspruch gilt auch für Pflegekinder, welche unentgeltlich zu dauernder Pflege und Erziehung aufgenommen worden sind und keine Waisenrente beziehen. Pflegekinder, die erst nach Entstehung des Rentenanspruchs der Pflegeeltern in Pflege genommen werden, haben keinen Anspruch auf Kinderrenten, dagegen können sie nach dem Tode der Pflegeeltern Waisenrente beantragen.

■ Witwenrenten an Witwen unter 62 Jahren, wenn sie im Zeitpunkt der Verwitwung eines oder mehrere Kinder (gleichgültig welchen Alters) haben, oder sofern sie im Zeitpunkt der Verwitwung das 45. Altersjahr zurückgelegt haben und mindestens 5 Jahre verheiratet gewesen sind. War eine Witwe mehrmals verheiratet, so wird auf die Gesamtdauer der Ehen abgestellt.

Als Kinder gelten auch im gemeinsamen Haushalt lebende Kinder des verstorbenen Ehemannes, die durch dessen Tod Anspruch auf eine Waisenrente erwerben; das gleiche gilt für Pflegekinder, welche bisher von den Ehegatten betreut wurden, sofern sie von der Witwe nun adoptiert werden.

■ Die geschiedene Frau ist nach dem Tode ihres geschiedenen Ehemannes der Witwe gleichgestellt, sofern der Mann ihr gegenüber zu Unterhaltsbeiträgen verpflichtet war und die geschiedene Ehe mindestens 10 Jahre gedauert hatte.

■ Einmalige Witwenabfindungen an Witwen, die im Zeitpunkt der Verwitwung den Anspruch auf eine Witwenrente nicht erfüllen und auch keine Invalidenrente beziehen. Die Witwenabfindung beläuft sich je nach dem Alter der Witwe und der Dauer der Ehe auf das doppelte bis fünffache Jahresbetreffnis der Witwenrente.

■ Einfache Waisenrente für Kinder, deren Vater oder Mutter gestorben ist. Der Anspruch dauert im allgemeinen bis zum vollendeten 18. Altersjahr; für Kinder in Ausbildung längstens bis zum vollendeten 25. Altersjahr. Er gilt auch für Pflegekinder, welche unentgeltlich zu dauernder Pflege und Erziehung aufgenommen wurden.

■ Vollwaisenrenten für Kinder, die ihre Eltern verloren haben, sowie für Findelkinder.

Sämtliche Renten entsprechen einem bestimmten Prozentsatz der einfachen Altersrente, die der Rentenberechtigte aufgrund seiner Beitragszahlungen und -jahre zugut hat (oder die ein Verstorbener zugut hätte):

| | |
|---|---:|
| Einfache Altersrente | 100% |
| Ehepaaraltersrente | 150% |
| Zusatzrente für die Ehefrau | 30% |
| einfache Kinderrente | 40% |
| Witwenrente | 80% |
| Witwenabfindung: das Doppelte bis Fünffache der jährlichen Witwenrente | |
| einfache Waisenrente | 40% |
| Vollwaisenrente | 60% |
| Hilflosenentschädigung | 80% |
| (der ordentlichen Minimalrente) | |

Der Bezug der Altersrente kann um maximal fünf Jahre über das gesetzliche AHV-Alter hinaus aufgeschoben werden. Die später ausbezahlte Rente wird dann je nach Dauer des Aufschubs um höchstens 50% erhöht.

## Warum keine Witwerrente?

Mit ihren (prozentual gleich hohen) AHV-Beiträgen können Männer in vielen Fällen höhere Rentenzahlungen auslösen als Frauen:

■ Frauen haben grundsätzlich nur die einfache Altersrente und — wenn die Voraussetzungen erfüllt sind — Kinderrenten für sich zugut. Weiter sind nach dem Tod einer Frau Waisenrenten möglich.

■ Männer erwerben sich den Anspruch auf Zusatzrenten für die Ehefrau, auf Ehepaar-Altersrente, ferner auf Hinterlassenenrente für die Witwe und gegebenenfalls auch für die geschiedene Ehefrau.

Diese Tatsache stellt eine Benachteiligung von Frauen und Männern **zugleich** dar. Der Gegenwert der von Frauen bezahlten Beiträge ist einerseits viel kleiner als derjenige von verheirateten oder verheiratet gewesenen Männern. Anderseits erhalten verheiratete oder geschiedene Männer **keine Witwerrente. Und keine Zusatzrente** (bzw. Ehepaarrente), solange erst die Ehefrau das Rentenalter erreicht hat.

Diese Diskriminierung begünstigt die **traditionelle Rollenverteilung** in der Familie. Ist nämlich die Ehefrau berufstätig und der Mann besorgt den Haushalt, wird bei der Pensionierung der Ehefrau solange nur eine einfache Altersrente ausbezahlt, bis der Ehemann das AHV-Alter erreicht. In den meisten Fällen wird dadurch der Existenzbedarf eines Ehepaares bei weitem nicht gedeckt.

Aber auch bei traditioneller Rollenverteilung erhält ein Ehemann, dessen Frau bis zu ihrem Tod die gemeinsamen Kinder betreut hat, **keine Witwerrente**. Allein aus den Waisenrenten kann er die künftige Betreuung der Kinder jedoch nicht bezahlen.

## So wird die einfache Altersrente berechnet

Sobald der Versicherte, der Anspruch auf eine Rente hat, die Anmeldung zum Rentenbezug der Ausgleichskasse eingereicht hat, werden bei sämtlichen Ausgleichskassen, die im Laufe der Jahre für den Versicherten ein individuelles Konto geführt haben, die Konten zusammengerufen. Anschliessend werden sämtliche so ermittelten Einkommen zusammengezählt.

Da die Erwerbseinkommen zum Teil aus Jahren mit einem bedeutend tieferen Lohnniveau stammen können, erfolgt nach den gesetzlichen Bestimmungen gegebenenfalls eine Aufwertung der Einkommenssumme mit einem Aufwertungsfaktor. Dieser entspricht der durchschnittlichen Lohn- und Preisentwicklung seit dem Jahr der ersten anrechenbaren Eintragung in das individuelle Konto des Versicherten (bis zum Vorjahr des Rentenbeginns). Die einzelnen — je nach dem zutreffenden Jahr der ersten anrechenbaren Eintragung in das individuelle Konto unterschiedlichen — Aufwertungsfaktoren können jeweils nur für das laufende Kalenderjahr festgelegt werden.

Die ermittelte und aufgewertete Summe der Erwerbseinkommen wird geteilt durch die Zahl der Jahre und Monate (ohne die Jahre vor dem 21. Altersjahr und ohne die Monate im Jahre der Entstehung des Rentenanspruchs), während welchen der Versicherte selbst Beiträge geleistet hat. Das Ergebnis — das auf das nächsthöhere Vielfache von 864 aufgerundet wird — ist das massgebende durchschnittliche Jahreseinkommen.

Weist der Versicherte keine Beitragslücken auf, erhält er folgende Rente (vgl. Merkblatt 301 über die Leistungen der AHV, Randziff. 15):

# ■ Monatsrenten in Franken seit dem 1. Januar 1986

| Bestimmungsgrösse | Altersrenten | | | Hinterlassenenrenten und Leistungen an Angehörige | | | |
|---|---|---|---|---|---|---|---|
| Massgebendes durchschnittliches Jahreseinkommen* | Einfache | Ehepaare | | Witwen | Zusatzrente für die Ehefrau | Einfache Waisen- und Kinderrente | Vollwaisen Doppel-Kinderrente |
| | | Ganze | Halbe | | | | |
| bis | | | | | | | |
| 8 640 | 720 | 1080 | 540 | 576 | 216 | 288 | 432 |
| 9 504 | 734 | 1102 | 551 | 588 | 220 | 294 | 441 |
| 10 368 | 749 | 1123 | 562 | 599 | 225 | 300 | 449 |
| 11 232 | 763 | 1145 | 573 | 611 | 229 | 305 | 458 |
| 12 096 | 778 | 1166 | 583 | 622 | 233 | 311 | 467 |
| 12 960 | 792 | 1188 | 594 | 634 | 238 | 317 | 475 |
| 13 824 | 806 | 1210 | 605 | 645 | 242 | 323 | 484 |
| 14 688 | 821 | 1231 | 616 | 657 | 246 | 328 | 492 |
| 15 552 | 835 | 1253 | 627 | 668 | 251 | 334 | 501 |
| 16 416 | 850 | 1274 | 637 | 680 | 255 | 340 | 510 |
| 17 280 | 864 | 1296 | 648 | 691 | 259 | 346 | 518 |
| 18 144 | 878 | 1318 | 659 | 703 | 264 | 351 | 527 |
| 19 008 | 893 | 1339 | 670 | 714 | 268 | 357 | 536 |
| 19 872 | 907 | 1361 | 681 | 726 | 272 | 363 | 544 |
| 20 736 | 922 | 1382 | 691 | 737 | 276 | 369 | 553 |
| 21 600 | 936 | 1404 | 702 | 749 | 281 | 374 | 562 |
| 22 464 | 950 | 1426 | 713 | 760 | 285 | 380 | 570 |
| 23 328 | 965 | 1447 | 724 | 772 | 289 | 386 | 579 |
| 24 192 | 979 | 1469 | 735 | 783 | 294 | 392 | 588 |
| 25 056 | 994 | 1490 | 745 | 795 | 298 | 397 | 596 |
| 25 920 | 1008 | 1512 | 756 | 806 | 302 | 403 | 605 |
| 26 784 | 1022 | 1534 | 767 | 818 | 307 | 409 | 613 |
| 27 648 | 1037 | 1555 | 778 | 829 | 311 | 415 | 622 |
| 28 512 | 1051 | 1577 | 789 | 841 | 315 | 420 | 631 |
| 29 376 | 1066 | 1598 | 799 | 852 | 320 | 426 | 639 |
| 30 240 | 1080 | 1620 | 810 | 864 | 324 | 432 | 648 |
| 31 104 | 1094 | 1642 | 821 | 876 | 328 | 438 | 657 |
| 31 968 | 1109 | 1663 | 832 | 887 | 333 | 444 | 665 |
| 32 832 | 1123 | 1685 | 843 | 899 | 337 | 449 | 674 |
| 33 696 | 1138 | 1706 | 853 | 910 | 341 | 455 | 683 |
| 34 560 | 1152 | 1728 | 864 | 922 | 346 | 461 | 691 |
| 35 424 | 1166 | 1750 | 875 | 933 | 350 | 467 | 700 |
| 36 288 | 1181 | 1771 | 886 | 945 | 354 | 472 | 708 |
| 37 152 | 1195 | 1793 | 897 | 956 | 359 | 478 | 717 |
| 38 016 | 1210 | 1814 | 907 | 968 | 363 | 484 | 726 |
| 38 880 | 1224 | 1836 | 918 | 979 | 367 | 490 | 734 |
| 39 744 | 1238 | 1858 | 929 | 991 | 372 | 495 | 743 |
| 40 608 | 1253 | 1879 | 940 | 1002 | 376 | 501 | 752 |
| 41 472 | 1267 | 1901 | 951 | 1014 | 380 | 507 | 760 |
| 42 336 | 1282 | 1922 | 961 | 1025 | 384 | 513 | 769 |
| 43 200 | 1296 | 1944 | 972 | 1037 | 389 | 518 | 778 |
| 44 064 | 1310 | 1966 | 983 | 1048 | 393 | 524 | 786 |
| 44 928 | 1325 | 1987 | 994 | 1060 | 397 | 530 | 795 |
| 45 792 | 1339 | 2009 | 1005 | 1071 | 402 | 536 | 804 |
| 46 656 | 1354 | 2030 | 1015 | 1083 | 406 | 541 | 812 |
| 47 520 | 1368 | 2052 | 1026 | 1094 | 410 | 547 | 821 |
| 48 384 | 1382 | 2074 | 1037 | 1106 | 415 | 553 | 829 |
| 49 248 | 1397 | 2095 | 1048 | 1117 | 419 | 559 | 838 |
| 50 112 | 1411 | 2117 | 1059 | 1129 | 423 | 564 | 847 |
| 50 976 | 1426 | 2138 | 1069 | 1140 | 428 | 570 | 855 |
| 51 840 und mehr | 1440 | 2160 | 1080 | 1152 | 432 | 576 | 864 |

1985 hat der Bundesrat eine Erhöhung der Renten und Hilflosenentschädigungen (AHV und IV) beschlossen. Im Durchschnitt dürften sich die einzelnen Versicherungsleistungen um 4 bis 4,6% erhöhen. Die neuen Ansätze gelten ab 1. Januar 1986.

## Die Rente kann praktisch nicht zum voraus berechnet werden

Viele interessieren sich dafür, mit welcher Rente sie einmal rechnen können. Es ist ja z. B. sinnvoll, die zusätzliche private Versicherung — Teil der dritten Säule — der ersten Säule anzupassen. Eine Vorausberechnung ist aber nur sehr schwer möglich. Einerseits ist nicht bekannt, welche Beiträge in Zukunft noch geleistet werden, anderseits wird auch der *Aufwertungsfaktor* jedes Jahr neu festgesetzt.

## Beitragslücken führen zu Rentenkürzung

Nur die Versicherten mit voller Beitragszeit erhalten eine Vollrente gemäss obiger Liste. Wer seit dem 20. Altersjahr bzw. seit 1948 nicht jedes Jahr Beiträge bezahlt hat, z. B. wegen einem Auslandaufenthalt oder als nichterwerbstätige Frau nach der Scheidung, erhält nur eine Teilrente: Die Vollrente wird im Verhältnis der Beitragsjahre des Versicherten verglichen mit den möglichen Beitragsjahren seines Jahrgangs gekürzt.

Die Beitragslücke kann nicht kompensiert werden durch ein überdurchschnittliches hohes Einkommen. Immerhin sind allfällige Beitragszeiten, die der Versicherte vor dem 20. Altersjahr erfüllt hat, zur Ausfüllung späterer Beitragslücken anzurechnen.

Nicht erwerbstätige Ehefrauen und Witwen müssen keine Beiträge bezahlen, doch gelten Ehe- und Witwenjahre, in denen diese Frauen keine Beiträge bezahlt haben, nicht als Beitragslücken. Voraussetzung für die Zahlung einer ordentlichen Rente ist aber, dass die nichterwerbstätige Ehefrau und Witwe selbst während mindestens einem Jahr Beiträge bezahlt hat. Sonst erhält sie lediglich eine ausserordentliche Rente (vgl. S. 46).

> Beitragslücken können innert 5 Jahren nachträglich noch gefüllt werden.

## Berechnung des Durchschnittseinkommens: Wessen Einkommen wird berücksichtigt?

Die Altersrente der ledigen Frau und des ledigen oder verheirateten Mannes wird auf der Grundlage ihrer Beitragsjahre und ihres Einkommens berechnet.

EHEPAAR-ALTERSRENTE

Massgebend sind die Beitragsjahre und das durchschnittliche Jahreseinkommen des Ehemannes. Erwerbseinkommen, auf denen die Ehefrau Beiträge bezahlt hat, werden hinzugezählt. Das Einkommen der Frau erhöht somit grundsätzlich die Ehepaarrente (ausser wenn das Einkommen des Mannes allein schon zur Maximalrente berechtigt). Läge die einfache Altersrente der Frau — gestützt auf ihre eigenen Beitragsjahre und Beiträge — höher als die entsprechend den Beitragsjahren des Mannes errechnete Ehepaarrente, wird die Ehepaarrente bis zur Höhe der ersteren aufgestockt. Dies kommt hin und wieder vor, wenn der Ehemann Beitragslücken aufweist.

ALTERSRENTE DER VERHEIRATETEN FRAU

Solange der Ehemann nicht 65 Jahre alt ist und damit der Anspruch auf eine Ehepaarrente besteht, hat die über 62 Jahre alte verheiratete Frau eine einfache Altersrente zugut. Für deren Berechnung stehen zwei Berechnungsarten zur Verfügung:
Zuerst wird die Summe aller Erwerbseinkommen — auch derjenigen während der Ehe — durch die Zahl der Beitragsjahre — auch der Ehejahre — geteilt. Wenn die Ehefrau lange verheiratet und in dieser Zeit nicht berufstätig war, wird sich ein sehr tiefes Durchschnittseinkommen ergeben. Deshalb werden zum Vergleich nur die Einkommen vor der Ehe zusammengezählt und durch die Zahl der entsprechenden Beitragsjahre geteilt. Massgebend ist das höhere Durchschnittseinkommen.

ALTERSRENTE DES VERWITWETEN MANNES

Es gelten die gleichen Grundlagen wie für die Ehepaar-Altersrente.

ALTERSRENTE DER VERWITWETEN FRAU

Hier stehen sogar drei Varianten zur Auswahl, wobei das höchste Durchschnittseinkommen massgebend ist: Grundlagen der Ehepaar-Altersrente; Summe der Erwerbseinkommen der Witwe geteilt durch die Gesamtheit der Beitragsjahre inkl. Ehejahre; Erwerbseinkommen vor der Ehe geteilt durch die Beitragsjahre vor der Ehe.

ALTERSRENTE DER GESCHIEDENEN FRAU

Auch hier stehen drei Varianten zur Auswahl, wobei das höchste Durchschnittseinkommen massgebend ist: Gesamtes eigenes Einkommen geteilt durch alle Beitragsjahre inkl. Ehejahre; Summe des vor und nach der Ehe erzielten Einkommens geteilt durch die entsprechenden Beitragsjahre; Grundlagen der Ehepaar-Altersrente — d. h. auch Berücksichtigung der Beiträge des geschiedenen Mannes —, indessen nur auf Antrag der Frau und wenn der geschiedene Ehemann gestorben ist, die geschiedene Ehe mindestens 5 Jahre gedauert hat und die Frau bei der Scheidung entweder das 45. Altersjahr zurückgelegt oder Kinder gehabt hat (oder wenn sie bereits eine Witwenrente bezogen hat).

■ Solange der geschiedene Mann lebt, wird ausschliesslich auf das AHV-pflichtige Einkommen der Frau abgestellt.

*Dieser Missstand sollte im Rahmen der 10. AHV-Revision behoben werden.* Wenn dem individuellen Konto jeder Ehefrau die Hälfte des Einkommens des Ehemannes gutgeschrieben würde, könnte sich eine Scheidung nicht negativ auf die Alterssicherung der Frau auswirken.

## ALTERSRENTE DES INVALIDEN MANNES UND DER INVALIDEN FRAU

Da Invalidität meist auf das Erwerbseinkommen drückt, ergäbe sich bei Abstellen auf sämtliche Beitragsjahre — auch derjenigen während der Invalidität — ein ungerechtfertigt tiefer Durchschnittslohn. Die AHV-Rente wird deshalb gleich berechnet wie die vorangegangene IV-Rente. Aber wenn AHV-Jahre und Beiträge einen höheren Rentenanspruch ergeben, wird dieser berücksichtigt.

## ZUSATZRENTE FÜR DIE EHEFRAU

Die Berechnungsgrundlagen sind die gleichen, wie sie für die einfache Altersrente des Ehemannes zur Anwendung kommen.

## KINDERRENTEN

Es kommen die gleichen Berechnungsgrundlagen zur Anwendung wie bei der Altersrente, zu der sie ausbezahlt werden.

## WITWENRENTE

Berücksichtigt werden die Beitragsjahre des verstorbenen Mannes und die Einkommen des verstorbenen Mannes sowie jene der Witwe.

## WAISENRENTEN

Stirbt der Vater, wird die Waisenrente gleich berechnet wie die Witwenrente (Einkommen beider Eltern), stirbt die Mutter, sind nur deren Einkommen und Beitragsjahre massgebend.

Die Ehefrau kann **ohne Begründung** bei der Ausgleichskasse verlangen, dass die Hälfte der **Ehepaar-Altersrente** direkt an sie ausbezahlt wird. Die Direkt-Auszahlung der für sie bestimmten **Zusatzrente** kann sie hingegen nur beanspruchen, wenn der Ehemann nicht für sie sorgt, wenn sie vom Ehemann getrennt lebt oder geschieden ist. Vorbehalten bleiben abweichende Anordnungen in einem Eheschutz-, Trennungs- oder Scheidungsurteil.

## Die AHV bezahlt auch Bedürftigkeitsrenten

Die ordentlichen AHV-Renten sind abhängig vom Einkommen bzw. von den Beiträgen, die darauf bezahlt wurden. Die AHV richtet aber auch **ausserordentliche Renten** aus, die nicht im Verhältnis zu den geleisteten Beiträgen stehen. Sie kommen dann in Frage, wenn der Versicherte während weniger als einem Jahr Beiträge geleistet hat oder die nach der normalen Berechnungsart ermittelte ordentliche Rente tiefer ist als die ausserordentliche Rente. Dies trifft bei Teilrenten oft zu.

Die Höhe der ausserordentlichen Rente entspricht dem Mindestbetrag der ordentlichen Vollrente. Grundsätzlich kann eine ausserordentliche Rente nur ausgerichtet werden, wenn der Versicherte bedürftig ist, d. h. wenn er ein bestimmtes Einkommen nicht erreicht (wobei dem Einkommen noch ein Teil des Vermögens hinzugerechnet wird). Eine Reihe von Personen erhält aber eine **ausserordentliche** Rente, ohne dass sie bedürftig sind:

■ die vor dem 1.7.1883 geborenen Personen und ihre Hinterlassenen; die vor dem 1.12.1948 verwitweten Frauen; sowie Ehefrauen, wenn der Ehemann die gleiche Zahl von Beitragsjahren wie sein Jahrgang aufweist und noch keine Ehepaaraltersrente beanspruchen kann.

■ Frauen, die nach Vollendung des 61. Altersjahres geschieden werden und während der gleichen Zahl von Jahren versichert waren wie ihr Jahrgang, aber wegen der Befreiung von der Beitragspflicht weniger als ein Jahr Beiträge geleistet haben.

■ Mutterwaisen.

Nur in der *Schweiz wohnende Schweizer* erhalten eine ausserordentliche Rente, ausser wenn für Ausländer ein Staatsvertrag anderes vorsieht (s. S. 55).

## Die Renten werden regelmässig der Teuerung angepasst

Der Bundesrat passt die ordentlichen Renten in der Regel alle zwei Jahre der Lohn- und Preisentwicklung an, und zwar entsprechend dem Mittel des Lohnindexes und des Konsumentenpreisindexes des BIGA. Wenn die Konsumentenpreise innerhalb eines Jahres um mehr als 8% steigen, ist die Anpassung früher als in zwei Jahren vorzunehmen, wenn der Index innerhalb von zwei Jahren um weniger als 5% ansteigt, kann sie später vorgenommen werden. Die nächste Rentenanpassung erfolgt voraussichtlich per 1. Januar 1988.

## Für den Rentenanspruch wesentliche Änderungen melden

Der Rentenanspruch ist an vielerlei Voraussetzungen geknüpft, die sich während der Laufzeit der Rente verändern können. Zum Beispiel ist beim Tod eines Ehegatten keine Ehegattenrente mehr geschuldet, bei Abschluss der Ausbildung eines Kindes keine Kinderrente mehr, bei Umzug ins Ausland keine ausserordentliche Rente mehr. Solche Veränderungen müssen der Ausgleichskasse gemeldet werden.

■ **Wer dies unterlässt, riskiert die Rückforderung der zu Unrecht bezahlten Renten.** Nur wer die zu hohe Rente in gutem Glauben bezog und für wen die Rückzahlung eine grosse Härte bedeuten würde, kann den Erlass der Rückforderung beantragen. Die Ausgleichskasse kann den zuviel bezahlten Betrag nicht beliebig lang zurückfordern, sondern nur innert eines Jahres, seitdem sie vom betreffenden Umstand Kenntnis erhielt, spätestens aber fünf Jahre seit Eintritt der Veränderung.

## Ich bin mit einer Rentenverfügung nicht einverstanden

Wer mit einer Rentenverfügung nicht einverstanden ist, kann diese genau gleich anfechten wie eine Beitragsverfügung (vgl. S. 42). Anders als bei dieser hat das Eidgenössische Versicherungsgericht seinem Urteil aber nicht denjenigen Sachverhalt zugrunde zu legen, den die kantonale Beschwerdeinstanz ermittelt hat, sondern kann den Sachverhalt zusätzlich noch ergänzen. Und anders als bei den Beiträgen werden **keine Gerichtskosten erhoben.**

## Ausländer sind nicht immer benachteiligt

Die Schweiz hat mit folgenden Staaten Sozialversicherungsabkommen abgeschlossen: Belgien, Bundesrepublik Deutschland, Dänemark, Frankreich, Griechenland, Grossbritannien, Israel, Italien, Jugoslawien, Liechtenstein, Luxemburg, Niederlande, Norwegen, Österreich, Portugal, San Marino, Schweden, Spanien, Tschechoslowakei, Türkei, USA.

Aus diesen Ländern kommen etwa 90% der in der Schweiz wohnenden und arbeitenden Ausländer. Mit diesen Abkommen wird die Rechtsstellung der Ausländer derjenigen der Schweizer angenähert. Wer nicht aus einem solchen Staat kommt, hat nur Anspruch auf eine Rente, solange er in der Schweiz wohnt und mindestens 10 Jahre lang Beiträge bezahlt hat. Gleiches gilt auch für die Hinterlassenen, falls sie nicht das Schweizer Bürgerrecht besitzen. Ausländer, die zwar Beiträge bezahlt haben, aber nicht rentenberechtigt sind, können die Beiträge zurückverlangen, falls ihr Heimatstaat Schweizer gleich behandelt.

# Invalidenversicherung

Wer behindert ist, ist nicht nur beim Verdienen des Lebensunterhaltes benachteiligt. Invalidität bedeutet häufig auch Erschwerung in der persönlichen Entfaltung und im sozialen Kontakt. Ein Sozialwerk für die Behinderten kann sich also nicht — wie die Mehrzahl der anderen Versicherungen — darauf beschränken, den invaliditätsbedingten Erwerbsausfall zu ersetzen. Ziel muss sein, den Behinderten in jeder Hinsicht und so weit wie nur möglich die gleichen Chancen zu eröffnen wie den Gesunden.

Die finanzielle Gleichstellung und die Integration der Invaliden in die Gesellschaft sind in der Schweiz bei weitem nicht realisiert.

Die finanzielle Gleichstellung nicht, weil eine invalide Person erst dann überhaupt eine IV-Rente erhält, wenn die Invalidität einen mindestens 50%igen Lohnausfall verursacht, und weil auch die Renten nur einen Teil des Lohnausfalles decken. Zudem garantieren sie oft nicht einmal das Existenzminimum.

Die soziale Integration ist nicht gewährleistet, weil jedenfalls Schwerbehinderte meist — auch örtlich — getrennt von Gesunden geschult und ausgebildet werden, in Heimen wohnen und in Behindertenwerkstätten arbeiten. Behinderte passen schlecht in die von Effizienz beherrschte Arbeitswelt. Oftmals haben Gesunde Scheu vor dem Kontakt mit Invaliden.

Die gesellschaftliche Absonderung hat nicht zuletzt finanzielle Gründe: Die private Betreuung ist für Behinderte — weil ihre Einkommen schlecht sind und die Entschädigung durch die IV ungenügend ist — häufig nicht erschwinglich; Arbeitsplätze für Behinderte zur Verfügung zu stellen, scheint Arbeitgebern meist bloss mit Umtrieben belastet und ist finanziell uninteressant. Dem Abbau von architektonischen Schranken, die den Behinderten den Zugang zu Privatwohnungen und öffentlichen Gebäuden versperren, wird zuwenig Beachtung geschenkt. Zudem werden die (oft nur vermeintlichen) Kosten gescheut. Die Benützung öffentlicher Verkehrsmittel ist — vorab für Gehbehinderte — zuweilen unmöglich; die privaten Verkehrsmittel (Taxi, eigenes Auto) sind zu teuer.

**Die Bundesverfassung beauftragt den Bund, über die Invalidenversicherung die Eingliederung Invalider zu fördern und, wo das nicht gelingt, Renten auszurichten, die den Existenzbedarf angemessen decken. Beide Verfassungsaufträge sind bisher nur teilweise erfüllt.**

## Nicht jeder Gesundheitsschaden ist eine Invalidität im Sinne des Gesetzes

Art. 4 Bundesgesetz über die Invalidenversicherung
Als Invalidität im Sinne dieses Gesetzes gilt die durch einen körperlichen oder geistigen Gesundheitsschaden als Folge von Geburtsgebrechen, Krankheit oder Unfall verursachte, voraussichtlich bleibende oder längere Zeit dauernde Erwerbsunfähigkeit.

Leistungen der Invalidenversicherung kann beanspruchen, wer gesundheitlich geschädigt ist, sei es körperlich, psychisch oder intellektuell – aber nur, wenn die gesundheitliche Schädigung zu einer Einschränkung der wirtschaftlichen Leistungsfähigkeit führen kann oder eine solche verursacht hat. Soziale Aspekte werden nur in Ausnahmefällen berücksichtigt.

Die Leistungen der Invalidenversicherung bezwecken denn auch zur Hauptsache eine wirtschaftliche Eingliederung des Behinderten. Die soziale Eingliederung ist von untergeordneter Bedeutung. Früher glaubte man, diese komme mit der wirtschaftlichen Eingliederung von selbst.

Immerhin erhalten nicht nur Erwerbstätige Leistungen der Invalidenversicherung:

■ Nichterwerbstätige *Minderjährige* gelten als invalid, wenn der Gesundheitsschaden wahrscheinlich eine volle oder teilweise Erwerbsunfähigkeit zur Folge haben wird.

■ Nichterwerbstätige Erwachsene gelten als invalid, wenn die Arbeitsfähigkeit im bisherigen Aufgabenbereich eingeschränkt ist. Damit sind hauptsächlich die Hausfrauen gemeint.

Die Ursache der Gesundheitsschädigung ist in der Invalidenversicherung nicht von Bedeutung. Damit entfallen die oft schwierigen Abgrenzungen, die bei der Unfallversicherung immer wieder vorgenommen werden müssen, weil diese nur Leistungen für Gesundheitsschäden erbringt, die auf einen Unfall zurückgehen.

Beispiel: Antonia P. verunfallt am Arbeitsplatz und bricht sich den rechten Arm. Der Heilungsprozess ist langwierig und führt nicht zu vollständiger Heilung. Antonia P. leidet ständig unter massiven Schmerzen und kann nur noch halbtags arbeiten. Der Chirurg, der die verbleibende Erwerbsfähigkeit von Antonia P. beurteilen muss, kann sich aus dem körperlichen Befund die massiven Schmerzen nicht erklären. Er schätzt die körperlich bedingte Erwerbsunfähig-keit auf 20%. Der psychiatrische Gutachter findet heraus, dass Antonia P. tatsächlich nicht mehr als Arbeitsleistung zumutbar ist, weil sie mit ihrer psychischen Konstitution den Unfall schlecht verarbeiten konnte und heute unter einer krankhaften Neurose lei-det.

Da die Unfallversicherung nur für die unfallbedingte Ein-schränkung der Erwerbsfähigkeit aufkommt, zahlt sie eine 20%ige Invalidenrente. Die IV dagegen, die die Neurose als psychische Erkrankung berücksichtigen muss, spricht eine 50%ige Rente zu.

## Der Weg zu Leistungen der IV

**1. IV-Leistungen werden nicht «automatisch» gewährt.** Wer Lei-stungen der IV verlangen will, muss bei der kantonalen Ausgleichs-kasse bzw. beim *Sekretariat der IV-Kommission* seines Wohnsitzkan-tons schriftlich oder mündlich das Anmeldeformular bestellen, die-ses ausfüllen und mit den im Formular verlangten Unterlagen an das Sekretariat der IV-Kommission zurückschicken. Die meisten AHV-Gemeindezweigstellen haben die Formulare ebenfalls vorrätig. Beim Ausfüllen der Gesuche kann es zweckmässig sein, wenn ein Behin-derter sich beraten lässt − z. B. von Pro-Infirmis-Stellen oder den Beratungsdiensten anderer Behinderten-Organisationen (Schweiz. Invalidenverband, Rheumaliga, Schwerhörigenvereine, Sehbehin-derten-Organisationen etc.)

**Mit der Anmeldung hat der Gesuchsteller eine Vollmacht zu unterzeichnen, mit welcher er alle «in Betracht fallenden» Personen und Stellen zur Auskunftserteilung an die IV ermächtigt.** Es sind dies namentlich Ärzte, Heilanstalten, Amtsstellen und private Fürsorge-einrichtungen. Die Vollmacht ist notwendig, weil viele dieser Perso-nen unter dem Amts- oder Berufsgeheimnis stehen. Die angefragten Personen und Stellen, die nicht ohnehin dem Amts- oder Berufsge-heimnis unterstehen, müssen über die Wahrnehmungen, die sie im Zusammenhang mit den Abklärungen der IV machen, Stillschwei-gen bewahren. Ansonsten können sie mit Gefängnis oder Busse bestraft werden.

Auch die Organe der IV unterstehen dieser Schweigepflicht. Sie dürfen indessen auch ohne schriftliche Einwilligung des Gesuchstel-lers Auskünfte erteilen an andere Amtsstellen, Krankenkassen und Arbeitslosenkassen.

Sowohl im Anmeldeformular als auch bei den weiteren Abklä-rungen müssen der Gesuchsteller und seine Angehörigen wahrheitsgetreu Auskunft geben und sich den Organen der IV zur Verfügung halten. Der Versicherte muss sich auch den angeordneten Massnahmen unterziehen, wenn diese zumutbar sind. Dies entspricht dem allgemeinen Rechtsgrundsatz, dass ein Geschädigter den ihm zumutbaren Beitrag zur Schadenminderung zu leisten hat.

Ob eine von der IV angeordnete Massnahme zumutbar ist oder nicht, gibt oft zu Auseinandersetzungen Anlass. Die Praxis ist streng. Eine medizinische Operation etwa ist nur unzumutbar, wenn sie mit erheblichen gesundheitlichen Risiken verbunden ist. Als zumutbar gelten auch medizinische oder berufliche Eingliederungsmassnahmen, die nicht von der IV bezahlt werden.

Wirkt der Gesuchsteller bei der Abklärung des Leistungsanspruches nicht mit, kann die IV nicht abklären, ob Ansprüche vorliegen. Und unterzieht sich ein Versicherter den zumutbaren Eingliederungs-Massnahmen nicht oder trägt er nicht aus eigenem Antrieb das Zumutbare zur Verbesserung der Erwerbsfähigkeit bei, kann die IV die Leistungen verweigern, indessen nur nach vorgängiger schriftlicher Mahnung.

**Da die IV vor der Gewährung einer Rente die möglichen Eingliederungs-Massnahmen abklärt und dafür Leistungen gewährt, ist es falsch, im Anmeldeformular nur die Rubrik «Rente» anzukreuzen. Dadurch kann der Eindruck entstehen, dass sich der Versicherte nicht genügend bemüht, seine Erwerbsfähigkeit wieder zu erlangen.**

Nach Eingang des Anmeldeformulars samt Beilagen prüft der zuständige Sekretär oder Sachbearbeiter, ob die Unterlagen vollständig sind, und entscheidet, welche weiteren Auskünfte zur Beurteilung des Leistungsgesuches notwendig sind (z. B. Arztzeugnis, Auskunft des Arbeitgebers betr. Arbeitssituation).

**2. Wenn der Gesuchsteller berufliche Eingliederungsmassnahmen** – Berufsberatung, Stellenvermittlung, Wiedereinschulung in den bisherigen Beruf, Umschulung, Hilfsmittel am Arbeitsplatz oder zur Überwindung des Arbeitsweges – **beantragt oder solche in Frage kommen, beauftragt das Sekretariat der IV-Kommission die *IV-Regionalstelle* mit der Abklärung, ob und wie die Eingliederung (oder Wiedereingliederung) ins Erwerbsleben möglich ist.**

Die «IV-Regionalstellen für berufliche Eingliederung» befassen sich in erster Linie, wie der Name besagt, mit der beruflichen Wiedereingliederung, klären aber auch ab, ob die Voraussetzungen für andere Eingliederungsmassnahmen wie Sonderschulung und Hilfsmittel vorliegen. Des weitern prüfen sie den Grad der Erwerbsunfähigkeit, falls die Ausrichtung einer Rente in Frage kommt. Sie haben zu prüfen, welche konkreten beruflichen Tätigkeiten aufgrund der ärztlichen Angaben und unter Berücksichtigung der übrigen Fähigkeiten in Frage kommen und wie sich die Invalidität auf Vermittlungsfähigkeit und Erwerbsmöglichkeiten auswirkt. Die Regionalstellen klären also die berufliche Situation des Invaliden ab und erstellen der IV-Kommission Bericht und Antrag. Es kommt oft vor, dass die IV-Kommission den Anträgen der IV-Regionalstelle nicht entspricht. Selbständige Entscheide dürfen die IV-Regionalstellen und ihre Mitarbeiter nicht fällen. Dazu haben sie keine Kompetenz.

Falls die Gesundheitsschädigung aufgrund des Berichtes des behandelnden Arztes nicht genügend geklärt werden kann oder falls die IV-Behörden an der Qualität des Berichts zweifeln, kann die IV-Kommission den Gesuchsteller an eine *medizinische Abklärungsstelle (MEDAS)* überweisen. Dort untersuchen Ärzte aus allen medizinischen Fachrichtungen den Gesuchsteller; die Abklärungen dauern in der Regel etwa eine Woche. Zweifel an der Richtigkeit der MEDAS-Gutachten können vom Versicherten selbst nur schwer mit Erfolg formuliert werden. Wenn das Gutachten – was oft vorkommt – ungünstiger lautet als der Bericht des eigenen Arztes, kann aber dessen gut begründete kritische Auseinandersetzung mit dem MEDAS-Bericht in manchen Fällen helfen. Dass der Arzt eine Kritik schriftlich formulieren sollte, versteht sich von selbst.

Die Ärzte, auch jene in der MEDAS, beurteilen den Einfluss der Gesundheitsschädigung auf die Arbeitsfähigkeit des Versicherten, indem sie beschreiben, in welchem Umfang und für welche Tätigkeiten der Versicherte arbeitsfähig ist. Weil das zur Invaliditätsbemessung nicht reicht, entstand das Bedürfnis nach speziellen *beruflichen Abklärungsstellen (BEFAS)*. Es bestehen derzeit 5 BEFAS: Appisberg, Männedorf/Basel/Brändi, Horw/Berthoud, BE/Pomy, Yverdon. Der Gesuchsteller hat sich in der Regel mindestens 30 Tage in der BEFAS aufzuhalten.

**3. Nach diesen Abklärungen gibt das Sekretariat der IV-Kommission das Gesuch des Invaliden an die *IV-Kommission* zum Entscheid weiter.** Im grössten Teil der Fälle entscheidet der Präsident endgültig, die komplizierteren Fälle werden der IV-Kommission vorgelegt. Jeder Kanton hat eine IV-Kommission. Für das Bundespersonal ist die IV-Kommission für das Bundespersonal zuständig, für die Versicherten mit Wohnsitz im Ausland die in Genf residierende Kommission für Versicherte im Ausland.

Die IV-Kommissionen setzen sich zusammen aus einem Juristen, einem Arzt, einem Eingliederungsfachmann, einem Fachmann für den Arbeitsmarkt und einem Sozialarbeiter. Mindestens ein

Mitglied muss eine Frau sein. Die Mitglieder der IV-Kommission arbeiten fast überall nebenamtlich.

Für den Entscheid über das Gesuch wird der Gesuchsteller nur dann persönlich angehört, wenn Unklarheiten bestehen. Beabsichtigt die IV-Kommission eine Ablehnung des Gesuches, hat sie dies dem Gesuchsteller vorher unter Angabe der Gründe mitzuteilen und ihn zur Stellungnahme aufzufordern. Dieses Anhörungsverfahren wurde 1983 eingeführt, um unnötige Beschwerdeverfahren zu vermeiden. Leider hilft es oft wenig, weil die Begründung der Vorbescheide oft schlecht und unverständlich ist. Zudem wissen die Versicherten meist nicht, welche Informationen für die IV entscheidend sind. Und schliesslich werden bei zu vielen Entscheiden, mit denen nur ein Teil der beanspruchten Leistungen zugesprochen wird, weder ein begründeter Vorbescheid noch eine begründete Verfügung erlassen.

**4. Die IV-Kommission übermittelt ihren Beschluss der *AHV-Ausgleichskasse*, bei der der Versicherte zuletzt Beiträge bezahlt hat.** Wenn er nie Beiträge bezahlt hat, ist die kantonale Ausgleichskasse an seinem Wohnsitz zuständig. Diese teilt dem Versicherten den Beschluss der IV-Kommission in Form einer schriftlichen Verfügung mit. Erst diese ist rechtsverbindlich und anfechtbar.

Achtung: Die IV-Kommissionen benötigen in der Regel für die Behandlung von Gesuchen sehr viel Zeit. Die Gesuche sollten deshalb frühzeitig eingereicht werden. Berufliche Eingliederungs-Massnahmen werden in der Regel nicht rückwirkend gewährt, ausser wenn zwingende Gründe für deren sofortige Durchführung vorlagen. Renten können nur für die Zeit eines Jahres vor Einreichung des Gesuches nachbezahlt werden. Ein Rentenanspruch entsteht in der Regel erst 360 Tage nach Eintritt einer durchschnittlich 50prozentigen Erwerbsunfähigkeit (vgl. S. 59); damit vielleicht bereits auf diesen Zeitpunkt die Rente zugesprochen werden kann, ist es ratsam, das Gesuch etwa nach 8 Monaten einzureichen.

**5. Ist der Versicherte mit dem Beschluss der IV-Kommission bzw. der Verfügung der AHV-Ausgleichskasse nicht einverstanden, kann er dagegen Beschwerde erheben.** Diese muss innert 30 Tagen mit eingeschriebenem Brief an die *kantonale Rekursbehörde*, die in der angefochtenen Verfügung genannt ist, gerichtet werden. Die Frist von 30 Tagen kann nicht verlängert werden.

Gegen das schriftliche (begründete) Urteil der Rekursbehörde, das oft viele Monate oder gar Jahre auf sich warten lässt, kann der Versicherte wiederum innert einer Frist von 30 Tagen Beschwerde beim *Eidgenössischen Versicherungsgericht* in Luzern erheben. Dessen Entscheid, der ebenfalls oft sehr lange auf sich warten lässt, ist endgültig.

Das Verfahren vor der kantonalen wie auch der eidgenössischen Instanz ist gleich wie jenes gegen Verfügungen der AHV-Ausgleichskassen in Angelegenheiten der AHV (vgl. S. 55), und es ist ebenfalls kostenlos.

Bevor der Versicherte Beschwerde erhebt, hat er das Recht, nach Voranmeldung auf dem Sekretariat der IV-Kommission die Akten einzusehen. Er muss ja wissen, auf welchen Grundlagen entschieden wurde. Er hat Anspruch auf Einsicht in sämtliche Akten (ausser die sogenannten internen Akten, z. B. Gesprächsnotizen und Sitzungsprotokolle).

Die Einsichtnahme in die medizinischen Akten kann der IV-Kommissionsarzt verweigern. Einen solchen Entscheid muss er aber, wenn der Versicherte darauf besteht, schriftlich begründen; dagegen ist eine Einsprache an das Bundesamt für Sozialversicherung möglich. Wenn dem Versicherten die Einsicht in den medizinischen Bericht seines eigenen Arztes verweigert wird, kann er diesen auch direkt bei seinem Arzt einsehen, darauf hat er als «Auftraggeber» Anspruch. Ein von der IV beauftragter Gutachter dagegen kann nicht direkt um Akteneinsicht angegangen werden, da zwischen dem Versicherten und jenem kein Auftragsverhältnis besteht.

Wichtig: Auch wenn die Akteneinsicht ganz oder teilweise verweigert wird, muss eine Beschwerde innert der 30tägigen Frist eingereicht sein. Dass die Einsichtnahme nicht rechtzeitig möglich war, verlängert diese Frist nicht.

■ Achtung: Das Akteneinsichtsrecht besteht erst ab dem Zeitpunkt, in dem die IV-Kommission einen Entscheid in Aussicht stellt, nicht aber während der Dauer der vorausgegangenen Abklärungen. Das ist schwer verständlich: bei der IV-Kommission kommen viele Unterlagen wie z. B. Auskünfte von angefragten Personen und Stellen zusammen, zu denen der Versicherte schon frühzeitig sollte Stellung nehmen und allfällige Missverständnisse klären können.

Ergibt die Akteneinsicht, dass die Akten unvollständig sind oder Missverständnisse vorliegen, empfiehlt es sich, bei der IV-Kommission ein Wiedererwägungsgesuch zu stellen. Die IV-Kommission ist aber nicht verpflichtet, dieses zu behandeln. Weil die 30tägige Beschwerdefrist während dieser Zeit nicht stillsteht, muss der Versicherte innert der Beschwerdefrist auch Beschwerde erheben (die erst nach Erledigung des Wiedererwägungsgesuches behandelt wird) oder im Wiedererwägungsgesuch klar sagen, wie und weshalb die Verfügung abzuändern ist. Ist ein klarer Antrag gestellt, muss die IV-Kommission das Wiedererwägungsgesuch an die Rekursbehörde weiterleiten, wenn dem Anliegen des Versicherten nicht wiedererwägungsweise entsprochen wird.

**6. Das *Bundesamt für Sozialversicherung*, eine Abteilung des Eidgenössischen Departementes des Innern, beaufsichtigt die Tätigkeit sämtlicher IV-Organe.** Es sorgt durch Erlass von Kreisschreiben, Wegleitungen und Mitteilungen für eine einigermassen einheitliche Praxis. Das Bundesamt für Sozialversicherung kann auch, wie der Versicherte, Beschwerde gegen Verfügungen von AHV-Ausgleichskassen und kantonalen Rekursinstanzen erheben. Dieses Beschwerderecht könnte es auch zu Gunsten von Versicherten ausüben. In der Praxis kommt das aber nur selten vor. Ist ein Beschwerdeverfahren beim Eidgenössischen Versicherungsgericht hängig, wird das Bundesamt für Sozialversicherung zur Vernehmlassung eingeladen.

**7. Auch die Gutheissung eines Leistungsgesuches löst häufig die Probleme des Invaliden nicht:**
■ Befindet er sich trotz Zusprechung einer Rente in einer knappen finanziellen Situation, kann er, sofern die Voraussetzungen vorliegen, *Ergänzungsleistungen* beanspruchen (vgl. S. 91).
■ Für Versicherte mit Anspruch auf eine halbe Rente, die ihre verbleibende Erwerbsfähigkeit wegen der ungünstigen Situation des Arbeitsmarktes nicht verwerten können, besteht das Recht auf Leistungen der *Arbeitslosenkasse* (vgl. S. 98). Ist der Anspruch auf Taggelder der Arbeitslosenkasse erschöpft, kann auch er Ergänzungsleistungen beanspruchen — und zwar, ohne dass ihm ein fiktives Einkommen für die verbliebene Resterwerbstätigkeit angerechnet wird, wenn er nachweist, dass er schuldlos keine Arbeit findet.
■ Wird ein *Hilfsmittel* verweigert, kann der Versicherte sich an den Fonds für Fürsorgeleistungen an Invalide wenden, der von Pro Infirmis verwaltet wird (vgl. S. 89).
■ Die Beratungsstellen von Pro Infirmis stehen Behinderten und ihren Angehörigen indessen vor allem für Hilfen und Beratungen in fast allen Lebensbereichen zur Verfügung. Sehr oft können sie auch gute Dienste bei der Geltendmachung und bei der Abklärung von Ansprüchen an die Invalidenversicherung leisten.

## Wer kann IV-Leistungen beanspruchen?

**Die IV versichert die gleichen Personen wie die AHV** (vgl. S. 32). Auch die Pflicht zur Bezahlung von Beiträgen und der Beitragsbezug sind gleich geregelt wie in der AHV (vgl. S. 33). Die AHV-Ausgleichskassen erheben die IV-Beiträge zusammen mit den AHV-Beiträgen. Nur die Höhe der Beiträge ist anders:

■ *Arbeitnehmer:* 1% des Erwerbseinkommens, die Hälfte zu Lasten des Arbeitgebers

■ *Selbständigerwerbende:* 1% des Erwerbseinkommens. Für Einkommen unter Fr. 34 600.– pro Jahr (Stand 1986) ermässigt sich der Beitrag im gleichen Verhältnis wie in der AHV (s. S. 34).

■ Für *Nichterwerbstätige* mit einem Vermögen oder mit 20 multiplizierten Renteneinkommen von weniger als Fr. 250 000 beträgt der IV-Beitrag Fr. 30.– im Jahr, für solche mit grösserem Vermögen bzw. Renteneinkommen steigert er sich bis auf Fr. 1000.– im Jahr (Stand 1986; s. S. 37).

Finanziert wird die IV grundsätzlich gleich wie die AHV, nur sind die staatlichen Subventionen höher: der Staat bezahlt die Hälfte der Ausgaben, die Versicherten und ihre Arbeitgeber tragen daher mit ihren Beiträgen nur die Hälfte der Lasten.

Anspruch auf Leistungen der IV haben grundsätzlich alle bei Eintritt der Invalidität versicherten Schweizer. Mit wichtigen Ausnahmen und Einschränkungen gilt das auch für Ausländer und Staatenlose.

■ Achtung: Auslandschweizer, die sich nicht freiwillig versichern, haben keine IV-Leistungen zugut. Das ist anders als in der AHV, von der sie bei Erreichen des AHV-Alters eine Rente aufgrund der früher geleisteten Beitragszeit beanspruchen können.

AUSLÄNDER, STAATENLOSE UND AUSLANDSCHWEIZER
SIND BENACHTEILIGT.

Die Schweiz hat mit zahlreichen Staaten Sozialversicherungsabkommen abgeschlossen, durch die die Stellung der Ausländer derjenigen der Schweizer mindestens zum Teil angeglichen wird. Etwa 90% der in der Schweiz wohnhaften Ausländer unterstehen deshalb nicht den für Ausländer an sich gültigen strengen Vorschriften. Es bestehen Abkommen mit folgenden Ländern: Belgien, BRD, Dänemark, Frankreich, Griechenland, Grossbritannien, Israel, Italien, Jugoslawien, Liechtenstein, Luxemburg, Niederlande, Norwegen, Österreich, Portugal, Schweden, Spanien, Türkei, USA.

Die AHV-Ausgleichskassen geben gratis Merkblätter ab, die über den Inhalt dieser recht unterschiedlichen Sozialversicherungsabkommen informieren, auch in der Sprache des Vertragsstaates. Das Bundesamt für Sozialversicherung in Bern, ferner die Konsulate und die Konsularabteilungen der Botschaften von Vertragsstaaten sind in der Lage, Auskünfte über die oft sehr heiklen und komplizierten Rechtsverhältnisse zu geben, die sich aus dem Zusammenwirken von Sozialversicherungsgesetzen und -Abkommen ergeben.

Für Staatenlose und Ausländer aus Staaten, mit denen die Schweiz *kein Sozialversicherungsabkommen* abgeschlossen hat, gelten folgende Vorschriften:

Ausländer und Staatenlose (ohne Sozialversicherungsabkommen) sind nur anspruchsberechtigt, solange sie in der Schweiz wohnen und wenn sie bei Eintritt der Invalidität mindestens 10 Jahre Beiträge geleistet oder während 15 Jahren ununterbrochen in der Schweiz gewohnt haben. Es werden keine Renten ins Ausland geschickt. Verlässt der an sich anspruchsberechtigte Ausländer die Schweiz, verliert er seine Ansprüche gegenüber der IV. Aber auch wenn er in der Schweiz bleibt, erhalten seine im Ausland wohnhaften Angehörigen keine IV-Leistungen.

Weil eine Rente erst nach 360 Tagen Erwerbsunfähigkeit beansprucht werden kann, muss der Ausländer während dieser Wartefrist in der Schweiz bleiben, sonst verliert er seinen Rentenanspruch. Es empfiehlt sich aber auch, während der Dauer der Abklärungen in der Schweiz zu bleiben, um den Aufforderungen der IV-Kommission Folge leisten zu können. Sonst können Versicherungsansprüche unter Umständen nicht abschliessend geklärt werden. Dann besteht die Möglichkeit, dass sie verlorengehen!

Ausländer, die in der Schweiz invalid geworden sind, fallen übrigens nicht unter die fremdenpolizeiliche Zulassungsbegrenzung. Ihnen wird regelmässig die Aufenthaltsbewilligung verlängert.

Ausserordentliche IV-Renten (vgl. S. 87) erhalten nur in der Schweiz wohnhafte Schweizer; Ausländer und Auslandschweizer also nicht. Hier gilt aber wieder eine Ausnahme, indem minderjährige Ausländer und Staatenlose, die in der Schweiz wohnen, eine ausserordentliche Rente erhalten, wenn sie in der Schweiz invalid geboren wurden oder sich bei Eintritt der Invalidität seit mindestens einem Jahr oder seit der Geburt ununterbrochen in der Schweiz aufgehalten haben und wenn Vater oder Mutter versichert sind und mindestens 10 Jahre Beiträge bezahlt oder ununterbrochen während 15 Jahren in der Schweiz gewohnt haben. Besser als «gewöhnliche» Ausländer sind auch Flüchtlinge gestellt.

Minderjährige Schweizer Bürger, die sich in der Schweiz aufhalten, aber deren Eltern im Ausland wohnen, ohne der freiwilligen Versicherung beigetreten zu sein, haben Anspruch auf Eingliederungsmassnahmen. Ebenso minderjährige Ausländer und Staatenlose, die in der Schweiz wohnen, sofern sie in der Schweiz invalid geboren wurden oder sich bei Eintritt der Invalidität seit mindestens einem Jahr oder seit Geburt ununterbrochen in der Schweiz aufgehalten haben *und* wenn Vater oder Mutter versichert sind und mindestens 10 Jahre Beiträge bezahlt oder ununterbrochen während 15 Jahren in der Schweiz gewohnt haben.

Eingliederungsmassnahmen werden in der Regel nur in der Schweiz gewährt. Ausnahmen: Im Ausland notfallmässig durchgeführte medizinische Massnahmen; Massnahmen, die in der Schweiz gar nicht möglich sind; für Kinder von Auslandschweizern, die sich freiwillig versichert haben. Ausserdem können, wenn «beachtliche Gründe» vorliegen und glaubhaft gemacht werden können, die Kosten für Eingliederungsmassnahmen im Ausland im selben Ausmass übernommen werden, wie sie auch in der Schweiz entstehen würden.

## Die Eingliederungsmassnahmen

### EINGLIEDERUNG VOR RENTE

Im Gegensatz zur AHV, die hauptsächlich Renten ausrichtet (vgl. S. 31) haben bei der IV die Eingliederungsmassnahmen den Vorrang. Eine Rente wird erst zugesprochen, wenn die Wiedereingliederung des Invaliden ins Berufsleben zu wenigstens 50 Prozent nicht zumutbar oder nicht möglich ist.

**Der Versicherte hat Anspruch auf Eingliederungsmassnahmen und die Pflicht, an solchen mitzuwirken.** Weder er noch die IV-Kommission können nach Belieben entscheiden, ob eine Eingliederungsmassnahme oder eine Rente beansprucht bzw. zugesprochen werden soll. Der Grundsatz «Eingliederung vor Rente» ist zwar unbestritten, kann aber − auch abgesehen von der Schwere der körperlichen Beeinträchtigung − oft nicht realisiert werden. Je angespannter der Arbeitsmarkt, desto weniger Chancen haben Invalide. Zuweilen scheitern Eingliederungsbemühungen auch daran, dass zweckmässige und nützliche Vorschläge der IV-Regionalstellen von der IV-Kommission abgelehnt werden, sei es mangels Einsicht in die Situation des Versicherten oder aufgrund von einengenden Verwaltungsvorschriften.

Der Versicherte muss bei der Abklärung, Vorbereitung und Durchführung der Eingliederungsmassnahmen kooperativ mitarbeiten, sofern sie zumutbar sind.

Die Zumutbarkeit ist in jedem Einzelfall konkret zu untersuchen. Nach Gesetz sind Massnahmen, die eine Gefahr für Leben und

Gesundheit darstellen, nicht zumutbar. Als unzumutbar gelten auch Massnahmen, die eine grundlegende Änderung der Lebensgewohnheiten mit sich bringen. Selbst ein Wechsel des Wohnorts gilt grundsätzlich als zumutbar; auf die persönliche und familiäre Situation (schulpflichtige Kinder!) ist «angemessen» Rücksicht zu nehmen. Wer eine zumutbare Massnahme ablehnt, riskiert die Verweigerung oder den Entzug der IV-Leistungen (auch der Rente!), wenn die verweigerte Eingliederungsmassnahme eine wesentliche Verbesserung der Erwerbsfähigkeit erwarten liesse. In der Praxis wird in der Regel sehr streng verfahren. Oft erfolgen Rentenverweigerungen auch dann, wenn trotz der Eingliederungsmassnahme eine rentenbegründende Invalidität bleiben würde.

Eingliederungsmassnahmen müssen nicht erst gewährt werden, wenn die Invalidität bereits eingetreten ist, sondern auch, wenn sie in absehbarer Zeit eintreten wird. Eingliederungsmassnahmen können von Geburt an bis ins AHV-Alter in Frage kommen; die bis dann noch nicht abgeschlossenen Massnahmen sind zu Ende zu führen.

Die Kosten der Massnahmen sollen in einem vernünftigen Verhältnis zur noch bevorstehenden Dauer des Erwerbslebens stehen: In die Eingliederung von jüngeren Invaliden investiert die IV mehr Geld als für Invalide, die ohnehin kurz vor der Pensionierung stehen.

Achtung: Gewisse Eingliederungsmassnahmen werden auch gewährt, wenn sie nicht der Eingliederung ins Berufsleben dienen (vgl. die nachfolgenden Ausführungen über die einzelnen Eingliederungsmassnahmen).

MEDIZINISCHE MASSNAHMEN: WANN BEZAHLT DIE KRANKENKASSE, WANN DIE IV?

Auch die IV bezahlt unter bestimmten Voraussetzungen medizinische Massnahmen. Die Übernahme durch die IV hat für den Versicherten Vorteile: anders als in der Krankenversicherung muss er keine Franchise und keinen Selbstbehalt tragen, ferner werden ihm die notwendigen Fahrspesen ersetzt. Zudem besteht in den meisten Fällen ein Anspruch auf IV-Taggelder, wenn ein Verdienstausfall eintritt. Diese Taggelder können gleichzeitig bezahlt werden wie Taggelder der Krankenkasse; diese fallen ganz oder teilweise nur dann weg, wenn sonst eine Überversicherung entstünde. Zu Lasten der IV gehen jene medizinischen Massnahmen, «die nicht auf die Behandlung des Leidens an sich, sondern unmittelbar auf berufliche Eingliederung gerichtet und geeignet sind, die Erwerbsfähigkeit dauernd und wesentlich zu verbessern oder vor wesentlicher Beeinträchtigung zu bewahren». (Art. 12 Abs. 1 IVG)

Massnahmen zur «Behandlung des Leidens an sich» dienen der Beeinflussung eines noch nicht abgeschlossenen Krankheitsverlaufes. Ist indessen der Gesundheits- bzw. Krankheitszustand stabil, ist die IV leistungspflichtig. Für Querschnittslähmungen und Kinderlähmung wird angenommen, dass die Behandlung des ursächlichen Gesundheitsschadens nach vier Wochen abgeschlossen ist und die IV die anschliessenden Massnahmen zu übernehmen hat. Für andere Erkrankungen finden sich im Gesetz keine Abgrenzungskriterien, auch fehlt in der Medizin der Begriff des «relativ stabilisierten Gesundheitszustandes», so dass sich die Gerichte häufig mit der Abgrenzung zu befassen haben.

GEGENÜBER MINDERJÄHRIGEN IST DIE IV GROSSZÜGIGER

Die Behandlung von Geburtsgebrechen übernimmt die IV immer (bis zum 20. Altersjahr des Invaliden), auch wenn das Leiden nicht stabilisiert ist. Was Geburtsgebrechen im Sinne der IV sind, wird in der *Verordnung über die Geburtsgebrechen* aufgezählt. Nicht in der vom Bundesrat aufgestellten Liste erwähnte Leiden gelten — auch wenn sie nachweislich von Geburt an bestehen — nicht als Geburtsgebrechen; sie werden von der IV nicht übernommen.

Minderjährige, die invalid oder von teilweiser bis voller Invalidität bedroht sind, können — wenn nicht ein Geburtsgebrechen vorliegt — die Übernahme ärztlicher Behandlung nur unter den gleichen Voraussetzungen beanspruchen wie Erwachsene.

DIE MEDIZINISCHEN EINGLIEDERUNGSMASSNAHMEN MÜSSEN SICH AUSZAHLEN

Medizinische Eingliederungsmassnahmen der IV müssen die Erwerbsfähigkeit voraussichtlich dauernd und nicht nur vorübergehend verbessern. Die IV stellt eine Vergleichsrechnung an und hält den Eingliederungserfolg dann für «dauernd», wenn er während eines bedeutenden Teils der durchschnittlichen Dauer des noch bevorstehenden Erwerbslebens anhält. Dies führt zuweilen zu absurden Resultaten. Verspricht z. B. eine Operation einen Erfolg für sechs oder sieben Jahre, übernimmt die IV die Kosten bei einem 60jährigen, nicht aber bei einem 50jährigen. Bei letzterem sind 6 oder 7 Jahre kein «überwiegender Teil seiner Aktivitätsdauer».

Die Leistungspflicht der IV beschränkt sich bei Spitalbehandlung auf die allgemeine Abteilung. Sie übernimmt — anders als die meisten Krankenkassen (vgl. S. 136) — die Kosten der Hauspflege sowie gewisse diätetische Nährmittel (gemäss *Verordnung über diätetische Nährmittel in der IV*). Der Invalide kann den Arzt frei wählen.

ABGABE VON HILFSMITTELN ABHÄNGIG VON DER ERWERBSFÄHIGKEIT

Viele Invalide sind auf Hilfsmittel angewiesen (Prothesen, Rollstuhl, Motorfahrzeuge, Spezialeinrichtungen für Blinde oder Gehörlose etc.). Da oft Einzelanfertigungen oder eine Anpassung an das Gebrechen notwendig sind, wären diese Hilfsmittel häufig zu teuer. Die IV stellt deshalb solche zur Verfügung, oder sie leistet Beiträge an die Kosten, wenn der Invalide das Hilfsmittel selbst anschafft. Abgegeben werden die Hilfsmittel, die in der *Verordnung über die Abgabe von Hilfsmitteln durch die Invalidenversicherung* aufgelistet sind:

■ Prothesen; Stütz- und Führungsapparate für Arme und Beine; orthopädische Stützkorsetts; orthopädisches Schuhwerk; Hilfsmittel für Defekte im Kopfbereich; Hörapparate; Brillen; Sprechhilfegeräte; Fahrstühle; Motorfahrzeuge und Invalidenfahrzeuge; Hilfsmittel für Blinde und hochgradig Sehschwache; Geh-Hilfen; Hilfsmittel am Arbeitsplatz, zur Schulung und Ausbildung sowie bauliche Vorkehren zur Überwindung des Arbeitsweges; Hilfsmittel für die Selbstsorge; Hilfsmittel für den Kontakt mit der Umwelt.

Ein Teil der Hilfsmittel steht allen Invaliden zu, auch wenn sie nicht erwerbstätig sein können. Voraussetzung ist, dass sie darauf angewiesen sind, um sich fortbewegen oder Kontakte mit der Umwelt herstellen zu können. Dasselbe gilt für Hilfsmittel, die der Selbstsorge dienen. Die Liste dieser Hilfsmittel ist allerdings beschränkt, leichter ist es, Hilfsmittel zu erhalten, die zur Ausübung einer Erwerbstätigkeit oder für die Tätigkeit im Aufgabenbereich, für die Schulung, die Ausbildung oder die funktionelle Angewöhnung notwendig sind.

■ Anschaffung, Anpassung, Gebrauchstraining und Reparaturen gehen zu Lasten der IV, die Betriebskosten (ausser in Härtefällen) zu Lasten des Invaliden (s. auch die folgenden Abschnitte).

## Schule

Viele invalide Kinder können wegen ihrer Behinderung nicht die normale Volksschule besuchen. Andere wiederum benötigen dafür besondere Hilfen. Weil alle Kinder Anspruch auf angemessene Schulung haben, sind Schulen für behinderte Kinder notwendig. Deren Einrichtung und Führung sind wesentlich teurer als bei normalen Volksschulen. Deshalb leistet die IV Beiträge an diese Kosten. Sie führt indessen keine eigenen Sonderschulen, denn die Organisation und der Betrieb der Volksschule ist Sache der Kantone. Sie sind denn auch primär für die Sonderschulung behinderter Kinder verantwortlich, indem sie eigene Schulen einrichten, private Schulen zulassen und an deren Kosten Beiträge leisten oder aber die Kinder in geeigneten ausserkantonalen Schulen unterbringen lassen und daran ebenfalls Beiträge leisten. Die Regelungen und das Angebot sind zu vielfältig, als dass sie hier dargestellt werden könnten.

**Wichtig ist: Grundsätzlich bestimmen die Eltern die Sonderschule, die ihr invalides Kind besuchen soll.** Selbstverständlich sollen sie sich bei ihrem Entscheid beraten lassen (IV-Sekretariate, Schulbehörden, Beratungsstellen). Die Kosten, die den Eltern entstehen, sollten nicht höher liegen, als wenn das Kind ganz normal die Volksschule besuchen würde.

Anspruch auf Beiträge an die Sonderschulung haben:

■ geistig Behinderte, wenn der Intelligenzquotient nicht mehr als 75 beträgt;

■ Blinde und Sehschwache, wenn bei beidäugigem Sehen die korrigierte Sehschärfe weniger als 0,3 beträgt;

■ seit Geburt Gehörlose oder Ertaubte sowie Schwerhörige mit einem Hörverlust von mindestens 40%;

■ Sprachgebrechliche mit schweren Sprachstörungen;

■ Kinder, denen infolge eines anderen körperlichen oder geistigen Gebrechens der Besuch der Volksschule nicht möglich oder nicht zumutbar ist;

■ mehrfach Gebrechliche, selbst wenn die für die einzelnen Gebrechen aufgestellten Voraussetzungen nicht erfüllt sind.

Die Sonderschulungsbeiträge der IV werden längstens bis zur Erreichung des 20. Altersjahrs gewährt. Danach sind Beiträge an Schulungskosten lediglich noch im Rahmen der beruflichen Eingliederung möglich (siehe S. 60).

Es ist nicht Beitragsvoraussetzung, dass dem invaliden Kind im Rahmen der Sonderschulung der normale Schulstoff vermittelt werden kann. Als bildungsfähig gelten auch Kinder, die handwerklich oder in den Verrichtungen des täglichen Lebens oder in der Fähigkeit des Kontaktes mit der Umwelt gefördert werden können.

Die Massnahmen für die Sonderschulung umfassen:

■ Sonderschulunterricht als besonderer regelmässiger Unterricht für Minderjährige, die infolge Invalidität den Anforderungen der Volksschule nicht zu entsprechen vermögen;

■ Massnahmen pädagogisch-therapeutischer Art, die zusätzlich zum Sonderschulunterricht oder zur Ermöglichung der Teilnahme am Volksschulunterricht infolge Invalidität notwendig sind;

■ Sonderschulung auf der Kindergartenstufe;

■ Massnahmen pädagogisch-therapeutischer Art zur Vorbereitung auf die spätere Schulung und als zusätzliche Massnahme zur Sonderschulung auf der Kindergartenstufe;

■ die durch Schulung bedingte auswärtige Unterbringung und Verpflegung;

■ Kostgeldbeiträge, wenn zur Gewährleistung des Übertritts von der Sonderschule in die Volksschule neben dem Volksschulbesuch ein Aufenthalt in einem Sonderschulheim erforderlich ist oder wenn der Transport von und zur Volksschule infolge Invalidität nicht möglich oder nicht zumutbar ist und deswegen auswärtige Unterbringung notwendig wird;

■ die notwendigen invaliditätsbedingten Transportkosten zur Ermöglichung des Besuchs der Sonder- oder Volksschule und zur Durchführung pädagogisch-therapeutischer Massnahmen.

> Der IV-Beitrag an den Sonderschulunterricht beträgt Fr. 25.– pro Tag, jener an das Kostgeld ebenfalls Fr. 25.–. An auswärtige Verpflegung wird ein Beitrag von Fr. 5.– pro Hauptmahlzeit ausgerichtet. Bei den pädagogisch-therapeutischen Massnahmen, ob sie im Rahmen einer weiteren Sonderschulung oder zusätzlich zum Besuch der Normalschule notwendig sind, übernimmt die IV die tatsächlichen Kosten.

Nebst den direkten Beiträgen zugunsten der Eltern von behinderten Kindern subventioniert die IV den Bau und den Betrieb von Sonderschulen. Entsprechend vielfältig ist das Angebot spezialisierter Einrichtungen. Alle diese Einrichtungen haben aber − neben dem Vorteil, dass die Behinderung bei der Schulung speziell berücksichtigt werden kann − einen Nachteil: **Das behinderte Kind lebt oft vom Kindergartenalter an während der ganzen Schulzeit und länger im Ghetto der Behinderten − und die gesunden Kinder wissen kaum noch, dass es behinderte Gleichaltrige gibt.** Lehrer und Schulbehörden sollten vermehrt Anstrengungen unternehmen, um behinderte Kinder in die Gesellschaft der Gesunden voll oder wenigstens teilweise zu integrieren, z. B. durch Unterricht im gleichen Schulhaus oder in teilweise gemeinsamen Unterrichtsstunden. Bedauerlicherweise sind indessen auch Lehrer und Behördenmitglieder gegen die stets vorhandenen Neigungen zur (bewussten oder unbewussten) Diskriminierung nicht immun. Zuweilen werden der angeblich erforderliche Aufwand oder (vermeintliche) Hindernisse als unüberwindbar gesehen bzw. vorgeschoben. Und oft fehlt es einfach an der nötigen Fähigkeit, sich bessere (und dennoch billigere) Lösungen als die Heimeinweisung vorzustellen.

# Berufsausbildung

Das Angebot an geeigneten Berufen für viele Behinderte ist beschränkt. Umso wichtiger ist die Berufsberatung durch spezialisierte Stellen, die die Probleme der Behinderten und den ihnen offenstehenden Arbeitsmarkt kennen. Die IV gewährt Berufsberatung durch ihre Regionalstellen. Die Berufsberater klären die Eignung des Behinderten ab. Die Neigungen der Behinderten dürfen sie nach den Vorschriften leider nur in beschränktem Mass berücksichtigen − obwohl die berufliche Befriedigung für einen Behinderten besonders wichtig ist. Zum Zwecke der Berufsberatung können auch praktische Arbeitsversuche in einer beruflichen Abklärungsstelle der IV (BEFAS) durchgeführt werden.

Die *Berufsberatung* steht Invaliden offen, die noch *keinen Beruf erlernt* haben oder die infolge der Invalidität *nicht mehr in den gelernten Beruf zurückkehren* können. Eine bestimmte Schwere der Invalidität ist nicht Voraussetzung.

Wenn ein Versicherter bei Eintritt der Invalidität noch keine Ausbildung abgeschlossen hat, übernimmt die IV nur invaliditätsbedingte Mehrkosten der erstmaligen beruflichen Ausbildung; die übrigen Kosten hätte der Invalide (bzw. dessen Eltern) ja auch ohne Invalidität bezahlen müssen.

Als beitragsberechtigte Ausbildung gelten Berufslehren, Anlehren sowie der Besuch von Mittel-, Fach- oder Hochschulen. Auch die berufliche Weiterausbildung im bisherigen Beruf kann von der IV finanziert werden, wenn dadurch die Erwerbsfähigkeit wesentlich verbessert werden kann.

Beiträge werden geleistet an Schulgelder, Lehrmittel, Berufskleider, Werkzeuge, Transportkosten sowie Kosten für auswärtige Verpflegung und Unterkunft. Ist die Unterbringung in einer Ausbildungsstätte oder einem Wohnheim notwendig, übernimmt die IV die entsprechenden Kosten voll.


Wer vor Eintritt der Invalidität bereits erwerbstätig war, hat Anspruch auf Umschulung, wenn diese notwendig ist, um die Erwerbsfähigkeit zu verbessern. Auch hier kann die Ausbildung von einer kurzfristigen Einarbeitung bis zu einem Hochschulstudium gehen. Nach der Praxis des Eidgenössischen Versicherungsgerichtes soll die neue Tätigkeit nach Möglichkeit der früheren annähernd gleichwertig sein. Damit soll eine invaliditätsbedingte Schlechterstellung verhindert werden. Verhindert wird dadurch aber auch eine berufliche und wirtschaftliche Besserstellung des Behinderten, ob-

wohl dieser oft besser geschult sein müsste, um seine behinderungsbedingte Benachteiligung wettzumachen.

**Bei Umschulung auf einen neuen Beruf — anders als bei der
erstmaligen beruflichen Ausbildung — bezahlt die IV sämtliche Kosten.** Diese wären ja ohne die Invalidität nicht entstanden. Zusätzlich
erhält der Invalide während der Umschulungsmassnahmen ein Taggeld. Taggeld soll künftig, voraussichtlich ab 1987, auch bei erstmali-
ger Ausbildung bezahlt werden (vgl. S. 60).

## Arbeit

Zur Eingliederung gehört auch die Arbeitsplatz-Vermittlung.
Auch dafür ist die IV-Regionalstelle zuständig. Aber der Invalide
kann sich auch an das Arbeitsamt seines Wohnortes wenden. Wenn
finanzielle Unterstützung zur Abdeckung von invaliditätsbedingten
Mehrkosten — zum Beispiel Anpassung eines Arbeitsplatzes an die
Behinderung, Taggeldleistungen zur Entlastung des Arbeitgebers
während einer Einarbeitungsphase etc. — notwendig scheint, klärt
die IV-Regionalstelle die Notwendigkeit ab und stellt der Invaliden-
versicherungskommission die entsprechenden Anträge. Dem Behinderten können ferner z. B. auch *Umzugskosten* finanziert werden.
Während der Dauer der Arbeitsvermittlung wird nur Taggeld ausgerichtet, wenn der Behinderte nach erfolgter Umschulung auf einen
Arbeitsplatz wartet: es wird während höchstens 60 Tagen weiter
gewährt. Der Behinderte ist jedoch verpflichtet, selbst das Zumutbare zu tun, um Arbeit zu finden. Er darf nicht einfach warten, bis
ihm die IV vielleicht einen Arbeitsplatz vermitteln kann. Ihre Möglichkeiten sind in dieser Hinsicht denn auch sehr beschränkt; Arbeitsplätze in der freien Wirtschaft müssen die Behinderten heute in
der Regel selber finden.

Ob dem Invaliden ein Arbeitsplatz vermittelt werden kann,
hängt natürlich nicht nur von seiner Behinderung ab, sondern auch
vom Stellenangebot. Anders als in manchen Ländern, sind Arbeitgeber in der Schweiz nicht verpflichtet, eine bestimmte Quote der
Arbeitsplätze Invaliden zur Verfügung zu stellen.

Zur Aufnahme einer selbständigen Erwerbstätigkeit kann Ka-
pitalhilfe gewährt werden, um invaliditätsbedingte betriebliche Um-
stellungen oder Neuinvestitionen zu finanzieren. Die Kosten müssen
aber in einem vernünftigen Verhältnis zum erwarteten Nutzen stehen. Deshalb wird verlangt, dass die Tätigkeit existenzsichernd (vgl.
Seite 61) sein soll; das Alter des Versicherten kann ferner von Bedeu-

tung sein. Kapitalhilfen werden allerdings nur in ganz seltenen Ausnahmefällen gewährt. Meist dauert es bis zu einem Entscheid auch sehr lang. Sämtliche Gesuche müssen von der IV-Kommission dem Bundesamt für Sozialversicherung unterbreitet werden.

Oft kann ein Behinderter nur einer Erwerbstätigkeit nachgehen, wenn sein Arbeitsplatz seiner Behinderung angepasst wird. Zu diesem Zweck gewährt die IV Hilfsmittel. Die Arten der Hilfsmittel sind in der *Verordnung über die Abgabe von Hilfsmitteln durch die Invalidenversicherung* aufgeführt. Als Hilfsmittel am Arbeitsplatz kommen in Frage:

■ invaliditätsbedingte Arbeitsgeräte sowie Zusatzeinrichtungen, Zusatzgeräte und Anpassungen für die Bedienung von Apparaten und Maschinen

■ der Behinderung individuell angepasste Sitz-, Liege- und Stehvorrichtungen

■ der Behinderung individuell angepasste Arbeitsflächen

■ Beiträge an invaliditätsbedingte bauliche Änderungen am Arbeitsplatz.

■ Die IV kommt auf für die Anschaffung und die Reparatur des Hilfsmittels, während der Behinderte die Betriebskosten zu bezahlen hat (ausgenommen in Härtefällen).

■ Hilfsmittel zur Überwindung des Arbeitsweges.

Schwerbehinderte sind häufig nicht in der Lage, den Anforderungen eines Arbeitsplatzes in der Wirtschaft zu genügen. Für sie bestehen sogenannte *geschützte Werkstätten*. Oft ist diesen entweder ein Heim angeschlossen, oder es befinden sich Behindertenwohnungen ohne architektonische Barrieren in der Nähe. Oft ist die Beschäftigung (zu) anspruchslos und setzt keine berufliche Qualifizierung voraus und vermittelt auch keine solche. Der Sprung aus einer geschützten Werkstätte auf den freien Arbeitsmarkt ist deshalb meist schwierig. Die Arbeitsbedingungen sind noch heute in vielen Werkstätten paternalistisch geprägt, die Löhne tief, da die Industrie den geschützten Werkstätten nur Aufträge übergibt, wenn billig gearbeitet wird. Da die Rente vieler Invalider sehr niedrig ist, sind sie trotzdem faktisch gezwungen, in einer geschützten Werkstätte zu arbeiten.

## Fortbewegung

Die Fortbewegung ist für viele Behinderte ein besonderes Problem, da sie durch ihre Behinderung in der Mobilität eingeschränkt sind. Sich frei bewegen können ist Voraussetzung eines sozialen Lebens und in der Regel auch der Berufstätigkeit. Die IV leistet deshalb auf zwei Arten Unterstützung: Einerseits übernimmt sie Reisekosten, anderseits stellt sie Hilfsmittel wie Fahrstühle und Autos zur Verfügung.

## REISEKOSTEN

Die IV vergütet die Kosten der Fahrten, die der Versicherte wegen einer angeordneten Abklärungs- oder Eingliederungsmassnahme unternehmen muss. Bezahlt werden auch Fahrten nach Hause, wenn sich der Versicherte intern, z. B. in einem Internat, aufhält (einmal wöchentlich); kann der Versicherte das Internat nicht verlassen, bezahlt die IV die Besuchsfahrten der Eltern, Ehegatten und minderjährigen Kinder (maximal zweimal pro Monat).
■ Ist der Behinderte auf eine Begleitperson angewiesen, werden auch deren Fahrtkosten vergütet.

Für die Fahrten sind in erster Linie die öffentlichen Verkehrsmittel zweiter Klasse zu benützen. **Spätestens fünf Tage vor der Fahrt ist bei der IV ein entsprechender Gutschein zu bestellen.** Ist dem Behinderten oder seiner Begleitperson die Benützung der öffentlichen Verkehrsmittel nicht zumutbar, werden die Kosten des Privatautos übernommen. Selbstverständlich geht auch der von Sonderschulen organisierte Transportdienst zu Lasten der IV.

## HILFSMITTEL ZUR FORTBEWEGUNG

■ Der Fahrstuhl: Für den Gehunfähigen ist der Fahrstuhl *das* Hilfsmittel, das ihn befähigt, für sich selbst zu sorgen und Kontakt zu pflegen mit der Umwelt. Er hat deshalb darauf Anspruch, auch wenn er ihm nicht eine Erwerbstätigkeit ermöglicht. Wer den Fahrstuhl nicht von Hand antreiben kann, erhält einen solchen mit elektromotorischem Antrieb.
■ Das Auto gehört zu jenen Hilfsmitteln, die nur erwerbstätigen Versicherten gewährt werden, die ein noch existenzsicherndes Einkommen (das angenommen wird, wenn es die mittlere einfache ordentliche Altersrente, 1986 also Fr. 1080.–, erreicht) erzielen können. Mit der Abgabe eines Autos kann auch rechnen, wer während der erstmaligen beruflichen Ausbildung oder der Umschulung keinen Lohn in dieser Höhe erzielt, wenn der Invalide das Auto für den Arbeitsweg oder während der Arbeit wegen der Invalidität braucht und wenn erwartet werden kann, dass nach Abschluss der Eingliederung ein existenzsicherndes Einkommen erzielt wird. Der Versicherte

kann wählen, ob ihm die IV das Auto ausleihen oder, wenn er es selbst kauft, Amortisationsbeiträge leisten soll. Die Unterhalts- und Betriebskosten muss er selbst übernehmen (ausser in Härtefällen); in den meisten Kantonen können Behinderte ein Gesuch um Erlass der Motorfahrzeugsteuern stellen, wenn sie das Fahrzeug wegen der Invalidität brauchen. Unter den gleichen Voraussetzungen kann bei der Zollkreisdirektion die Rückerstattung des Zolls beantragt werden, wenn der Behinderte das Auto selbst erworben hat. Die Polizei- oder Gemeindebehörden erteilen auf Gesuch hin Spezialbewilligungen für Parkierungserleichterungen.

Ob der Invalide — nach Vornahme der notwendigen Abänderungen — fähig ist, das Auto sicher zu führen, entscheidet die kantonale Motorfahrzeugkontrolle. Andernfalls erhält er von der IV einen Elektrofahrstuhl, der für den Verkehr zugelassen ist. Von der IV übernommen werden auch die invaliditätsbedingten Mehrkosten für Motorfahrzeuge, wenn das Fahrzeug zur Berufsausübung notwendig ist (z. B. automatisches Getriebe, Umbauten etc.).

### ÖFFENTLICHE VERKEHRSMITTEL

Rentner der IV können (genau wie AHV-Rentner) bei den SBB ein spezielles Halbtax-Abonnement beziehen. Behinderte, die nur in Begleitung die Eisenbahn benützen können, erhalten — auf Gesuch bei der kantonalen Ausgleichskasse — einen Begleiterausweis, mit dem der Mitreisende gratis fahren kann.

### TAXI

Wer weder ein öffentliches Verkehrsmittel noch ein individuelles Fahrzeug benützen kann, kann innerhalb eines gewissen Rahmens auf Kosten der IV ein Taxi benützen. Die IV-Kommission muss aber auf jeden Fall vorher ihre Zustimmung per Verfügung gegeben haben.

## Wohnen

### IN DER EIGENEN WOHNUNG WOHNEN

Der Bund gewährt Behinderten Finanzierungshilfen beim Erwerb von Wohnungs- und Hauseigentum, indem er nicht rückzahlbare Beiträge gewährt, die bis 20% der jährlichen Lasten erreichen. Die Verbilligung ist an Einkommens- und Vermögensgrenzen gebunden. Diese aufgrund des *Wohnbau- und Eigentumsförderungsgesetzes* vom 4. Oktober 1974 möglichen Finanzierungshilfen können aber nur von wenigen Behinderten in Anspruch genommen werden. Nicht nur ist, trotz der Verbilligung, Wohnungseigentum für viele Behinderte angesichts ihres tiefen Einkommens immer noch zu teuer, die dafür zur Verfügung gestellten Mittel sind auch sehr beschränkt und jeweils schon bald ausgeschöpft.

Auskunft erteilen das Bundesamt für Wohnungswesen, kantonale Amtsstellen und Organisationen wie die Beratungsstelle für richtiges Bauen für Behinderte.

Das Angebot an speziellen Behindertenwohnungen ist klein, und der Behinderte wird sich überlegen, ob er eine Mietwohnung so umbauen kann, dass sie seinen Bedürfnissen entspricht. Daran muss der Vermieter nichts bezahlen; immerhin kann auch er die Finanzierungshilfe des Bundes beanspruchen. Wenn der Behinderte die Anpassungen selbst bezahlt, sollte er jedenfalls versuchen, einen langfristigen Mietvertrag abzuschliessen. Auch soll er das Einverständnis des Vermieters zu den geplanten Umbauten einholen, ansonsten er riskiert, beim Auszug wieder den früheren Zustand herrichten zu müssen.

Damit der Behinderte in einer eigenen Wohnung wohnen kann, hat er Anspruch auf *Hilfsmittel,* die er für die Selbstsorge und den Kontakt mit der Umwelt benötigt (vgl. Ziff. 14 des Anhangs der Hilfsmittelverordnung). Hausfrauen haben ebenfalls Anspruch auf Hilfsmittel, die sie zur Erfüllung ihrer Aufgaben benötigen. Ihre Tätigkeit im Haushalt ist in diesem Zusammenhang einer Erwerbstätigkeit gleichgestellt. In Frage kommen: behinderungsbedingte Arbeits- und Haushaltgeräte, der Behinderung individuell angepasste Sitz- oder Liegevorrichtungen und Arbeitsflächen sowie Beiträge an invaliditätsbedingte bauliche Veränderungen zur Ermöglichung der selbständigen Haushaltführung (Ziff. 13 des Anhanges der Hilfsmittelverordnung). Es ist nicht restlos geklärt, ob auch Alleinstehende Anspruch auf diese Kategorie Hilfsmittel haben.

Damit sie in ihrer eigenen Wohnung leben können, brauchen Behinderte häufig *fremde Hilfe.* Hauspflege (vorübergehend bei Krankheit oder nach Spitalaufenthalt) und Haushilfe (ohne zeitliche Beschränkung) sind auf Kantons- oder Gemeindeebene geregelt; normalerweise subventioniert der Staat gemeinnützige Dienste oder kirchliche Organisationen, die Behinderten ihre Leistungen nach Sozialtarif in Rechnung stellen. Auf diesem Gebiet wird leider wenig unternommen. Ein besserer Ausbau der Hausdienste könnte vielen Behinderten ein selbständiges Leben ermöglichen, statt dass sie in ein Heim eintreten müssen.

■ Die IV finanziert solche Hausdienste nur indirekt, indem sie gewissen Behinderten eine Hilflosenentschädigung gewährt (s. S. 88) und indem die Kosten bei der Berechnung der Ergänzungsleistungen berücksichtigt werden (s. S. 93).

WOHNEN IM HEIM

Viele Behinderte sind nicht frei im Entscheid, ob sie selbständig oder im Heim wohnen wollen. Der Wunsch auf eine eigene Wohnung scheitert häufig an den knappen finanziellen Möglichkeiten und an (angeblichen) Sachzwängen wie: schlecht ausgebauter Hausdienst, architektonische Schranken, restriktive Hilfsmittelpraxis der IV. Mitverantwortlich ist der Mangel an Arbeitsplätzen für Behinderte, weshalb sie in Werkstätten arbeiten müssen, die mit einem Wohnheim kombiniert sind. Oft hat die Familie zu wenig Zeit für die Betreuung, da diese nicht (oder durch Hilflosenentschädigungen zu gering) entschädigt wird.

Die IV selbst führt keine Wohnheime. In der Regel gehören diese privatrechtlichen Stiftungen. Sie erhalten neben den Pensionspreisen der Behinderten Betriebsbeiträge des Bundesamtes für Sozialversicherung, oft auch kantonale Beiträge sowie Spenden und Beiträge von Organisationen. Das Angebot an Heimplätzen ist (noch) knapp. Behinderte müssen nicht selten froh sein, wenn sie aufgenommen werden. Das Heim auszuwählen oder Bedingungen auszuhandeln ist deshalb kaum je möglich.

Das Wohnen im Heim kann viele wertvolle Kontakte bringen. Es ist aber immer auch verbunden mit dem Zwang, sich der Institution anzupassen. Auch im Heim hat der Behinderte aber unbedingten Anspruch auf persönliche Rechte und Privatsphäre: Der Behinderte sollte sein eigenes (Einzel-)Zimmer mit Telefonanschluss jederzeit verlassen können und darin Besuch empfangen dürfen. Auch sexuelle Kontakte müssen ohne Einschränkungen durch die Institution möglich sein. Selbstverständlich hat er das Recht auf freie Meinungsäusserung.

Obwohl sein Leben stark beeinflusst ist von den Verhältnissen im Heim, hat der Behinderte in der Regel kein Mitbestimmungsrecht. Da und dort gibt es wenigstens Mitsprache über Behinderten-Vertreter in der Heimkommission. Gegen Entscheide der Heimleitung besteht in der Regel das Recht, Beschwerde beim Stiftungsrat zu erheben. Dieses Mittel ist allerdings problematisch: Mancher Heimleiter könnte eine solche Beschwerde leicht in den falschen Hals bekommen. **Häufig effektvoller als die institutionalisierte Mitsprache ist das gemeinsame Vorgehen und solidarische Verhalten der Heimbewohner.**

## Der Lebensunterhalt während der Eingliederung

Normalerweise wird eine Rente erst zugesprochen, wenn die mögliche Eingliederung abgeschlossen ist. Der Behinderte kann also seinen Lebensunterhalt solange nicht aus seiner Rente bezahlen. **Während der Eingliederung werden statt dessen Taggelder ausgerichtet.** Aber auch wenn Eingliederungsmassnahmen nach Zusprechung einer Rente durchgeführt werden, hat der Versicherte Anspruch auf die Differenz zwischen Rente und Taggeld. Letzteres ist meist höher als die Rente, was einen Anreiz zur Eingliederung darstellt.

■ Taggeld wird bezahlt, wenn der Behinderte an wenigstens drei aufeinanderfolgenden Tagen wegen der Eingliederung vollständig verhindert ist, einer Arbeit nachzugehen (bei einer Untersuchung genügen schon zwei aufeinanderfolgende Tage), wenn er innerhalb eines Monats an mindestens vier Tagen wegen der Eingliederung verhindert ist, der Arbeit nachzugehen, oder wenn er zumindest 50% arbeitsunfähig ist.

■ Kein Taggeldanspruch besteht während der erstmaligen beruflichen Ausbildung sowie für Minderjährige, die noch nicht erwerbstätig waren oder sich in der beruflichen Ausbildung befinden. Dies soll indessen voraussichtlich ab 1987 geändert werden.

■ Taggeld wird bezahlt, wenn der Versicherte auf die Anordnung oder auf die Durchführung einer angeordneten Eingliederungsmassnahme warten muss oder wenn er nach Durchführung von Eingliederungsmassnahmen auf die Vermittlung von Arbeit wartet.

Das Taggeld besteht — gleich wie die Taggelder der Erwerbsersatzordnung (EO) — aus einer Grundentschädigung (Haushaltungsentschädigung oder Entschädigung für Alleinstehende) und Zulagen (Kinderzulagen, Unterstützungszulagen, Betriebszulagen).

Die Grundentschädigung wird nach dem Einkommen bemessen, das der Versicherte durch die zuletzt voll ausgeübte Tätigkeit erzielt hat. Liegt diese mehr als zwei Jahre zurück, so wird auf das Einkommen abgestellt, das er ohne die Invalidität durch die gleiche Tätigkeit unmittelbar vor der Eingliederung erzielt hätte.

|  | Mindestens Fr. im Tag | Höchstens Fr. im Tag |
|---|---|---|
| Haushaltentschädigung | 35.– | 105.– |
| Entschädigung für Alleinstehende | 30.– | 62.– |
| Kinderzulage | 13.– | |
| Unterstützungszulage (für unterstützte Personen) | | 26.– |
| Betriebszulage | 38.– | |

Versicherten, die während der Eingliederung selbst für Verpflegung oder Unterkunft aufkommen müssen, wird zum Taggeld ein Eingliederungszuschlag gewährt. Dieser beträgt seit dem 1. Januar 1985:

|  | Franken im Tag |
|---|---|
| für das Frühstück | 2.70 |
| für das Mittagessen | 5.40 |
| für das Nachtessen | 4.50 |
| für die volle Verpflegung | 12.60 |
| für die Unterkunft | 5.40 |

## Die Renten

### DIE INVALIDENRENTEN: NUR TEILWEISER ERSATZ DES LOHNAUSFALLES

Ein Anspruch auf eine Invalidenrente entsteht erst, wenn die Eingliederung abgeschlossen ist. **Die Invalidenversicherung richtet erst eine Rente aus, wenn der Invaliditätsgrad mindestens 50% beträgt.** Ausnahme: Invalide in sehr knappen finanziellen Verhältnissen erhalten bereits ab einem Invaliditätsgrad von 33⅓% eine halbe Rente. Die Renten der IV entsprechen in ihrer Höhe den Altersrenten der AHV.

### DER EINKOMMENSVERGLEICH ERGIBT DEN INVALIDITÄTSGRAD

Bei Invaliden, die vor Eintritt der Invalidität erwerbstätig waren, wird der Invaliditätsgrad mit der Methode des Einkommensvergleichs ermittelt: Es wird **«das Erwerbseinkommen, das der Versicherte nach Eintritt der Invalidität und nach Durchführung allfälliger Eingliederungsmassnahmen durch eine ihm zumutbare Tätigkeit bei ausgeglichener Arbeitsmarktlage erzielen könnte, in Beziehung gesetzt zum Erwerbseinkommen, das er erzielen könnte, wenn er nicht invalid geworden wäre»** (Art. 28 Abs. 2 IVG).

Welches Einkommen der Versicherte ohne Gesundheitsschaden verdienen würde, hängt von seiner Ausbildung, seinen beruflichen Fähigkeiten und seiner Stellung vor Eintritt der Invalidität ab.

Um das Erwerbseinkommen zu bestimmen, das der Versicherte mit dem Gesundheitsschaden noch erzielen kann (oder könnte), wird auf die Erwerbsmöglichkeiten abgestellt, welche dem Versicherten nicht nur in seinem früheren Beruf, sondern auch in einer andern ihm zumutbaren Tätigkeit offenstehen. In der Regel wird (im Grunde fälschlicherweise) darauf abgestellt, wieviel der Invalide nach der Eingliederung effektiv verdient. Bezahlt der Arbeitgeber indessen einen Soziallohn, der höher liegt als der Gegenwert seiner Arbeitsleistung, darf nur auf den Leistungslohn abgestellt werden. Die IV-Behörden sind jedoch meist sehr misstrauisch, wenn die Auszahlung von Soziallohnanteilen geltend gemacht wird.

Schöpft ein Invalider seine Einkommensmöglichkeiten nicht voll aus, wird darauf abgestellt, wieviel er nach Auffassung der IV bei Aufbringen guten Willens verdienen könnte.

---

*Beispiel:*
Jahreslohn, den der Versicherte ohne den Gesundheitsschaden verdienen könnte                                           Fr. 48 000.–
Jahreslohn, den der Versicherte nach der Eingliederung verdient
                                                                      Fr. 20 000.–
Erwerbseinbusse                                                       Fr. 28 000.–
Invaliditätsgrad 28 000 × 100 : 48 000.–                                     58%

---

Befand sich der Invalide im Zeitpunkt des Eintritts der Invalidität noch in der Ausbildung, ist das Einkommen massgebend, das er im betreffenden Beruf verdient hätte. Verzögert sich die Ausbildung durch den Gesundheitsschaden, kommt die Ausrichtung einer Rente in Frage schon ab dem Zeitpunkt, in dem er die Ausbildung abgeschlossen hätte.

Konnte der Invalide wegen seines Gebrechens überhaupt keine berufliche Ausbildung beginnen, so gilt für ihn – als ohne die Invalidität mögliches Einkommen – ein nach dem Alter abgestuftes Durchschnittseinkommen gelernter und angelernter Berufsarbeiter aufgrund der jährlichen Lohn- und Gehaltserhebung des BIGA. Das Bundesamt für Sozialversicherung kann über diesen sogenannten Tabellenlohn, der regelmässig angepasst wird, Auskunft geben. Ebenso jedes IV-Sekretariat.

DIE BERECHNUNG DES INVALIDITÄTSGRADES BEI HAUSFRAUEN

Bei Invaliden, die vor Eintritt der Invalidität weder erwerbstätig waren noch eine Erwerbstätigkeit aufgenommen hätten, ist ein Einkommensvergleich nicht möglich. Dies betrifft insbesondere Hausfrauen und Hausmänner. Hier wird ein Betätigungsvergleich gezogen: Welche von den Arbeiten im «bisherigen Aufgabenbereich» kann der Invalide nicht mehr ausführen?

Übte die Hausfrau oder der Hausmann nebst der Besorgung des Haushaltes eine Teilzeitbeschäftigung aus, so wird die Invalidität für jeden Teilbereich gesondert geschätzt. Der zeitliche Umfang der beiden Tätigkeiten wird gewichtet: Waren Hausmann oder Hausfrau voll erwerbstätig, ist für die Ermittlung des Invaliditätsgrades ausschliesslich die Erwerbstätigkeit massgebend. Die Einschränkung in der Haushaltführung wird nicht berücksichtigt!

Bei Selbständigerwerbenden ist es zuweilen schwierig, die invaliditätsbedingte Erwerbseinbusse aus der Buchhaltung zu ermitteln, müssen doch Umsatzschwankungen nicht invaliditätsbedingt sein. Auch hier kann deshalb der Invaliditätsgrad aufgrund eines Betätigungsvergleiches ermittelt werden.

**Invaliditätsgrad über 66²/₃%: ergibt ganze Rente**
**Invaliditätsgrad 50−66²/₃%: ergibt halbe Rente**

**Die IV kennt bisher nur diese grobe Abstufung der Renten.** Es ist vielfach kritisiert worden, dass erst eine 50%ige Invalidität überhaupt einen Anspruch auf eine Rente gibt, während schon eine um 16²/₃% höhere Invalidität den Anspruch auf eine ganze Rente begründet. Nicht nur weil die Schätzung des Invaliditätsgrades eben eine Schätzung aufgrund hypothetischer Einkommen ist, haftet der Abstufung etwas Willkürliches an. Viele Invalide müssen sich auch in ihrem Lebensstandard unzumutbar einschränken, obwohl bzw. weil sie die ominöse Grenze von 50% gerade nicht erreichen. **Ein Rentner muss sich bei jeder Lohnerhöhung überlegen, ob er dadurch die Rente verlieren könnte.** (Die Einkommenserhöhung muss er der IV melden, die alsdann prüft, ob der Rentenanspruch noch besteht. Der Einkommensvergleich muss jeweils neu erstellt werden; es muss also berücksichtigt werden, dass nicht nur das Invaliden-Einkommen, sondern auch die Einkommen der Gesunden gestiegen sind.) Zurzeit liegt beim Parlament eine Gesetzesvorlage, die eine bessere Rentenabstufung bringen soll. Wann eine neue Lösung in Kraft tritt und wie sie aussieht, ist noch offen. **Immerhin wird bereits heute bei Vorliegen einer finanziellen Härte schon bei einem Invaliditätsgrad von 33¹/₃% eine halbe Rente ausgerichtet.**

## Beginn und Ende des Rentenanspruches

**Invalidenrenten werden frühestens ab dem 18. Altersjahr ausgerichtet und bei Eintritt ins AHV-Alter durch die AHV-Rente abgelöst.** Das Gesetz sieht vor, dass die Rente sofort ausgerichtet wird, wenn der Gesundheits- bzw. Krankheitszustand stabil und im wesentlichen nicht mehr zu verbessern ist. Nach dieser Variante gibt es aber heute praktisch keine Renten-Zusprechungen. Die Regel ist, dass bei labilem Gesundheitszustand nach 360 Tagen ohne wesentlichen Unterbruch durchschnittlich 50%iger Arbeitsunfähigkeit und voraussichtlich weiterdauernder hälftiger Erwerbsunfähigkeit Renten zugesprochen werden. Allerdings: Nach 360 Tagen ist erst die Wartefrist abgelaufen; es kann dann noch lange dauern, bis über den Rentenanspruch entschieden ist.

Die Wartefrist beginnt zu laufen, sobald die Arbeitsfähigkeit deutlich (nach Gerichtspraxis sicher ab 25%) beeinträchtigt ist. Die Arbeitsunfähigkeit darf keinen wesentlichen Unterbruch erleiden; ein Unterbruch liegt vor, wenn der Versicherte während mindestens 30 aufeinanderfolgenden Tagen voll arbeitsfähig war. Eine ganze Rente kommt zur Auszahlung, wenn die durchschnittliche Arbeitsunfähigkeit während der Wartezeit *und* die anschliessende Erwerbsunfähigkeit mindestens 66⅔% beträgt.

In dieser Wartefrist ist der Invalide nicht selten auf die Fürsorge angewiesen. Normalerweise dauert ja die Pflicht des Arbeitgebers, dem arbeitsunfähigen Arbeitnehmer den Lohn weiter zu bezahlen, weniger als ein Jahr, der Arbeitgeber darf auch kündigen. Und die Arbeitslosenkasse zahlt nur beschränkt Taggelder an Arbeitsunfähige, weil sie nicht vermittlungsfähig sind. Eine Verbesserung könnte nur die obligatorische Krankentaggeldversicherung bringen, die bis zur Ausrichtung der IV-Rente Taggelder erbringen müsste. Ein entsprechender Vorschlag liegt beim Parlament.

■ Weil die IV-Kommission zur Prüfung des Rentenanspruches und zur Berechnung der Rente verschiedene Abklärungen treffen muss, soll das Gesuch um Ausrichtung der Rente nicht erst nach Ablauf der 360tägigen Wartefrist, sondern bereits etwa 4 Monate früher gestellt werden, damit sie − wenn alles gut läuft und alles klar ist, sonst dauert es dennoch mitunter sehr viel länger − bei Beginn des Rentenanspruches auch tatsächlich ausbezahlt werden kann. Auch wenn sich der Invalide mit seinem Ersparten während längerer Zeit selbst finanziell über die Runden bringen kann, soll er mit dem Gesuch nicht zuwarten, denn Renten werden nur für ein Jahr vor der Einreichung des Gesuches rückwirkend ausgerichtet.

*Ändert sich der Invaliditätsgrad* in einem Ausmass, das die Rente beeinflusst, wird ein Rentenrevisionsverfahren durchgeführt und die Rente den neuen Verhältnissen angepasst (d. h. erhöht, herabgesetzt oder aufgehoben). Die Rentenanpassung erfolgt in der Regel, wenn die Veränderung des Invaliditätsgrades drei Monate gedauert hat. Wird − bei Vorliegen eines labilen Gesundheitszustandes − im

Rentenrevisionsverfahren eine Rente aufgehoben und verschlechtert sich alsdann der Gesundheitszustand wieder, so dass wieder ein Rentenanspruch besteht, muss der Invalide die 360tägige Wartefrist nicht erneut abwarten. In diesem Fall kann die Rente sofort wieder ausbezahlt bzw. erhöht werden.

**Selbstverständlich soll der Versicherte bei Änderung des Invaliditätsgrades nicht warten, bis die IV die Rente von Amtes wegen überprüft.** Er kann selbst ein Gesuch um Änderung stellen. Solche Änderungen können gesundheitlicher Natur sein, das ist der häufigste Fall. Auch eine Veränderung der wirtschaftlichen Lage (Stellenverlust) kann indessen ein Revisionsgrund sein. Und schliesslich in manchen Fällen eine Änderung des Zivilstandes (Scheidung einer Frau, die nun auf eine Erwerbstätigkeit angewiesen wäre — aber durch die Invalidität daran gehindert wird).

**Für den Rentenanspruch massgebende Tatsachen (Erhöhung des Verdienstes, Verlängerung der Arbeitszeiten und vor allem die Aufnahme einer Erwerbstätigkeit) muss der Rentenbezüger der IV melden.** Unterlässt er dies, macht er sich der Verletzung der Meldepflicht schuldig. Dann kann die IV die Rente rückwirkend aufheben oder reduzieren, wenn sie von den veränderten Tatsachen erfährt. Die zu Unrecht erbrachten Renten kann sie zurückfordern oder mit andern Leistungen verrechnen.

## Die Rentenarten

Die IV gewährt folgende Renten:
- Einfache Invalidenrenten (100%): für Einzelpersonen
- Ehepaar-Invalidenrenten (150%): für invalide Ehemänner, wenn die Ehefrau das 62. Altersjahr vollendet hat oder ebenfalls mindestens zu 50% invalid ist; ist der Ehemann zu weniger als 66⅔% invalide, so wird dennoch die ganze Rente gewährt, wenn die Ehefrau die genannte Altersgrenze erreicht hat oder zu mindestens 66⅔% invalid ist.
- Zusatzrente für die Ehefrau (30%): Für invalide Ehemänner, wenn die Ehefrau jünger als 62 Jahre und nicht wenigstens 50% invalid ist; eine geschiedene Frau ist der Ehefrau gleichgestellt, sofern sie für die ihr zugesprochenen Kinder überwiegend aufkommt und selbst keine Invalidenrente beanspruchen kann.
- Einfache Kinderrente (40%): Wenn ein Elternteil invalid ist.
- Doppelkinderrente (60%): Wenn beide Elternteile invalid sind (also in der Regel eine Ehepaar-Invalidenrente beziehen), der eine

Elternteil tot und der andere invalid ist oder wenn nur ein Elternteil da ist und dieser invalid ist; die geschiedene Frau hat für Kinder aus der geschiedenen Ehe Anspruch auf Kinderrenten, wenn die Kinder ihr zugesprochen sind oder wenn sie an ihren Unterhalt Beiträge zu leisten hat oder wenn sie im Zeitpunkt der Scheidung schon mindestens zur Hälfte invalid war.

Die Ehefrau kann verlangen, dass die Hälfte der Ehepaar-Invalidenrente ihr direkt ausbezahlt wird. Ebenso kann die getrennte oder geschiedene Frau die Auszahlung der Zusatzrente und der Kinderrenten beantragen, wenn sie die Kinder betreut (vorbehältlich anderer Anordnung des Eheschutz- oder Scheidungsrichters).

## Die Höhe der Invalidenrente

Die Invalidenrente wird grundsätzlich gleich berechnet wie die AHV-Altersrente. Massgebend sind somit das der Teuerung angepasste durchschnittliche Jahreseinkommen (s. S. 37) und die Beitragsjahre. Volle Renten gibt es, wenn der Versicherte gleich viele Jahre Beiträge bezahlt hat wie alle anderen Versicherten seines Jahrgangs. Während aber der AHV-Rentner davon profitieren kann, dass sein Einkommen im Laufe der Jahre stieg, hat ein Versicherter den Zenit seiner Leistungsfähigkeit und seines Einkommens möglicherweise noch nicht erreicht, wenn er invalid wird. Das Gesetz bestimmt deshalb, dass ein prozentualer Zuschlag zum massgebenden durchschnittlichen Jahreseinkommen gemacht wird, wenn die Invalidität vor Erreichen des 45. Altersjahres eintritt, und zwar nach folgender Tabelle:

| Bei Eintritt der Invalidität | | Prozentsatz |
|---|---|---|
| nach Vollendung von ____ Altersjahren | vor Vollendung von ____ Altersjahren | |
| | 23 | 100 |
| 23 | 24 | 90 |
| 24 | 25 | 80 |
| 25 | 26 | 70 |
| 26 | 27 | 60 |
| 27 | 28 | 50 |
| 28 | 30 | 40 |
| 30 | 32 | 30 |
| 32 | 35 | 20 |
| 35 | 39 | 10 |
| 39 | 45 | 5 |

■ Wer vor dem 25. Altersjahr invalid wird, erhält aus dem gleichen Grund eine Invalidenrente, die mindestens 133⅓% des Mindestansatzes der zutreffenden Vollrente beträgt.

Kann der Versicherte lediglich eine halbe Rente beanspruchen, so werden die Beträge sämtlicher Rentenarten — einfache Invalidenrente, Ehepaar-Invalidenrente, Zusatzrente für die Ehefrau, Kinderrenten — halbiert.

Kinderrenten können gekürzt werden, wenn sie zusammen mit den Renten des Vaters und der Mutter mehr ausmachen als den Mindestbetrag der Ehepaar-Invalidenrente und die Mindestbeträge von drei einfachen Kinderrenten zusammen.

Die *ausserordentlichen* IV-Renten werden grundsätzlich gleich berechnet wie die ausserordentlichen AHV-Altersrenten (s. S. 53). **Gleich wie in der AHV wird eine ausserordentliche IV-Rente in der Regel nur ausgerichtet, wenn der Invalide finanziell darauf angewiesen ist, d. h. wenn er eine bestimmte Einkommensgrenze nicht erreicht.** Auch hier kennt aber die IV eine Ausnahme: Wer vor dem 1. Dezember des der Vollendung des 20. Altersjahres folgenden Jahres invalid geworden ist und Anspruch auf eine ausserordentliche Rente hat — also weniger als ein Jahr Beiträge geleistet hat — erhält die ausserordentliche Rente auf jeden Fall, d. h. ohne Berücksichtigung einer Einkommensgrenze.

Bei Erreichen des AHV-Alters wird die Invalidenrente durch eine AHV-Rente abgelöst. Die Berechnung der neuen Rente ist auf die Grundlage der Invalidenrente abzustellen, sofern dies für den Versicherten vorteilhafter ist als die Berechnung auf neuer Grundlage.

Die Bundesverfassung sieht vor, dass die Renten der IV (genau wie jene der AHV) den Existenzbedarf des Rentners decken sollen. Dieses Ziel ist für einen grossen Teil der Rentner auch heute nicht erreicht. In manchen Fällen können die Ergänzungsleistungen wenigstens eine bescheidene Existenz sichern (vgl. S. 91).

## Die Hilflosenentschädigung: Zustupf für die Betreuung durch Dritte

Wer wegen der Invalidität für die alltäglichen Lebensverrichtungen auf die Hilfe oder Überwachung durch Dritte angewiesen ist, hat Anspruch auf eine Hilflosenentschädigung. Meist wird sie zusätzlich zu einer Rente ausgerichtet, aber ein Rentenanspruch ist nicht Voraussetzung.

Die Höhe der Hilflosenentschädigung hängt ab vom Ausmass der Hilflosigkeit. Berücksichtigt werden folgende alltägliche Lebensverrichtungen:

■ An- und Auskleiden
■ Aufstehen und Absitzen, Abliegen
■ Essen
■ Körperpflege
■ Verrichten der Notdurft
■ Fortbewegen im und ausser Haus

Die Hilflosigkeit gilt als *schwer,* wenn der Versicherte in all diesen alltäglichen Lebensverrichtungen regelmässig und erheblich auf die Hilfe Dritter angewiesen ist und überdies der dauernden Pflege oder der persönlichen Überwachung bedarf. Die schwere Hilflosigkeit berechtigt zu einer Hilflosenentschädigung, die 80% des Mindestbetrages der einfachen Altersrente beträgt, derzeit Fr. 576.–.

*Mittelschwer* hilflos ist, wer trotz der Abgabe von Hilfsmitteln entweder in vier alltäglichen Lebensverrichtungen regelmässig in erheblicher Weise auf die Hilfe Dritter angewiesen ist oder in mindestens zwei alltäglichen Lebensverrichtungen und überdies einer dauernden persönlichen Überwachung bedarf. Die mittlere Hilflosigkeit berechtigt zu einer Hilflosenentschädigung, die der Hälfte des Mindestbetrages der einfachen Altersrente beträgt, derzeit Fr. 360.–.

Als *leicht* hilflos gilt, wer trotz der Abgabe von Hilfsmitteln in entweder mindestens zwei alltäglichen Lebensverrichtungen auf die Hilfe Dritter angewiesen ist oder einer dauernden persönlichen Überwachung bedarf oder einer durch das Gebrechen bedingten ständigen und besonders aufwendigen Pflege bedarf oder wegen einer schweren Sinnesschädigung oder eines schweren körperlichen Gebrechens nur dank regelmässiger und erheblicher Dienstleistungen Dritter gesellschaftlichen Kontakt pflegen kann. Diese leichte Hilflosigkeit berechtigt zu einer Hilflosenentschädigung, die 20% des Mindestbetrages der einfachen Altersrente, derzeit Fr. 144.–, beträgt.

■ Achtung: Hilflosenentschädigungen werden nur an in der Schweiz wohnhafte Invalide ausgerichtet.

■ Die Hilflosenentschädigung darf im Gegensatz zur Invalidenrente nicht wegen selbstverschuldeter Invalidität gekürzt werden.

■ An AHV-Rentner werden Hilflosenentschädigungen nur bei schwerer Hilflosigkeit bezahlt. Hatte der Altersrentner bei Erreichen des AHV-Alters bereits Anspruch auf eine Hilflosenentschädigung der IV, wird ihm diese (zu Lasten der AHV) weiterhin ausgerichtet.

■ Hilflose Minderjährige, die das zweite Altersjahr zurückgelegt haben, haben Anspruch auf einen Pflegebeitrag, solange sie sich nicht zur Eingliederung in einer Institution aufhalten. Der Pflegebeitrag bei Hilflosigkeit schweren Grades beträgt Fr. 18.– pro Tag, bei mittlerer Hilflosigkeit Fr. 11.– und bei leichter Hilflosigkeit Fr. 4.–. Bei Aufenthalt in einer Institution kommt ein Kostgeldbeitrag von Fr. 25.– täglich hinzu.

Die Hilflosenentschädigungen decken die Kosten für die Betreuung meist nicht. Ihre Anhebung könnte zweifellos viele Heimeintritte verhindern.

## Was die IV nicht bezahlt, gewährt vielleicht Pro Infirmis

Die Leistungen der IV können viele berechtigte Anliegen der Invaliden nicht befriedigen.

Aus der stark betonten Ausrichtung auf die berufliche Wiedereingliederung ins Berufsleben ergab sich eine gewisse Vernachlässigung der sozialen Integration. Man glaubte seinerzeit vor Einführung der IV, mit der beruflichen Eingliederung ergebe sich die soziale Integration von selbst.

Die 360tägige Wartefrist auf die IV-Rente führt oft zu finanziellen Engpässen. Die IV-Renten sind so bescheiden, dass sich viele

Invalide auch das Allernötigste nicht leisten können. Der Bund weiss das an sich. U. a. deshalb stellt er Pro Infirmis einen jährlichen Betrag von 4 Millionen Franken zur Verfügung, aus dem Invalide finanziell unterstützt werden können. Dieses Geld ist aber auch dazu bestimmt, Härten auszugleichen, die durch das (teils notgedrungen) zu stark generalisierende Gesetz entstehen. Dieser FLI-Fonds (Fürsorgeleistungen für Invalide) leistet entweder bei Bedürftigkeit, wenn andere Versicherungen ausgeschöpft sind oder bei zeitlich begrenzten Notlagen, die mit FLI-Beiträgen behoben werden können, oder bei der Finanzierung von Sach- und Dienstleistungen.

**Das Gesuch ist bei Pro Infirmis zu stellen, ein Sozialarbeiter ist bei der Ausfüllung des Formulars behilflich.** Gegen die Verweigerung von Leistungen kann keine Beschwerde geführt werden. Ausländer und Flüchtlinge haben Anspruch auf FLI, wenn sie fünf Jahre in der Schweiz gewohnt haben.

Pro Infirmis führt in der ganzen Schweiz auch Beratungsstellen, die Beratung, Information und Sachhilfe offerieren. Sie kennen Adressen von Selbsthilfegruppen Invalider oder Organisationen, die sich speziell mit den Anliegen bestimmter Invalider, z. B. der Rheumakranken, befassen. Oft können die Pro-Infirmis-Beratungsstellen auch bei der Geltendmachung der IV-Leistungen behilflich sein.

# Ergänzungsleistungen zur AHV und IV

Die Renten der AHV und IV sollen — so gebietet es die Bundesverfassung — das Existenzminimum der Betagten, Hinterlassenen und Invaliden *angemessen* decken. Sie tun es nicht, denn die minimale Rente für Einzelpersonen beträgt gegenwärtig Fr. 720.—, für ein Ehepaar Fr. 1080.—: Beträge, die zum Leben nicht ausreichen. 1965 wurde denn auch das *Bundesgesetz über Ergänzungsleistungen* geschaffen, das bedürftigen Rentnern zu einer «Aufstockung» verhilft. Wie bitter nötig solche Ergänzungsleistungen nach wie vor sind, zeigen die Zahlen aus dem Jahr 1983: Ergänzungsleistungen wurden an 98 366 Alters-, 3144 Hinterlassenen- und 20 934 Invalidenrentenbezüger ausgerichtet.

## Ergänzungsleistungen: eine beitragslose Sozialversicherung

Ergänzungsleistungen werden gewährt, ohne dass der Versicherte je direkt dafür Beiträge geleistet hätte. Die Leistungen werden ausschliesslich aus staatlichen Mitteln finanziert.

Die Kantone Zürich, Bern, Basel, Genf, St. Gallen und Appenzell Innerrhoden sowie zahlreiche Gemeinden in weiteren Kantonen richten ihren Einwohnern zudem Ergänzungsleistungen aus, die *über* die bundesrechtliche Regelung hinausgehen.

## Wer erhält Ergänzungsleistungen?

Ergänzungsleistungen erhalten in der Schweiz wohnhafte Schweizer Bürger, denen eine Rente der AHV oder eine Rente bzw. Hilflosenentschädigung der IV zusteht, wenn ihr Einkommen und Vermögen kleiner ist als **die massgebenden Einkommensgrenzen** (s. unten).

In der Schweiz wohnhafte Ausländer erhalten entsprechende Ergänzungsleistungen, wenn sie sich fünfzehn Jahre unterbrochen in der Schweiz aufgehalten haben (Flüchtlinge und Staatenlose nach fünf Jahren).

Der Anspruch auf die bundesrechtlichen Ergänzungsleistungen darf nicht davon abhängig gemacht werden, dass der Rentner eine bestimmte Zeit im betreffenden Kanton gewohnt hat. Hingegen ist es zulässig und üblich, *zusätzliche* kantonale und kommunale Ergänzungsleistungen erst nach einer bestimmten Karenzfrist auszurichten.

## Höhe der Ergänzungsleistungen

Das Bundesgesetz über Ergänzungsleistungen legt fest, wer einen Anspruch auf Ergänzungsleistungen hat. Es bestimmt dafür *Einkommensgrenzen,* die nicht überschritten werden dürfen. Die Differenz zwischen dem anrechenbaren Einkommen und der jeweiligen Einkommensgrenze bestimmt die Höhe der Ergänzungsleistungen. Auf Ergänzungsleistungen haben also alle Rentner Anspruch, deren Einkommen die im Gesetz festgelegten Grenzwerte *nicht* erreicht.

| **Einkommensgrenzen** | |
|---|---|
| Alleinstehende/minderjährige Bezüger einer IV-Rente | Fr. 12 000.– |
| Ehepaare | Fr. 18 000.– |
| Waisen | Fr. 6 000.– |
| Kinder von AHV- oder IV-Rentnern | |
| 1. und 2. Kind | je Fr. 6 000.– |
| 3. und 4. Kind | je Fr. 4 000.– |
| weitere Kinder | je Fr. 2 000.– |

Zur Berechnung der Ergänzungsleistung wird von der jeweils gültigen Einkommensgrenze das tatsächlich erreichte Einkommen abgezogen. **Aber: Nicht jedes Einkommen ist voll zu berücksichtigen, ausserdem kann der Anspruchsberechtigte gewisse Auslagen von seinem Einkommen abziehen.**

Als Einkommen werden *voll* angerechnet:
- Renten der AHV und IV.
- Einkünfte aus beweglichem und unbeweglichem Vermögen (z. B. Zinsen aus Sparguthaben und Wertschriften).
- $\frac{1}{15}$ des nach Abzug aller Schulden verbleibenden Vermögens, soweit es folgende Grenzwerte übersteigt:

| | |
|---|---|
| – Alleinstehende: | Fr. 20 000.– |
| – Ehepaare | Fr. 30 000.– |
| – Waisen/Kinder mit Anspruch auf Kinderrenten der AHV oder IV | Fr. 10 000.– |

■ Einnahmen aus Miete, Untermiete, Pacht und Nutzniessung.
■ Der Mietwert der eigenen Wohnung oder des eigenen Hauses.
■ Leistungen aus Verpfründungsverträgen.
■ Familienrechtliche Unterhaltsbeiträge.
■ Leistungen der Familienausgleichskassen.
■ Bürgernutzen.

Nur *teilweise* angerechnet werden:
■ Bar- und Naturaleinkommen aus selbständiger und unselbständiger Tätigkeit.
■ Ersatzeinkünfte (z. B. Taggeld der Krankenkasse und Unfallversicherung).
■ Renten und Pensionen der SUVA, der Militärversicherung, der Pensionskassen sowie der privaten Versicherungen und der ausländischen Sozialversicherungen.
■ Wiederkehrende Leistungen von Arbeitgebern.

Von diesem Einkommen wird zunächst ein *Freibetrag* abgezogen (je nach Kanton Fr. 500.– bis Fr. 1000.– für Alleinstehende, Fr. 750.– bis Fr. 1500.– für Ehepaare). *Vom gesamten Rest werden nur zwei Drittel angerechnet.*

Für die Einkommensberechnung werden *nicht* herangezogen:
■ Verwandtenunterstützungen.
■ Armenunterstützungen und andere öffentliche oder private Leistungen mit ausgesprochenem Fürsorgecharakter.
■ Hilflosenentschädigungen der AHV und der IV.
■ Stipendien und andere Ausbildungsbeihilfen.

Ferner können vom Einkommen *vollständig abgezogen* werden:
■ Gewinnungskosten (z. B. Kosten des Arbeitswegs von Arbeitern oder Angestellten oder die Miete von Arbeitsräumen bei Selbständigerwerbenden).
■ Hypothekar- und andere Schuldzinsen.
■ Gebäudeunterhaltskosten (Pauschalabzug).
■ Familienrechtliche Unterhaltsbeiträge.
■ Beiträge an die AHV/IV/EO, die Arbeitslosenversicherung und die SUVA.
■ Beiträge an die Krankenversicherung.
■ Prämien für Lebens-, Unfall-, Invaliditätsversicherungen (Höchstgrenzen: Fr. 300.– für Alleinstehende, Fr. 500.– für Ehe-

paare und Personen mit rentenberechtigten oder an der Rente beteiligten Kindern).

Ausserdem ist ein *Abzug für Mietzinse* zulässig. Dabei gilt folgende Regelung:

■ Für Alleinstehende: Nettomietzins, soweit er Fr. 780. – im Jahr übersteigt (höchstmöglicher Abzug in allen Kantonen: Fr. 4000. – pro Jahr). Zusätzlicher Abzug für die Miet-Nebenkosten (Heizung usw.): Fr. 400. – pro Jahr.

■ Für Ehepaare und Personen mit rentenberechtigten oder an der Rente beteiligten Kindern: Nettomietzins, soweit er Fr. 1200. – im Jahr übersteigt (höchstmöglicher Abzug in allen Kantonen: Fr. 6000. – pro Jahr). Zusätzlicher Abzug für die Miet-Nebenkosten (Heizung usw.): Fr. 600. – pro Jahr.

Weitere, *zusätzliche Abzüge* sind möglich für:

■ Kosten für Arzt, Zahnarzt, Krankenpflege, Arzneimittel, soweit sie nicht von einer Krankenkasse übernommen werden.

■ Behandlungs- und Pflegegeräte sowie weitere Hilfsmittel bis zu einem bestimmten Höchstbetrag, sofern sie nicht leihweise zur Verfügung gestellt werden.

**Die Auslagen, die der Rentner vom Einkommen abziehen will, muss er belegen.** Es ist also sehr wichtig, jeweils Rechnungen zu verlangen und diese sorgfältig aufzubewahren (Kassabons und Pauschalquittungen sind ungültig!). Die Kosten werden nur vergütet, wenn sie innerhalb von zwölf Monaten nach Rechnungsstellung geltend gemacht werden.

Das «Merkblatt über Ergänzungsleistungen zur AHV und IV», das von der Informationsstelle der AHV-Ausgleichskassen herausgegeben und periodisch ergänzt wird, bietet weitere Auskünfte (zu beziehen bei jeder AHV-Zweigstelle).

Die Berechnung der Ergänzungsleistungen ist kompliziert. Sie lohnt sich aber in jedem Fall, denn alle, die die Einkommensgrenzen nicht erreichen, haben einen Anspruch auf Ergänzungsleistungen! Im Anhang finden sich zahlreiche Adressen, die gegebenenfalls weiterhelfen können.

BERECHNUNGSBEISPIEL

Die alleinstehende Frau Karg erhält eine AHV-Rente von Fr. 759. – . Im Vorjahr hat sie zusätzlich Fr. 1900. – mit Aushilfsarbeiten dazuverdient. Der Mietzins beträgt (ohne Nebenkosten) monatlich Fr. 600. – ; die Krankenkassenprämien Fr. 65. – /Monat. Zusätzlich musste Frau Karg im Vorjahr Fr. 170. – für Medikamente aufbringen, die von der Krankenkasse nicht übernommen wurden.

Die Ergänzungsleistungen für Frau Karg werden wie folgt berechnet:

| | | |
|---|---|---|
| **Einkommen:** | | |
| – AHV-Rente (12 × Fr. 759.–) | | Fr. 9 108.– |
| – Erwerbseinkommen im Vorjahr | Fr. 1 900.– | |
| abzüglich Freibetrag | Fr. 1 000.– | |
| bleiben ⅔ von | Fr. 900.– | Fr. 600.– |
| Anrechenbares Bruttoeinkommen von Frau Karg | | Fr. 9 708.– |
| | | |
| **Abzüge:** | | |
| – Mietzins (inkl. Fr. 400.– für Nebenkosten) | Fr. 7 600.– | |
| abzüglich nicht abzugsberechtigter Grundbetrag | Fr. 780.– | |
| bleiben | Fr. 6 820.– | |
| davon sind abzugsberechtigt maximal | | Fr. 4 000.– |
| – Krankenkassenprämien (12 × Fr. 65.–) | | Fr. 760.– |
| – Einmalige Medikamentenkosten | | Fr. 170.– |
| Total der Abzüge, die Frau Karg vornehmen kann | | Fr. 4 930.– |
| | | |
| **Somit erhält Frau Karg:** | | |
| – Einkommensgrenze für Alleinstehende | | Fr. 12 000.– |
| – Bruttoeinkommen | Fr. 9 708.– | |
| Minus Total der Abzüge | Fr. 4 930.– | |
| – Verbleibt als anrechenbares Einkommen | | Fr. 4 778.– |
| **Ergänzungsleistungen jährlich** | | **Fr. 7 222.–** |

Frau Karg hat monatlich also zusätzlich zur Rente eine Ergänzungsleistung von Fr. 602.– zugut.

Somit kommt Frau Karg als Bezügerin von Ergänzungsleistungen auf ein monatliches Gesamteinkommen von Fr. 1519–. Nach der Bezahlung ihres Mietzinses verbleiben ihr nur gerade etwas über Fr. 900–. Wahrlich kein Einkommen, mit dem man «grosse Sprünge» machen kann.

Rentner mit durch Krankheit bedingten überdurchschnittlichen Auslagen oder hohem Mietzins, aber auch Heiminsassen, stehen mit den heutigen Ergänzungsleistungen noch ungünstiger da. Das Parlament hat deshalb für diese Rentner Verbesserungen beschlossen, die Anfang 1987 in Kraft treten.

## Ergänzungsleistungen sind keine Almosen!

Ergänzungsleistungen erhält zwar nur, wer finanziell nicht auf Rosen gebettet ist und mit anderen Einkommensquellen die Einkommensgrenze nicht erreichen kann.

**Wer diese Voraussetzungen aber erfüllt, hat auf die Ausrichtung einen eindeutigen Rechtsanspruch!**

Trotzdem hat eine Untersuchung ergeben, dass von allen AHV-Bezügern, deren Rente zwischen Fr. 600.– und Fr. 700.– liegt, nur gerade *ein Drittel* Ergänzungsleistungen verlangt. Bei den Bezügern von höheren Renten ist die Scheu längst nicht so ausgeprägt. Wer also am meisten auf Ergänzungsleistungen angewiesen wäre, schämt sich offenbar, von seinen Rechten Gebrauch zu machen. Deshalb kann nicht genug betont werden, dass Ergänzungsleistungen keine Almosen, keine Fürsorgeleistungen sind, sondern Versicherungsansprüche wie andere auch. Diesem verbreiteten Unbehagen trägt auch der Gesetzgeber Rechnung: Das Bundesgesetz über Ergänzungsleistungen bestimmt ausdrücklich, dass in den Kantonen für Ergänzungsleistungen *nicht* die Fürsorgebehörden zuständig sein dürfen.

Verbreitet ist aber auch die Annahme, die Behörde verlange, dass der Rentner zuerst die letzten Sparbatzen aufzubrauchen habe, bevor sie die Ergänzungsleistung zuspricht. Auch diese Angst ist unbegründet. Das Vermögen wird erst berücksichtigt, wenn es einen gewissen Betrag übersteigt (s. S. 93). Vom Vermögen, das die Freigrenze übersteigt, wird zudem nur $\frac{1}{15}$ als Einkommen angerechnet. Der Gesetzgeber ging also von der Annahme aus, dass der Rentner ohnehin nach und nach sein Vermögen aufbrauchen werde.

Derartige Ängste und Irrtümer, die Bedürftige vom Bezug von Ergänzungsleistungen abhalten, könnten dadurch entkräftet werden, dass ihr Anspruch «automatisch» von Amtes wegen geprüft und die Ergänzungsleistungen danach ohne gesonderten Antrag ausgerichtet würden.

## Wie kommt man zu Ergänzungsleistungen?

Um in den Genuss von Ergänzungsleistungen zu kommen, muss der Berechtigte *ein Gesuch* stellen.

■ Die Leistungen werden nach erfolgter Prüfung vom Datum des Gesuches an ausgerichtet.

■ Rückwirkend werden Ergänzungsleistungen nur dann ausbezahlt, wenn das Gesuch innert sechs Monaten nach Zustellung einer Rentenverfügung der AHV oder der IV eingereicht wird. In diesem Fall beginnt der Anspruch auf Ergänzungsleistungen mit der Anmeldung für die AHV- bzw. IV-Rente.

■ Ein Verzeichnis der zuständigen Behörden findet sich im Anhang dieses Ratgebers. Es sei darauf hingewiesen, dass die zuständige Behörde der Schweigepflicht untersteht. Eine Weitergabe von Informationen an Dritte ist strafbar.

Die zuständige Behörde des Kantons (in manchen Kantonen ist die Gemeinde zuständig) klärt die wirtschaftlichen Verhältnisse des Gesuchstellers ab und erlässt dann eine Verfügung über den Anspruch auf Ergänzungsleistungen. Gegen diese Verfügung kann Beschwerde erhoben werden. Es gilt die gleiche Regelung wie bei der Anfechtung von Beschlüssen der AHV-Ausgleichskassen (s. S. 55).

**Ändern sich die wirtschaftlichen oder persönlichen Verhältnisse des Ergänzungsleistungs-Bezügers, hat er dies der zuständigen Behörde umgehend zu melden. Nur so können gegebenenfalls die Ergänzungsleistungen nach oben angepasst werden. Im umgekehrten Falle gilt: Unrechtmässig bezogene Leistungen können — auch noch von den Erben — zurückgefordert werden.**

# Arbeitslosenversicherung

«Arbeitslos werden?» — «Mir kann das nicht passieren», denkt die überwiegende Zahl der Beschäftigten. In den nächsten Jahren und Jahrzehnten wird die Arbeitslosigkeit in der Schweiz jedoch aller Voraussicht nach zunehmen. Immer mehr Arbeitslose, vor allem «ältere Semester» und Behinderte, werden mit einem komplizierten Arbeitslosenversicherungsgesetz, mit zahlreichen Formularen und manchmal unfreundlichen Beamten konfrontiert.

## Viele Absagen, eine Papierflut und ein hartes Gesetz

Schwer auf den Magen schlagen nicht bloss Dutzende, wenn nicht Hunderte von Bewerbungen sowie die häufig unverbindlich gehaltenen Absagen. Zum schwierigen und oftmals erniedrigenden Suchen nach einem neuen Arbeitsplatz kommt auch der Druck von Arbeitsamt und Arbeitslosenkasse. Diese Stellen haben ein *hartes Gesetz* anzuwenden, das seinem Geist nach hinter jedem Arbeitslosen einen potentiellen Faulenzer wittert. Diese Tatsache verstärkt bei vielen Arbeitslosen die Isolation und führt vor allem bei längerer Arbeitslosigkeit zum Verlust des Selbstwertgefühls.

**Wie kann man dagegen ankämpfen? Wie kann man sich wehren? Wie kann man die Isolation überwinden?**

## Kündigung liegt in der Luft

Selten kommt dem Arbeitnehmer die Kündigung plötzlich ins Haus geschneit. *Wirtschaftliche Schwierigkeiten* künden sich im voraus an: Wenn plötzlich kleinere Verfehlungen, die jahrelang toleriert worden sind (zum Beispiel verspätete Rückkehr aus den Ferien, Kurzabsenzen alleinstehender Mütter), zur fristlosen Entlassung einzelner Mitarbeiter führen, wenn Abgänge nicht mehr ersetzt werden oder wenn gar der Lohn nicht pünktlich bezahlt wird. Da heisst es aufpassen. **Schon in dieser Phase sollte sich jeder Arbeitnehmer über das Arbeitslosenversicherungsgesetz informieren und sich nach einer neuen Stelle umsehen.**

In kritischen Phasen bezahlt der Arbeitgeber den Lohn plötzlich nicht mehr pünktlich oder bietet Mitarbeitern gar eine Geschäftsbeteiligung an, wenn diese nur bereit sind, ihr Erspartes in die Firma einzubringen. Allenfalls bittet er auch die Mitarbeiter, einen Teil des Lohnes im Geschäft stehen zu lassen. Hier gilt:

■ Nie dem Arbeitgeber in solchen Situationen Darlehen gewähren oder Lohnbestandteile stehen lassen.

Wenn der Lohn wegen Zahlungsschwierigkeiten nicht pünktlich bezahlt wird, sollte der Mitarbeiter sofort — aus Beweisgründen schriftlich — eine fünftägige Frist ansetzen. Zahlt der Arbeitgeber nicht und leistet er auch keine *angemessene* Sicherheit, kann (und soll) der Arbeitnehmer das Arbeitsverhältnis fristlos auflösen und unverzüglich gegen den Arbeitgeber vorgehen. **Bis zum Ablauf der Kündigungsfrist hat er Anspruch auf den vollen Lohn; er muss sich aber sofort um eine neue Stelle kümmern. Ausserdem sollte er sogleich das Arbeitsamt und die Arbeitslosenkasse aufsuchen und von seinem Stempelrecht Gebrauch machen.**

Wer sich zu lange hinhalten lässt, riskiert, dass ihm bedeutende Lohnbeträge verloren gehen.

Auch das kommt vor: Wenn der Arbeitgeber über Nacht, womöglich mit der Geschäftskasse, untertaucht, ist der sofortige Gang zu Amt und Kasse unerlässlich. Gerade in diesen Fällen muss sich der Arbeitnehmer auf erhebliche Lohneinbussen gefasst machen.

## «Kündigen Sie, sonst kündigen wir Ihnen!»

**Ansonsten sollte der Arbeitnehmer nur dann selber kündigen, wenn ihm eine neue Stelle schriftlich zugesichert wurde oder er im Besitz eines ausführlichen Arztzeugnisses ist, welches bescheinigt, dass ihm ein Verbleib am Arbeitsplatz nicht länger zumutbar sei.**

Denn wer kündigt, ohne eine neue Stelle zu haben, hat seine Arbeitslosigkeit in der Regel *selbst verschuldet* und muss mit saftigen Stempelgeld-*Abzügen* rechnen (siehe im einzelnen Seite 111). Deshalb sollte man trotz Kündigungsdrohung des Arbeitgebers nicht selbst kündigen oder aber folgenden Brief schreiben:

«Nachdem Sie erklärt haben, ich müsse kündigen, sonst würde mir aus wirtschaftlichen Gründen gekündigt, teile ich Ihnen mit, dass ich das Arbeitsverhältnis per . . . auflöse.»

## Kündigung — was nun?

■ **Sofort nach der Kündigung sollte man sich bei Arbeitsamt und Arbeitslosenkasse melden und sich ausführlich über Rechte und Pflichten informieren lassen.** Bereits während der Kündigungsfrist muss sich der Arbeitnehmer intensiv um eine neue Stelle bemühen.

■ **Der Arbeitgeber ist verpflichtet, dem Arbeitnehmer die für die Stellensuche notwendige Zeit zur Verfügung zu stellen; Lohnabzüge sind dabei unzulässig.** (Zürcher Kommentar: Note 20 zu Art. 329 OR)

■ **Jede Bewerbung, erfolge sie schriftlich oder mündlich, ist genau zu notieren.** Bei Telefongesprächen ist die Telefonnummer, das Datum und der Name des Gesprächspartners aufzuschreiben, da der Arbeitslose, sollte er später stempeln müssen, genau über seine Bewerbungen Aufschluss geben muss. Arbeitslose, die sich nicht genügend um Arbeit bemühen, werden nämlich mit erklecklichen Bussen bestraft (s. S. 113).

■ **Sofort nach der Kündigung ist abzuklären, ob die Kündigung des Arbeitgebers überhaupt gültig ist:**
– ist die Kündigungsfrist eingehalten worden?
– ist die Kündigung nichtig, das heisst ungültig, weil sie während einer Krankheit, einer Schwangerschaft oder während der Behandlung von Unfallfolgen ausgesprochen worden ist? (s. Art. 336e OR).

Ist im Arbeitsvertrag eine Kündigungsfrist von zwei Monaten vereinbart, dem Arbeitnehmer aber auf einen Monat gekündigt worden, kann er für diesen zweiten Monat nicht einfach *Stempelgelder* beanspruchen. **Er muss dem Arbeitgeber seine Arbeitskraft schriftlich anbieten und, falls er trotzdem nicht wieder angestellt wird, den Lohn bis zum Ablauf der ordentlichen Kündigungsfrist beim Arbeitsgericht einklagen. Die Kasse springt erst dann ein, wenn der Arbeitnehmer keine Ansprüche mehr gegenüber seinem Arbeitgeber geltend machen kann.** Verzichtet er freiwillig auf seine Rechte, so macht er seinem Arbeitgeber ein Geschenk. Die Kasse wird ihm diesen Erwerbsausfall nicht ersetzen.

Nicht selten sind Arbeitnehmer gezwungen, nach ungerechtfertigten fristlosen Entlassungen gegen den Arbeitgeber gerichtlich vorzugehen. Kommt im Rahmen dieses Verfahrens ein Vergleich zustande, heisst das noch nicht, dass dieser Vergleich auch von der Kasse akzeptiert wird. Möglicherweise wertet sie die Tatsache, dass der Arbeitslose dem Vergleich zustimmt, als Eingeständnis eines Verschuldens und kürzt die Stempelgelder.

Hans Moser ist fristlos entlassen worden, nachdem er zum drittenmal zu spät zur Arbeit erschienen ist. Auch hat er seinen Chef als Egoisten bezeichnet. Der Richter rät, auf Zeugeneinvernahmen zu verzichten und sich in der «Mitte zu treffen». Statt den Lohn für zwei Kündigungsmonate soll Hans Moser nur den Lohn für einen Monat erhalten. Soll er diesem Vergleich zustimmen? Die Antwort lautet: Ja. Für den zweiten Monat kann der Arbeitslose, sofern er gestempelt hat, sich an die Kasse wenden, muss allerdings mit einer Stempelgeld-Kürzung (siehe S. 111) wegen selbstverschuldeter Arbeitslosigkeit rechnen.

## Der erste Stempeltag

**Spätestens am ersten Tag der Arbeitslosigkeit meldet sich der Arbeitslose beim Arbeitsamt, oder, wo dieses Amt nicht existiert, bei der Stadt- oder Gemeindeverwaltung (von Kanton zu Kanton verschieden) zum Stempeln.** Dies ist deshalb wichtig, weil sie ihm dort unter Umständen sofort einen freien Arbeitsplatz anbieten können.

■ **Folgende Dokumente sind mitzunehmen:**
— AHV-Karte, gültiger Personalausweis
— Ausländer: Aufenthalts- oder Niederlassungsbewilligung
— Schweizer: Schriftenempfangsschein
— erwünscht sind ferner: Kündigungsschreiben, der letzte Lohnausweis, Arbeitszeugnisse, eventuell ein kurzer Lebenslauf sowie Unterlagen über bereits erfolgte Bewerbungen, Arztzeugnisse und allenfalls Scheidungsurteil, denn unterstützungspflichtige Arbeitslose erhalten höhere Taggelder.

■ Am ersten Tag der Arbeitslosigkeit sollte jeder auch seine Versicherungen gegen Lohnausfall bei Unfall, Krankheit und gegen Altersfolgen überprüfen (siehe für Unfall S. 155, für Krankheit S. 127 und für Alter S. 31), denn dieser Versicherungsschutz ist nun nicht mehr unbedingt gewährleistet.

## Arbeitsamt und Arbeitslosenkasse

Das *Arbeitsamt* der Wohngemeinde ist für die Stellenvermittlung und das Stempeln zuständig. Eine ganz andere Aufgabe hat die *Arbeitslosenkasse:* Sie klärt u. a. ab, ob der Arbeitslose überhaupt Anspruch auf Entschädigung hat, und sie zahlt die Stempelgelder aus. Die Arbeitslosenkasse kann der Entlassene frei wählen (siehe

Anhang). Es gibt insbesondere staatliche (öffentliche) und private (Arbeitgeber- oder Gewerkschafts-)Kassen.

Die Trennung in Arbeitsamt und Arbeitslosenkasse ist historisch begründet und kompliziert das ganze Verfahren. Auf den Arbeitslosen wirkt es als bürokratische Doppelspurigkeit.

■ Der letzte Arbeitgeber ist verpflichtet, der Arbeitslosenkasse innerhalb von einer Woche Auskunft über das Arbeitsverhältnis zu geben. Ohne diese sogenannte Arbeitgeberbescheinigung werden häufig vorerst keine Stempelgelder bezahlt, obwohl nach Gesetz eine schriftliche Bestätigung nicht absolut erforderlich ist. **Nicht selten kommt es vor, dass ein Arbeitgeber quasi als Racheakt nach persönlichen Auseinandersetzungen das Formular nicht ausfüllt oder falsche Angaben macht. Im ersteren Fall sollte der Arbeitslose sofort Strafanzeige bei der Polizei einreichen (gleich zum nächsten Polizeiposten gehen!), kann doch ein säumiger Arbeitgeber gebüsst werden (bis Fr. 5000.—). Bei falschen Angaben kann man Akteneinsicht verlangen und gegebenenfalls eine Korrektur veranlassen.**

In Basel-Stadt und Genf sind alle Arbeitslosen automatisch gegen Krankheit und Unfall sowie Schwangerschaftsfolgen bei Arbeitslosigkeit versichert. In den *übrigen Kantonen* ist der Versicherungsschutz häufig *ungenügend,* wenn nicht zusätzliche Versicherungen abgeschlossen werden. Die Arbeitslosenkasse deckt nämlich bei Krankheit, Unfall und Schwangerschaft pro Fall lediglich maximal 30 Kalendertage. Wer beim letzten Arbeitgeber mit einer Kollektivversicherung bereits gegen Krankheit versichert war, kann diese innert 30 Tagen nach dem Austritt als Einzelversicherung weiterführen (siehe S. 145).

**Einzelne Arbeitslosenkassen bieten den Arbeitslosen auch Versicherungen an.**

■ Wer bisher ohne Lohnversicherung bei Krankheit und Unfall war, sollte sich bei der Krankenkasse ab 31. Krankheitstag gegen Lohnausfall versichern. Die Krankenkassen bieten in der Regel billigere Versicherungen an als die privaten Versicherungsgesellschaften.

■ Auch die bisherige obligatorische Unfallversicherung sollte überprüft werden. Deren Leistungen für Nichtberufs-Unfälle läuft in der Regel weiter (siehe S. 167), solange die Arbeitslosenkasse Leistungen erbringt.

Dem BVG unterstellte Arbeitslose sind nach Auflösung des Arbeitsverhältnisses noch während 30 Tagen bei der beruflichen Vorsorge versichert. Danach scheiden sie aus der obligatorischen Versicherung aus. Sie können jedoch die Versicherung unter gewissen Voraussetzungen *freiwillig bei der bisherigen Vorsorgeeinrichtung,* in jedem Fall aber bei der *Auffangeinrichtung* weiterführen. Insbesondere ist erforderlich, dass sie während mindestens 6 Monaten der obligatorischen Versicherung unterstellt waren. Für die Beiträge (Arbeitgeber- und Arbeitnehmeranteil) hat der Versicherte selber aufzukommen. Es ist allerdings fraglich, ob die Arbeitslosen die keineswegs billigen Prämien bezahlen können.

## Stempeln — eine bürokratische Schikane?

Stempeln wird von den Arbeitslosen vielfach als unnötige Schikane empfunden. Nach offizieller Version soll durch das zweimalige (für Behinderte und über 55jährige: einmalige) wöchentliche Stempeln der Kontakt zwischen Arbeitslosen und Beamten auf dem Arbeitsamt gepflegt werden; doch häufig fehlen auf den Ämtern die Zeit und ein genügendes Stellenangebot, so dass der Gang zum Arbeitsamt vor allem in Zeiten höherer Arbeitslosigkeit eine nutzlose Zeitverschwendung darstellt. Insofern wäre es besser, den Arbeitslosen einmal im Monat zu sehen, dann aber die nötige Zeit für ihn zu haben.

**Sollte der Arbeitslose ausnahmsweise an den ihm zugewiesenen Stempeltagen verhindert sein, so muss er dies frühzeitig mitteilen.** Wenn er ohne ausreichenden Grund die Stempelkontrolle zum vorgeschriebenen Termin versäumt, riskiert er, dass ihm mehrere Taggelder entgehen.

■ Ein Grundsatz lautet: **Ohne Stempeln kein Geld!**

Kein Geld gibt es auch, wenn die volle Stempelkarte nicht innerhalb von drei Monaten bei der Arbeitslosenkasse abgegeben wird. Vom Stempeln kann der Arbeitslose aus zureichenden Gründen dispensiert werden: zum Beispiel bei Wahlen im Ausland oder wenn er sich im Ausland vorstellen muss. Zwischen Weihnachten und Neujahr muss nicht gestempelt werden.

## Stempelferien

Ausserdem hat der Arbeitslose nach jeweils 75 kontrollierten Tagen Anspruch auf eine Woche *Stempelferien.* Er kann diese «Ferientage» in der Regel sammeln und zusammen beziehen. Aber er muss darauf achten, dass er die Ferien bezieht, bevor er die ihm zustehende Anzahl Taggelder ausgeschöpft hat. Erhält er unverhofft

einen neuen Arbeitsplatz, kann er sich nachträglich die Ferientage
auszahlen lassen.

**Immer wieder kommt es vor, dass Arbeitslose vom Arbeitsamt weg-
gewiesen werden, da sie angeblich die Voraussetzungen zum Bezug von
Stempelgeldern nicht erfüllen. Das muss sich niemand gefallen lassen. Ob
Geld bezahlt wird, entscheidet allein die Kasse.** Man sollte deshalb darauf bestehen, trotzdem zu stempeln, und einen schriftlichen Bescheid
verlangen, den man notfalls gerichtlich anfechten kann (s. S. 120).

■ **Wichtig: Auch wer selbst kündigt, darf stempeln und erhält Stempelgeld.** Das Schlimmste, was er zu befürchten hat, sind Taggeldkürzungen.

## Wann gibt es Stempelgeld?

**Jeder Arbeitnehmer, der die obligatorische Schulpflicht absolviert
und das AHV-Alter noch nicht erreicht hat, ist gegen Arbeitslosigkeit
versichert.** *Nicht* **versichert sind bisher die** *Selbständigerwerbenden.*

In den zwei Jahren vor der Geltendmachung des Anspruchs muss
der Arbeitslose während mindestens sechs Monaten berufstätig
gewesen sein und Arbeitslosenversicherungsbeiträge bezahlt haben.

■ Folgende *Absenzen* gelten als *Beschäftigung:* Schweiz. Militär-
und Zivilschutzdienst, obligatorische Hauswirtschaftskurse, die
ganztägig und ununterbrochen während mindestens drei Wochen
geführt werden, Zeiten, in denen der Versicherte zwar in einem
Arbeitsverhältnis steht, aber wegen Krankheit oder Unfall keinen
Lohn (wohl aber ein Taggeld) erhält und daher keine Beiträge bezahlt, Arbeitsunterbrüche wegen Schwangerschaft oder Mutterschaft, soweit sie durch Arbeitnehmerschutzbestimmungen entschä-
digungspflichtig sind.

■ Auch **Teilzeitbeschäftigte**, die mindestens für eine Halbtagsstelle
vermittelt werden können, erhalten Stempelgeld, wenn sie wenigstens während sechs Monaten gearbeitet haben und im letzten Monat, evtl. in den letzten sechs Monaten, durchschnittlich 500.–
Franken (Heimarbeiterinnen 300.– Franken) verdient haben. Gerade die Ärmsten gehen also leer aus.

## Stempelgeld trotz fehlender Beiträge

Einzelne Personengruppen sind bevorzugt: Sie müssen nicht
nachweisen, dass sie sechs Monate gearbeitet haben, und bekommen

Stempelgeld, ohne Beiträge geleistet zu haben. Es handelt sich dabei um:

■ **Hausfrauen** und **Hausmänner**, die wegen Scheidung, Trennung, Tod, Invalidität des andern Ehegatten oder eines ähnlichen Ereignisses gezwungen sind, neu ins Erwerbsleben zu treten. Als «ähnliche Ereignisse» gelten z. B., wenn der Ehemann, ohne Geld zurückzulassen, ins Ausland verschwindet oder wenn er eine Gefängnisstrafe absitzt und die Ehefrau ihr Brot deswegen selber verdienen muss.

■ **Berufsanfänger** oder **Arbeitnehmer**, die sich während mehr als einem Jahr haben umschulen oder weiterbilden lassen (jedoch nicht auf Kosten der Arbeitslosenkasse).

■ **Kranke, Verunfallte, Mütter** und **Strafgefangene**, die zwangsweise dem Arbeitsprozess mehr als ein Jahr ferngeblieben sind.

■ **IV-Rentner** nach Wegfall der Rente oder nach einer von der IV bezahlten Weiterbildung oder Umschulung.

■ **Auslandschweizer**, die nach mehr als einem Jahr zurückkehren und die im Ausland während mindestens sechs Monaten innerhalb der letzten zwei Jahre gearbeitet haben (s. BIGA-Merkblatt; erhältlich bei den Arbeitsämtern).

Alle diese Personengruppen haben jedoch nur Anspruch auf 85 Taggelder. Ausserdem stempeln sie die ersten 5 − 20 Tage vergeblich, d. h. ohne dafür ein Stempelgeld zu erhalten. Diese Wartefrist wird ihnen vom Gesetz deshalb zugemutet, weil sie bisher keine Versicherungsprämien bezahlt haben. Es gelten folgende *Wartefristen:*

    0 Tage: Invalide (auch diejenigen, die von der IV umgeschult worden sind)

  20 Tage für Berufsanfänger oder Umgeschulte/Weitergebildete (nicht via IV)

  10 Tage für alle übrigen

## Wartefristen

Gibt es auch bei folgenden Berufskategorien:

■ **Temporärarbeiter,** es sei denn, sie hätten weniger als drei Monate in dieser Form gearbeitet oder sie hätten die Stelle im Einverständnis mit dem Arbeitsamt zur Vermeidung von Arbeitslosigkeit angetreten.

■ **Saisonbetriebe,** z. B. der Landwirtschaft, Bauwirtschaft, des Gastgewerbes und des Dienstleistungssektors, die stark von der Witterung abhängig sind.

■ **Berufe** mit häufig *wechselnden* oder *befristeten Anstellungen* wie Schauspieler, Artisten, künstlerische Mitarbeiter bei Radio, Fernsehen und Film, Akkordanten.
Hier gilt eine Wartefrist von 5 Tagen.

## Wer ist nicht vermittlungsfähig?

**Eine weitere Voraussetzung für den Erhalt von Stempelgeldern ist, dass der Arbeitslose gesundheitlich und persönlich in der Lage ist zu arbeiten und auch bereit ist, eine zumutbare Stelle anzunehmen** (für die Zumutbarkeit vgl. S. 114). Er muss also *vermittlungsfähig* sein, d. h. er muss bereit und in der Lage sein, seine Arbeitskraft so einzusetzen, wie dies normalerweise von einem Arbeitnehmer verlangt werden kann. In der Regel bedeutet dies, dass er bereit ist, einer Vollzeitbeschäftigung nachzugehen. Will er nur teilzeitarbeiten, müssen persönliche Gründe vorliegen. Wer weniger als 50% arbeiten möchte, gilt nicht mehr als vermittelbar. Schwierige Abgrenzungsfragen stellen sich immer wieder in folgenden Fällen:
■ Wenn beispielsweise eine alleinstehende Mutter wegen ihres Kleinkindes nur während gewissen ungewöhnlichen Tageszeiten erwerbstätig sein kann, ist sie bloss sehr *bedingt* vermittlungsfähig.

Eine Mutter möchte nur abends von 18.00 Uhr − 24.00 Uhr als Serviertochter arbeiten. Das *Eidgenössische Versicherungsgericht* hat in zwei ähnlich gelagerten Fällen verschieden geurteilt:
Eine Frau, die eine derartige Arbeitszeit auf dem Lande wünscht, gilt als nicht vermittlungsfähig. Wenn eine Mutter in der Grossstadt nach einer solchen Stelle sucht, ist sie jedoch vermittlungsfähig, da in der Regel genügend derartige Arbeitsplätze offeriert werden.

■ Der *Behinderte,* der auf einen IV-Entscheid wartet, gilt als vermittlungsfähig. *Deshalb sollten sich Behinderte in jedem Fall beim Arbeitsamt melden und stempeln.* Beziehen sie eine halbe IV-Rente, können sie in der Regel als vermittlungsfähig gelten.
■ Bei *Krankheit, Unfall, Schwangerschaft* und *Mutterschaft* ist der/die Arbeitslose nicht vermittlungsfähig. Dennoch bezahlt die Kasse für kurze Zeit den Lohnausfall: Bezahlt werden pro Fall 30 Kalendertage, was 21 ev. 22 Arbeitstagen entspricht. Bei einer Krankheit, die lediglich ambulant behandelt wird, gelten die ersten fünf Arbeitstage als unbezahlte Wartefrist. Diese Frist wurde eingeführt, um Missbräuche zu verhindern.

■ Bei Unfall zahlt in aller Regel die obligatorische Unfallversicherung des letzten Arbeitgebers (siehe S. 167).

■ *Schwangere,* die gesund sind, bekommen ohne weiteres Stempelgelder, wenn sie unmissverständlich *erklären, sie wollten arbeiten,* und wenn sie ein Arztzeugnis mitbringen, das ihre Arbeitsfähigkeit bestätigt.

■ Bei neuerlicher Erkrankung oder Schwangerschaft/Mutterschaft werden wiederum Stempelgelder bezahlt, bis der Maximalanspruch von 34 Arbeitstagen ausgeschöpft ist.

■ Wer sich während der Arbeitslosigkeit auf eine *selbständige Tätigkeit* vorbereitet, gilt *nicht* als vermittlungsfähig und erhält kein Stempelgeld.

*Ausnahme:* Wer keine Aussicht hat auf eine Stelle als Arbeitnehmer und sich deshalb selbständig macht, kann jedoch unter bestimmten Voraussetzungen und während einer begrenzten Übergangszeit Anspruch auf Stempelgelder erheben.

■ *Teilzeitbeschäftigte* sind nur vermittlungsfähig, wenn sie bereit und in der Lage sind, eine Halbtagsstelle anzutreten, *auch dann, wenn sie bisher nur wenige Stunden gearbeitet haben.*

■ *Heimarbeiterinnen* gelten nur als vermittlungsfähig, falls sie auch bereit sind, Arbeit *ausser Haus* anzutreten. *Ausnahme:* Wenn sie auf Grund ihrer persönlichen Verhältnisse dazu nicht in der Lage sind (z. B. kleine Kinder oder einen pflegebedürftigen Ehepartner haben).

■ *Temporärarbeiter* gelten erst dann als vermittlungsfähig, wenn sie bereit sind, eine Dauerstelle anzutreten.

■ **Stelle für später in Aussicht:** *Aufpassen!* Es empfiehlt sich für die verbleibende Zeit als Arbeitsloser eine Anmeldung bei einigen Temporärbüros. Auf jeden Fall ist sofort Kontakt mit der Kasse aufzunehmen und danach zu fragen, ob für die Zeit bis Stellenantritt weitere Bewerbungen zu schreiben seien. Die Praxis ist in diesen Fällen in den Kantonen unterschiedlich. Nach einer Weisung des BIGA sind bis 2 Wochen vor Arbeitsaufnahme Aushilfsstellen zu suchen.

## Wieviel, wann und für wie lange gibt es Stempelgeld?

**Arbeitgeber wie Arbeitnehmer bezahlen je 0,3% der Lohnsumme für die Arbeitslosenversicherung. Im Jahre 1984 wurden auf diese Art und Weise 632 Millionen Franken gesammelt. 674 Millionen Franken wurden den Arbeitslosen ausbezahlt.**

Alle verheirateten sowie die ledigen, geschiedenen oder verwitweten Arbeitslosen mit einer Unterhaltspflicht gegenüber einer in der Schweiz lebenden Person erhalten 80% des versicherten Verdienstes, die übrigen 70%. Auch verheiratete Frauen erhalten also 80%. Die Kinderzulagen werden separat bezahlt nach den jeweiligen Ansätzen des Wohnsitzkantons.

Dem Stempelgeld wird ein Tagesverdienst von maximal Fr. 267.30 (bzw. Fr. 5800.— im Monat) oder Fr. 69 600.— pro Jahr zugrundegelegt. Es werden 5% für die AHV, nicht aber Beiträge für die IV abgezogen. Ab 1. 1. 1987 gelten folgende Ansätze: Fr. 313.40/ Fr. 6 800.—/Fr. 81 600.—.

---

Pro Woche werden fünf Taggelder ausbezahlt, pro Monat (je nach Anzahl der Werktage) bis 23 Taggelder.

Wer in den letzten zwei Jahren sechs bis elf Monate gearbeitet hat, erhält maximal 85 Taggelder.

Wer 12 bis 17 Monate Beschäftigung nachweisen kann, erhält maximal 170 Stempelgelder.

Ab 18 Monaten werden maximal 250 Taggelder (das entspricht 50 Wochen) bezahlt.

---

Bei *längerer Arbeitslosigkeit* werden die Taggelder *gekürzt:* jeweils um 5% nach 85 und 170 Bezugstagen. Das ist eine sinnlose Schikane, die letztlich nur zusätzlichen bürokratischen Aufwand mit sich bringt. *Keine Kürzung* haben zu gewärtigen:

■ die über 55jährigen, die Invaliden und diejenigen, deren Taggeld nicht über Fr. 90.— liegt.

Zur Zeit der Drucklegung dieses Buches gilt eine Sonderregelung für Arbeitslose in wirtschaftlich bedrohten Regionen (Kantone BE, SO, BL, TI, VD, NE, JU). Hier haben die Arbeitslosen keine Taggeldkürzungen zu befürchten. Sie erhalten zudem in jedem Fall 170 Taggelder ausbezahlt, auch wenn sie in den letzten zwei Jahren nur während sechs bis elf Monaten berufstätig waren.

*Wichtig:* Durch den Besuch eines genehmigten Weiterbildungskurses (s. S. 117) kann ein Arbeitsloser, der nur Anspruch auf 85 oder 170 Taggelder hat, dennoch einen *Anspruch* bis zu 250 oder gar 300 Taggeldern geltend machen, wenn der Kurs länger andauert.

**Bisher ist es leider nicht so, dass der Arbeitslose einfach 80 bzw. 70% seines letzten Lohnes als Taggeld ausbezahlt erhält. Sind in den letzten zwei Jahren zuwenig Beiträge bezahlt worden (z. B. wegen eines halbjährigen Sprachaufenthaltes oder eines zeitweilig viel niedrigeren Lohnes), fällt auch das Stempelgeld bedeutend niedriger aus.**

**Grund für ein mageres Stempelgeld kann aber auch sein, dass der Arbeitgeber der Kasse *falsche* Zahlen geliefert hat. Es empfiehlt sich**

**in solchen Fällen, zur Kontrolle die in den letzten zwei Jahren geleisteten AHV-Beiträge zusammenzuzählen und der Kasse zum Vergleich mitzuteilen.**

*Ehepartner, Berufsanfänger, Strafgefangene, Invalide* sind unter Umständen vom Beweis befreit, innert den letzten zwei Jahren mindestens sechs Monate gearbeitet zu haben (siehe S. 104). Ihnen kann kein versicherter Verdienst angerechnet werden; statt dessen erhalten sie von folgenden sehr bescheidenen Pauschalen 70 — 80 Prozent ausbezahlt:

■ Fr. 120.— im Tag für Personen mit Hochschulabschluss, mit Abschluss einer höheren technischen Lehranstalt, eines Lehrerseminars oder einer höheren Wirtschafts- und Verwaltungsschule oder mit gleichwertiger Ausbildung.

■ Fr. 100.— bei abgeschlossener Berufslehre oder gleichwertiger Ausbildung an einer Fachschule oder einer ähnlichen Lehranstalt.

■ Fr. 80.— für alle übrigen.

> Herr Schmitt hat Anrecht auf ein Taggeld, das auf der Grundlage von Fr. 80.— berechnet wird: Pro Monat sind das ca. 22 Tage à 70% von Fr. 80. —, also Fr. 1232.— brutto. Für die AHV werden ihm davon 5% oder Fr. 62.— abgezogen. Herr Schmitt muss somit von mageren Fr. 1170.— im Monat leben.

All diese Personengruppen haben Anspruch auf Bezahlung von 85 Taggeldern. In den von Arbeitslosigkeit wirtschaftlich bedrohten Regionen können sie mit 170 Taggeldern rechnen.

**Auch wer aus wirtschaftlichen Gründen *vorzeitig pensioniert* wird, kann Arbeitslosenunterstützung beziehen, wenn er vermittlungsfähig und die Pension niedriger als 80% des früheren Verdienstes ist.**

Normalerweise erbringt die Versicherung während des Militär- und Zivildienstes keine Leistungen.

■ Wenn jedoch die Erwerbsausfallentschädigung geringer ist als diejenige der Arbeitslosenkasse, bezahlt die Kasse die Differenz. Diese Regelung gilt nicht für Rekrutenschule und Beförderungsdienste.

## «Ausgesteuert!»

Wer alle Taggelder bezogen hat, wird «ausgesteuert». Er kann sich bestenfalls mit den beschränkten Mitteln aus den Kässeli der

Kantonalen Arbeitslosenhilfe oder mit organisierten Beschäftigungsprogrammen über Wasser halten.

Folgende Kantone lassen jedoch die Ausgesteuerten ohne solche Hilfen im Regen stehen: AG, AI, AR, FR, GR, NW, OW, TG, TI, VS. In den meisten Fällen bleibt ihnen schliesslich der demütigende Gang zum Fürsorgeamt nicht erspart. In der Regel können sie erst wieder Stempelgelder beziehen, wenn sie *von neuem sechs Monate gearbeitet haben.*

## Erneut arbeitslos?

Wer mehr als sechs Monate ununterbrochen gearbeitet hat und danach erneut arbeitslos geworden ist, kann verlangen, dass die Berechnungsgrundlagen neu überprüft werden. Wenn das Ergebnis dann günstiger ist, gelten die neuen Zahlen, was besonders für Hochschulabsolventen und Wiedereinsteiger von Vorteil ist, die anfangs mit relativ tiefen Pauschalen entschädigt werden.

■ Noch etwas: Wir haben gesehen, dass ein Arbeitsloser, der elf Monate innerhalb der letzten zwei Jahre gearbeitet hat, bloss Anspruch auf 85 Taggelder hat. **Wenn er für mindestens einen weiteren Monat eine neue Arbeit findet, kann er den Beleg für mehr als 12 Monate auf den Tisch der Arbeitslosenkasse legen; das heisst, er darf weitere 85 Taggelder beziehen. Es lohnt sich also, Zwischenverdienst- oder Aushilfestellen anzunehmen.**

## Ein strenges Bussensystem

Praktisch niemand, auch nicht die Gewerkschaften, setzen sich auf politischer Ebene für die Arbeitslosen wirksam ein. Die Folge: Ein Gesetz und eine Gerichtspraxis, die beim Arbeitslosen überall Missbräuche wittert und diese auch mit entsprechend harten Sanktionen belegt. Demgegenüber bleiben Unternehmer, die katastrophale Fehlplanungen vornehmen oder ohne betriebswirtschaftliche Notwendigkeit Kurzarbeit anordnen, nicht selten völlig ungeschoren.

**Mit dem Argument, der Arbeitslose habe seine Situation selber verschuldet, werden Stempelgelder in 5 bis 10% der Fälle gekürzt.** Für eine bescheidene Verhaltensabweichung von der «Norm» werden ihm Taggelder gesperrt. Diese Strafen können sehr rasch den Betrag von mehr als tausend Franken erreichen.

Die Kasse hat einem Versicherten das Stempelgeld dann zu kürzen, wenn sie klar feststellt, dass er durch *eigenes Verschulden* arbeitslos ist. Die Kürzung kann für die Dauer von 1 – 40 Tagen ausgesprochen werden, wenn der Arbeitnehmer folgende Pflichten verletzt hat:

■ Er löst das Arbeitsverhältnis von sich aus auf, ohne einen neuen Arbeitsvertrag in der Tasche zu haben (eine bloss mündliche Zusicherung genügt nicht!).

■ Er hat dem Arbeitgeber Anlass zur Auflösung des Arbeitsverhältnisses gegeben.

■ Der Arbeitslose lehnt eine zumutbare Arbeit ab.

■ Der Arbeitslose kümmert sich zu wenig intensiv um eine neue Stelle.

■ Der Arbeitslose befolgt Weisungen der Kasse oder des Arbeitsamtes nicht.

■ Die Busse beträgt *pro Einstellungsgrund* (!) bis zu 10 Taggeldern bei leichtem Verschulden, 11 bis 20 Tage bei mittelschwerem und 21 bis 40 Tage bei schwerem Verschulden. Die Kasse wäre verpflichtet, diese Strafen individuell zuzumessen. Ganz klar müssen auch wirtschaftliche und persönliche Gegebenheiten berücksichtigt werden. **In der Praxis werden indessen zu häufig schematische Strafen verhängt.**

## Selbstverschuldete Kündigung

«Selber schuld» ist der Arbeitnehmer, der das Arbeitsverhältnis von sich aus auflöst, ohne einen neuen Arbeitsvertrag (oder ein Arztzeugnis!) in der Tasche zu haben. Berechtigt sind hierbei Kürzungen, wenn der Arbeitnehmer einfach davonläuft, ohne den Ablauf der Kündigungsfrist abzuwarten. Abzüge von mindestens 15 Taggeldern sind der übliche Tarif für solche Vertragsbrüche.

Aber auch wenn der Arbeitnehmer die Kündigungsfrist abwartet, bleibt er von Vorwürfen und Kürzungen vielfach nicht verschont. Krach mit dem Vorgesetzten, schlechtes Arbeitsklima, nicht eingehaltene Zusagen des Arbeitgebers gelten in der Gerichtspraxis nicht als stichhaltige Gründe, um das Arbeitsverhältnis aufzulösen. Der Arbeitslose muss in solchen Fällen einen 11- bis 20tägigen Ausfall des Taggeldes in Kauf nehmen.

Auch wer eine Dauerstelle aufgibt, um im Ausland einen weniger als sechs Monate dauernden Sprachkurs zu besuchen, stempelt nach seiner Rückkehr 5–10 Tage vergeblich. Ihm bleibt der Vorwurf nicht erspart, er habe eine sichere Stelle aufgegeben, ohne in einer neuen Firma Unterschlupf gefunden zu haben. Das Verschulden erscheint in einem milderen Licht, wenn er vor seiner Abreise und während seines Sprachaufenthaltes, vielleicht mit Hilfe eines zuhause gebliebenen Bekannten nach einer Stelle sucht.

---

**Nur in drei Fällen kommt der Arbeitslose bei Selbstkündigung schadlos davon:**

■ bei Vorlage eines Arztzeugnisses, das belegt, dass es dem Arbeitnehmer aus gesundheitlichen Gründen unzumutbar ist, zu warten, bis er eine neue Stelle gefunden hat.

■ wenn der Arbeitnehmer mit der Selbstkündigung einer unausweichlichen Entlassung seitens des Arbeitgebers zuvorzukommen trachtete.

■ wenn der Arbeitgeber begründeten Anlass zur Vertragsauflösung gibt (z. B. durch sittliche Belästigung am Arbeitsplatz).

---

## Kündigung durch den Arbeitgeber «aus guten Gründen»

Selbst bei Entlassung durch den Arbeitgeber riskiert der Arbeitslose Stempelgeldkürzungen. Im Fall einer gerechtfertigten fristlosen Entlassung muss er mit über 15 Straftagen rechnen. Erfolgt die Kündigung wegen schuldhaften Verhaltens des Arbeitnehmers auf den vereinbarten Kündigungstermin, greift die Kasse in der Regel zur Schublade «mittelschweres Verschulden». *Eine Sanktion darf bei Kündigung durch den Arbeitgeber aber grundsätzlich nur bei klar ausgewiesenem Verschulden verhängt werden.*

Es ist klar, dass bei Differenzen zwischen den Vertragsparteien nicht einfach auf ein fehlerhaftes Verhalten des Arbeitnehmers geschlossen werden darf:

■ Kein schuldhaftes Verhalten eines Bauarbeiters liegt beispielsweise vor, wenn er nicht schwindelfrei ist und ihm deshalb vom Arbeitgeber gekündigt wird.

Nicht schuldhaft zu Buche schlagen natürlich Krankheiten, aber auch Charakterunterschiede zwischen dem Arbeitgeber und seinem Untergebenen.

---

Sepp Inderbitzin erhält nach einem Streit mit seinem Chef die Kündigung, weil er es gewagt hatte, zu widersprechen. Er wie auch sein Brotgeber müssen gegenüber der Kasse erklären, weshalb es zur Kündigung gekommen ist. Während Sepp Inderbitzin, um nicht Kürzungen in Kauf nehmen zu müssen, die Kündigung auf wirtschaftliche Schwierigkeiten des Arbeitgebers, auf seine lädierte Gesundheit oder auf den aufbrausenden Charakter seines Chefs zurückführen wird, gibt dieser die schlechten Arbeitsleistungen und das freche Maul von Sepp Inderbitzin als Kündigungsgrund an. Diese unterschiedlichen Meinungsäusserungen führen erst einmal dazu, dass Sepp Inderbitzin die Taggelder nicht sofort ausbezahlt werden. **Die Kasse darf aber nicht einfach auf die Angaben des Arbeitgebers abstellen und Bussen aussprechen** (was vor allem im Kanton Bern noch oft vorkommt). Sie hat Abklärungen zu treffen. Widersprechen sich die beiden Parteien bloss, darf nicht zu ungunsten von Sepp Inderbitzin eine «Busse» ausgefällt werden. Nur wenn eindeutige Beweise vorliegen, darf die Kasse zum Kürzungsrotstift greifen.

## Zu wenig Bewerbungen

■ Ein Vorwurf, den Arbeitslose immer wieder zu hören und in ihrem Portemonnaie dann auch zu sehen bekommen: *Sie kümmerten sich zu wenig intensiv um eine neue Stelle.* Wie viele Bewerbungen muss der Arbeitslose vorweisen, um zu verhindern, dass ihm die Taggelder gekürzt werden?

**Grundsätzlich sollte der Arbeitslose natürlich möglichst viele Bewerbungen lancieren. Er findet so am raschesten Arbeit und vermeidet Ärger mit der Kasse.** Es empfiehlt sich:

■ sich auf alle Stellenangebote in der Lokalpresse zu melden, sofern man sich dafür eignet

■ eigene Inserate zu lancieren

■ sich bei Temporärfirmen anzumelden

■ telefonisch bei Grossfirmen anzufragen (sogenannte Bewerbungen «aufs Geratewohl»)

■ im Bekanntenkreis nachzufragen.

Wer sich aber mit den beiden letztgenannten Methoden begnügt, riskiert Taggeldkürzungen. Er mag quantitativ genügend Stellenbewerbungen nachweisen, die jedoch in qualitativer Hinsicht nicht ausreichen.

**Es gelten nur *eigene* Bemühungen. Wenn ein Freund oder ein Personalberatungsbüro bei 20 Arbeitgebern vorsprechen, gelten diese Bemühungen lediglich als Werbung** (eine *Ausnahme* gibt es lediglich bei sprachlichen Verständigungsschwierigkeiten).

■ **Wer bei Vorstellungsgesprächen nicht einen gefälligen, fröhlichen Eindruck macht, vielleicht weil er schon lange arbeitslos ist und unter dieser Situation leidet, riskiert ebenfalls Taggeldkürzungen.**

Georg L. behielt beim Vorstellungsgespräch mit einem möglichen Arbeitgeber den Mantel an, weil er kalt hatte. Er bat zudem den Geschäftsführer entschieden, nicht zu rauchen, da er dies nicht vertrage. Georg L. bekam die Stelle nicht. Die Quittung für dieses Verhalten: 18 Stempeltage Abzug.

Dazu das Gericht: «Die Bemerkung des Beschwerdeführers zum Geschäftsleiter, das Rauchen störe ihn, wurde offenbar in einer Form geäussert, die als persönliche Kritik verstanden werden musste.»

## Welche Arbeit ist «zumutbar»?

**Schlecht zu sprechen sind die Arbeitsämter, so verlangt es das Gesetz, auch auf diejenigen Arbeitslosen, die eine zumutbare Arbeit ablehnen.**

**Eine Arbeit ist zumutbar, wenn sie:**
■ berufs- und ortsüblichen, insbesondere den gesamt- oder normalarbeitsvertraglichen Bedingungen entspricht.
■ «angemessen» auf die Fähigkeiten und wenn möglich die bisherige Tätigkeit des Arbeitslosen Rücksicht nimmt.
■ dem Alter, den persönlichen Verhältnissen und dem Gesundheitszustand des Arbeitslosen angemessen ist.
■ die Wiederbeschäftigung des Arbeitslosen in seinem Beruf nicht wesentlich erschwert, falls darauf in absehbarer Zeit überhaupt Aussicht besteht.
■ dem Arbeitslosen einen Lohn einbringt, der nicht geringer ist als die ihm zustehende Arbeitslosenentschädigung. (Dies gilt nicht für Personen, die in den letzten zwei Jahren nicht sechs Monate gearbeitet haben müssen; siehe S. 104.)

**Die Praxis ist sehr streng: Schon nach ein bis zwei Monaten ist der Arbeitslose verpflichtet, Stellen auch in anderen Branchen zu suchen,** vor allem, wenn sein Arbeitsgebiet relativ spezialisiert oder sein erlernter Beruf auf dem Arbeitsmarkt nicht mehr gefragt ist (z. B. Uhrmacher, Schriftsetzer). Dadurch müssen diese Personen nicht nur Lohneinbussen in Kauf nehmen; sie verlieren auch den Anschluss an ihren gewohnten Beruf. Gleichzeitig nehmen sie weniger qualifizierten Bewerbern, die dafür besser geeignet wären, die Arbeitsplätze weg. *Es ist volkswirtschaftlich und sozialpolitisch problematisch, Arbeitnehmer für teures Geld auszubilden und dann von*

*ihnen innert kürzester Zeit einen beruflichen Abstieg zu verlangen.
Macht ein Arbeitsloser einen von oben verordneten Abstieg nicht mit,
hagelt es nicht selten Taggeldkürzungen.*

■ Eine Arbeit *ausserhalb des Wohnortes* ist dann zumutbar, wenn
der Versicherte
— täglich an seinen Wohnort zurückkehren kann und dafür mit
öffentlichen Verkehrsmitteln nicht mehr als zwei Stunden benötigt
oder wenn für ihn
— am Arbeitsplatz eine angemessene Unterkunft vorhanden
ist. Im zweiten Fall muss er jedoch seine Betreuungspflicht gegen
über den Angehörigen ohne grössere Schwierigkeiten erfüllen können.

## Der Arbeitgeber ist zahlungsunfähig!

**Wird ein Arbeitgeber zahlungsunfähig und gepfändet oder wird
über ihn der Konkurs eröffnet, sollte sich der Arbeitnehmer am nächsten Tag beim Arbeitsamt und der öffentlichen Arbeitslosenkasse am
Geschäftssitz melden.** Die Kasse wird ihm nach Überprüfung des
Falles bezahlen:
■ zuerst 70% Vorschuss, später 100% des ausstehenden Lohnes bis
zu maximal drei Monaten vor Konkurseröffnung oder Pfändung
(Insolvenzentschädigung). Der Vorschuss wird auch für Anteile des
13. Monats- und des Ferienlohnes entrichtet!
■ 80%/70% (je nach Zivilstand und Unterstützungspflicht) des
Lohnes nach der Konkurseröffnung bis zum Ablauf der Kündigungsfrist, sofern er regelmässig stempelt.
Mit dieser Versicherung deckt die Arbeitslosenversicherung
nicht das Risiko der Arbeitslosigkeit, sondern dasjenige der Zahlungsunfähigkeit des Arbeitgebers.

■ Die Ansprüche müssen innert 60 Tagen nach Veröffentlichung des Konkurses oder Durchführung der Pfändung angemeldet werden; sonst kann der Arbeitnehmer seine Forderung
ins Kamin schreiben.

## Die Kurzarbeitsentschädigung

Mit Einführung von Kurzarbeit bezweckt der Arbeitgeber die
Produktion zu drosseln und Kosten zu sparen, damit Arbeitsplätze
langfristig erhalten werden können. Diese Massnahme gilt der Be-

kämpfung erheblicher wirtschaftlicher Schwierigkeiten, insbesondere der Überbrückung von Auftragsschwankungen. Abrechnungspflichtig ist allein der Arbeitgeber. Der Untergebene muss sich also nicht selbst um diese Entschädigung kümmern.

**Die Kassen bezahlen 80% des Lohnausfalles.** Es besteht *keine Stempelpflicht,* es sei denn, der Betrieb werde für mehr als eine Woche eingestellt.

**Der Arbeitnehmer ist nicht verpflichtet, sich auf Kurzarbeit setzen zu lassen. Der Arbeitgeber hat ihm dann weiterhin den vollen Lohn zu entrichten, wird aber dem widerspenstigen Arbeitnehmer aller Voraussicht nach die Kündigung schicken.**

> ■ Nicht auf Kurzarbeit setzen lassen müssen sich auch Mitarbeiter, die befristete, unkündbare Verträge mit ihrem Arbeitgeber abgeschlossen haben (z. B. *Saisonniers).*

Von Gesetzes wegen haben *keinen* Anspruch auf Kurzarbeitsentschädigung: AHV-Rentner, Menschen, deren Arbeitszeit nicht ausreichend kontrollierbar ist, Temporärarbeiter, Lehrlinge und mitarbeitende Ehegatten, Beschäftigte auf Abruf und Angestellte (z. B. Saisonniers) mit festem Vertrag.

> ■ Arbeitnehmer in *gekündigten Arbeitsverhältnissen,* und zwar auch dann, wenn die eine oder andere Partei erst *nach* Einführung der Kurzarbeitszeit gekündigt hat, *haben Anspruch auf den vollen Lohn.* In diesen Fällen geht es nicht mehr darum, Arbeitsplätze zu sichern, was gerade Ziel der Kurzarbeitsentschädigung ist.

**Wird in einem Betrieb nur noch zu 50% oder weniger gearbeitet, ist der Arbeitnehmer verpflichtet, eine Zwischenbeschäftigung anzunehmen, wenn ihm das Arbeitsamt eine solche zuweist.** Allerdings muss der Arbeitgeber die Zustimmung dazu geben. Er wird diese nur verweigern können, wenn das Arbeitsamt seine Mitarbeiter bei der Konkurrenz arbeiten lassen will.

Auch bei Kurzarbeit kommen Missbräuche vor: Arbeitgeber versuchen etwa, einen Teil ihrer Kosten auf die Arbeitslosenkasse zu überwälzen, die nur bei wirtschaftlichen Schwierigkeiten zahlt, nicht aber bei den üblichen saisonalen Schwankungen.

Im Gegensatz zu den Sanktionen gegen den Arbeitslosen, die für Missbräuche hart bestraft werden, hat die Missbrauchsbekämpfung gegen Arbeitgeber lahme Flügel.

Das mag daran liegen, dass es wesentlich schwieriger ist, eine Buchhaltung zu überprüfen, als die Bewerbungen eines Arbeitslosen zusammenzuzählen. Sicher liegt es aber auch daran, dass niemand die Rechte der Arbeitslosen im Gesetzgebungsverfahren vertritt.

### SCHLECHTWETTERENTSCHÄDIGUNGEN

Nicht wirtschaftliche Schwierigkeiten, sondern den schlecht gelaunten Wettergott bekämpft die *Schlechtwetterentschädigung.* Können Mitarbeiter insbesondere im Baugewerbe und im Rebbau, in der Waldwirtschaft usw. wegen des schlechten Wetters, Regen, Schnee, Kälte, nicht eingesetzt werden, kann der Arbeitgeber einen Teil des Lohnes von der Arbeitslosenkasse erhältlich machen. Im Gegensatz zur Kurzarbeit sind hier ebenfalls anspruchsberechtigt: Lehrlinge, Saisonniers und Arbeitnehmer in gekündigtem Vertragsverhältnis.

## Weiterbildung — eine gute Idee

Das neue Arbeitslosengesetz, das seit 1. Januar 1984 in Kraft ist, ist zwar bedeutend komplizierter geworden als die frühere Regelung. Doch einen Vorteil hat das neue Gesetz: Die Weiterbildung und Umschulungsmöglichkeiten werden stark gefördert. Dies, um Arbeitslosigkeit zu verhüten oder deren Dauer zu verkürzen.

Arbeitslose können unter folgenden Voraussetzungen *auf Kosten der Kasse* Umschulungs- und Weiterbildungskurse besuchen *(Achtung: spätestens 10 Tage vor Kursantritt das Gesuch einreichen!):*

■ Er hat in den letzten zwei Jahren während mindestens sechs Monaten Beiträge geleistet.

■ Er ist arbeitslos oder unmittelbar von Arbeitslosigkeit bedroht.

■ Seine Vermittlung ist schwierig bis unmöglich.

■ Für den Kursbesuch liegt eine Bewilligung des Arbeitsamtes vor, die nur erteilt wird, wenn der Kurs die Aussichten, eine Stelle zu finden, deutlich verbessert. (Der Kurs muss von einem sachkundigen Lehrer nach einem Programm geleitet werden, und er muss die Vermittlungsfähigkeit direkt verbessern.)

117

Bezahlt werden in dieser Zeit:
- ■ Stempelgelder (250, evtl. 300 Taggelder, wenn der Kurs noch nicht abgeschlossen ist)
- ■ Kursbeiträge, Lehrmittel, evtl. Reisekosten, Beiträge an die auswärtige Verpflegung, auswärtige Unterkunft.

Wohl am häufigsten besucht werden:
- — Deutsch- und andere Sprachkurse,
- — Fachkurse für angelerntes Büro- und Verkaufspersonal,
- — Service- und Buffetkurse
- — Maschinenschreiben, Korrespondenz
- — Buchhaltung oder EDV-Bedienung

Aber auch für Schnupperlehren und Eignungsabklärungen am Arbeitsplatz wird das Stempelgeld weiter entrichtet.

Meist werden die Weiterbildungskurse von den Arbeitsämtern organisiert; der Arbeitslose ist aber auch berechtigt, von privaten oder gemeinnützigen Organisationen organisierte Kurse zu besuchen.

**Nicht bezahlt werden:**
- — Grundausbildung, z. B. Vorbereitungskurse auf das Technikum,
- — übliche Einführungskurse, die auf den neuen Arbeitsplatz ausgerichtet sind.
- — Volontariate

■ Das Arbeitsamt kann einzelne Arbeitnehmer verpflichten, einen Kurs zu besuchen. **Die Weiterbildung bringt folgende Vorteile für den Arbeitslosen:**
- — Er kann bis 250 Taggelder (in Ausnahmefällen 300) erhalten, auch wenn er nur für 85/170 Tage bezugsberechtigt wäre.
- — Die 5%ige Kürzung des Stempelgeldes, die jeweils nach 85/170 Bezugstagen stattfindet, fällt weg.

Anspruch auf *Stempelgelder während Weiterbildungskursen* haben nur die Bezugsberechtigten, die in den letzten zwei Jahren mindestens während sechs Monaten gearbeitet haben, oder diejenigen, die von diesem Beschäftigungsnachweis befreit sind.

Auch für die übrigen *(Wiedereinsteiger, Selbständigerwerbende)* bringt das neue Gesetz wenigstens einen Vorteil. Sie erhalten zwar keine Taggelder, können sich aber auf Kosten der Arbeitslosenkasse weiterbilden. Das heisst, sie erhalten Kurs, Lehrmittel, Reise- und Verpflegungskosten ersetzt, wenn sie beabsichtigen, eine unselbständige Tätigkeit aufzunehmen und ihnen ohne Kurse keine Arbeit zugewiesen werden kann (z. B. Hausfrauen, die ins Berufsleben zurückkehren).

## Geld fürs Pendeln

Kann einem Arbeitnehmer in der Wohnregion keine zumutbare Arbeit zugewiesen werden, und nimmt er eine schlechterbezahlte auswärtige Arbeit an, erhält er während maximal sechs Monaten einen Pendlerkostenbeitrag (nachgewiesene Fahrkosten Arbeitsort – Wohnort) oder als Wochenaufenthalter eine Pauschalentschädigung für auswärtige Unterkunft, die ausgewiesenen Mehrkosten für Verpflegung und die einmalige wöchentliche Fahrt an den Wohnort. (Gesuch 10 Tage im voraus stellen!)

## Geld fürs Einarbeiten

Wenn ein Arbeitsloser aus besonderen Gründen (Alter, Invalidität, schlechte Ausbildung) schwer vermittelbar ist, kann die Kasse dem Arbeitgeber *Einarbeitungszuschüsse* auszahlen. Es gilt also, einen Arbeitgeber zu finden, der bereit ist, den Arbeitslosen zu einem verminderten Lohn einzuarbeiten. Die Zuschüsse der Arbeitslosenkasse decken den Unterschied zwischen dem tatsächlichen Leistungslohn und dem nach der Einarbeitung zu erwartenden branchenüblichen Lohn (max. 60% des normalen Lohnes). Der Zuschuss reduziert sich alle zwei Monate um ein Drittel und hört nach sechs Monaten ganz auf.

## Böse Überraschung: Bitte Geld zurückzahlen!

**Ein Arbeitsloser, der Geld von der Kasse ausbezahlt erhält, ist noch lange nicht sicher, dass er es auch behalten darf.** Weil das BIGA (Bundesamt für Industrie, Gewerbe und Arbeit) über einen zu grossen Revisorenapparat verfügt, der die Kassen erbarmungslos kontrolliert, kommt es immer wieder vor, dass ausgezahlte Stempelgelder zurückgefordert werden.

**Nach Gesetz hat die Kasse die Entschädigung zurückzufordern, auf die der Versicherte keinen Anspruch hatte.** War der Versicherte beim Bezug gutgläubig und würde sich die Rückforderung als **grosse**

119

Härte auswirken, so ist sie auf Gesuch des Arbeitslosen hin ganz oder teilweise fallenzulassen.

■ **Wer eine Rückforderungsverfügung erhält, sollte sich sofort mit seiner Kasse in Verbindung setzen und überprüfen, ob er eine grosse Härte geltend machen kann.**

## Rechtsweg: gratis, aber mühsam

**Gegen Entscheide der Arbeitslosenkasse oder des Kant. Arbeitsamtes kann innerhalb von dreissig Tagen nach der schriftlichen Zustellung Beschwerde erhoben werden.** Auf der Verfügung ist zu lesen, an welche kantonale Behördeninstanz zu schreiben ist.

Gegen Entscheide der kantonalen Instanz kann innerhalb von dreissig Tagen nach der schriftlichen Zustellung in gleicher Weise beim Eidg. Versicherungsgericht in Luzern Beschwerde geführt werden. Das Beschwerdeverfahren ist in der Regel kostenlos, es sei denn, man führe den Prozess trölerisch, d. h. gegen jede Vernunft. Das Verfahren kann sich bis auf zwei Jahre erstrecken! Bevor man den langen Gang durch die Institutionen wagt, sollte man sich bei den im Anhang verzeichneten Beratungsstellen melden.

Die meisten Beamten geben sich Mühe, die Arbeitslosen anständig zu behandeln. **Tritt ein Beamter jedoch schnippisch, unhöflich oder gar unverschämt gegen den Arbeitslosen auf, empfiehlt sich eine schriftliche Beschwerde bei der vorgesetzten Behörde (höflich, bestimmt und sachlich).**

## Sich nicht alles bieten lassen!

Obwohl weniger als 10 Prozent der Arbeitslosen die Arbeitslosenkasse zu missbrauchen trachten, haben die übrigen 90 Prozent ebenfalls unter einem harten Gesetz zu leiden. Diese Tatsache schlägt dem Arbeitslosen zusätzlich auf den Magen. Dagegen helfen kaum Beruhigungsmittel, sondern:

■ Jeder Arbeitslose sollte sich über das Gesetz genau informieren und sich nicht alles bieten lassen. Scheint eine Verfügung ungerecht, sollte man auf sein normales Rechtsempfinden hören und sich notfalls beschweren.

■ Wer verschämt in der Ecke sitzt und krampfhaft versucht, die schwierige Zeit der Arbeitslosigkeit allein zu bewältigen, droht viel rascher den Mut zu verlieren als derjenige, der seine Probleme mit Freunden und Bekannten teilen kann. Reden Sie mit Kollegen, mit anderen Arbeitslosen und in der Familie über die Probleme der Arbeitslosigkeit. Drücken Sie Ihre Ängste aus, sprechen Sie über Selbstzweifel, die Sie vielleicht überkommen. Ein solider Freundeskreis ist eines der besten Hilfsmittel gegen längerdauernde Arbeitslosigkeit.

■ Wer monatelang arbeitslos ist, sollte unbedingt die besprochenen Weiterbildungschancen nutzen!

■ Wichtig wäre auch eine verbesserte Organisation der Arbeitslosen. Nur an wenigen Orten (vor allem in der Westschweiz) sind die Arbeitslosen in Selbsthilfegruppen organisiert (siehe Verzeichnis im Anhang). Und warum nicht versuchen, vermehrt die Gewerkschaften zu mobilisieren, die sich mehrheitlich ja zuwenig um ihre arbeitslosen Mitglieder kümmern!

# Militärversicherung

Die Militärversicherung ist eigentlich gar keine richtige Versicherung. Niemand zahlt Prämien. Die von der Militärversicherung ausgerichteten Leistungen stammen aus der allgemeinen Bundeskasse. Dennoch wird die Militärversicherung als Zweig der Sozialversicherung betrachtet.

## Wer untersteht der Militärversicherung?

Der Militärversicherung sind alle Wehrmänner im Instruktionsdienst und im aktiven Dienst, im obligatorischen und im freiwilligen Dienst unterstellt. Darüber hinaus unterstehen aber auch Zivilisten der Militärversicherung, sofern sie an gewissen Kursen des freiwilligen Vorunterrichts (Jugend und Sport) oder an der militärtechnischen Vorbildung teilnehmen.

Das gilt immer nur so weit, als der Bundesrat eine Unterstellung unter die Militärversicherung beschlossen hat.

Auch bei der Aushebung, der Inspektion oder bei ausserdienstlichen Schiessübungen kommt die Militärversicherung zum Zuge.

Ferner sind eine Reihe von Bundesbeamten mit militärischer Funktion der Militärversicherung unterstellt, ebenso die Patienten der Militärversicherung in einer Heilanstalt.

## Haftungsgrundsätze

Bei der Militärversicherung gilt im Grundsatz nicht das Verursachungs-, sondern das Gleichzeitigkeitsprinzip. Mit anderen Worten: Die Versicherung erstreckt sich auf jede Gesundheitsschädigung, die während des Dienstes in Erscheinung tritt, gemeldet oder sonstwie festgestellt wird.

Die Militärversicherung haftet bloss dann nicht, wenn sie den Beweis erbringt, dass die Gesundheitsschädigung
■ sicher vordienstlich ist oder
■ sicher nicht durch Einwirkungen während des Dienstes verursacht werden konnte.

Überdies muss sie beweisen, dass die Gesundheitsschädigung sicher nicht durch Einwirkungen während des Dienstes verschlimmert oder in ihrem Ablauf beschleunigt worden ist.

Gelingt der Militärversicherung der Nachweis, dass zwar die Gesundheitsschädigung vordienstlich ist, jedoch eine Verschlimmerung oder Beschleunigung durch den Militärdienst in Betracht fällt, so haftet die Militärversicherung für die Verschlimmerung.

Wird die Gesundheitsschädigung erst nach Schluss des Dienstes festgestellt, haftet die Militärversicherung dann, wenn die Gesundheitsschädigung wahrscheinlich durch Einwirkungen während des Dienstes verursacht worden ist.

---

K. K. biss sich im Wiederholungskurs 1973 beim Essen von «Tuttifrutti» an einem Zwetschgenstein einen Zahn aus. Die Militärversicherung lehnte die Bundeshaftung für den gemeldeten Zahnschaden ab. Die Versicherung komme zwar auch für Zahnschäden auf, die durch einen Unfall verursacht würden. Hingegen sei das Ausbrechen eines bereits behandelten Zahnes beim normalen Kauakt, selbst beim Essen harter Nahrung, nicht als Unfall zu betrachten. Übrigens habe der Versicherte gewusst, dass die Zwetschgen nicht entsteint seien, er hätte deshalb vorsichtig kauen müssen und hätte bei Beachtung der gebotenen Sorgfalt die Verletzung vermeiden können.

---

Das Eidgenössische Versicherungsgericht jedoch verurteilte die Militärversicherung dazu, diesen Zahnschaden zu berappen. Entgegen deren Auffassung gehe es nicht an, die Haftung für einen behandlungsbedürftigen Zahnschaden mit der Begründung abzulehnen, es liege weder eine auf Krankheit noch auf Unfall beruhende Schädigung vor. Obwohl der Zahn bereits wurzelbehandelt war, wurde die Militärversicherung nicht befreit. Dass einzelne oder sogar eine Anzahl von Zähnen infolge zahnärztlicher Behandlung im Hinblick auf mechanischen Druck relativ geschwächt sind, bilde im Erwachsenenalter die Regel, wogegen ein völlig intaktes Gebiss eher die seltene Ausnahme sein dürfte. Auch eine Kürzung wegen Selbstverschuldens des Wehrmannes lehnte das Eidgenössische Versicherungsgericht ab, denn selbst wenn ihm eine gewisse Unvorsichtigkeit zur Last gelegt werden könnte, wäre dies keinesfalls als grobe Fahrlässigkeit zu qualifizieren, was allein zu einer Kürzung Anlass geben könnte (Urteil vom 4. September 1975).

## Die Versicherungsleistungen

Die Militärversicherung ist zu folgenden Leistungen verpflichtet:

■ *Schäden* an künstlichen Gebissen, Brillen- und andere Sachschäden sind zu vergüten, wenn sie in einem engen und unmittelbaren Zusammenhang mit einer versicherten Gesundheitsschädigung stehen.

■ *Krankenpflege.* Dazu gehört die ärztliche Behandlung, Arznei, Pflege in einer Heilanstalt (in der Regel in der allgemeinen Abteilung) oder zu Hause.

■ *Krankengeld.* Das Krankengeld beträgt für Ledige ohne Unterstützungspflicht 80 Prozent, für Ledige mit Unterstützungspflicht und für Verheiratete ohne Kinder 85 und für Verheiratete mit Kindern 90 Prozent des dem Versicherten entgehenden Verdienstes. Der vergütungsberechtigte Verdienst ist nach oben begrenzt und wird jeweils der Teuerung angepasst.

■ *Zulagen.* Wenn dem Versicherten Hauspflege oder ein privater Kuraufenthalt bewilligt worden ist, gewährt die Militärversicherung in angemessener Höhe Zulagen für Ernährungs-, Pflege-, Unterkunfts- und Wartekosten.

■ Bei *vollständiger Erwerbsunfähigkeit* beträgt die Invalidenrente 80 Prozent für Ledige ohne Unterstützungspflicht, 85 für Ledige mit Unterstützungspflicht und für Verheiratete ohne Kinder und 90 Prozent für Verheiratete mit Kindern des dem Versicherten entgehenden Jahresverdienstes. Die Militärversicherung pflegt die Renten bloss auf Zeit festzusetzen, um dann nach Ablauf der festgesetzten Zeit einen neuen Rentenentscheid zu erlassen. Auch hier ist der Jahresverdienst nach oben begrenzt.

■ Bei *Schädigung der körperlichen Integrität* wird — auch wenn daneben eine Erwerbsausfallrente fällig ist — ebenfalls eine Rente festgelegt, wenn der Integritätsschaden *erheblich* ist. Diese Entschädigungen werden zwar in Form von Renten festgesetzt, aber in der Regel von der Militärversicherung sogleich mit einem Kapitalbetrag ausgekauft.

■ *Beiträge für Selbständigerwerbende.* Kann der Versicherte infolge seiner Gesundheitsschädigung seinen Betrieb aus den ordentlichen Versicherungsleistungen nicht durchhalten, so können ihm Beiträge bis 30 Prozent des anrechenbaren Verdienstes gewährt werden.

■ *Bestattungsentschädigung.* Stirbt der Versicherte an den Folgen der versicherten Gesundheitsschädigung, wird eine Bestattungsentschädigung von 1200 Franken ausgerichtet, wenn er durch die Truppe, 2000 Franken, wenn er nicht durch die Truppe bestattet wird.

■ *Hinterlassenenrente.* Der überlebende Ehegatte erhält eine Hinterlassenenrente von 50 Prozent, wenn neben ihm kein Kind rentenberechtigt ist. Neben einem einzigen rentenberechtigten Kind beläuft sich die Rente des Ehegatten auf 45 und in den übrigen Fällen auf 40 Prozent des Jahresverdienstes des Verstorbenen.

Geschiedene Ehegatten haben einen Rentenanspruch bis maximal zur Höhe des geschuldeten Unterhaltsbeitrages. Für die Kinder des verstorbenen Ehegatten werden Waisenrenten ausgerichtet.

Die Eltern haben Anspruch auf Leistungen der Militärversicherung, wenn keine rentenberechtigten Kinder vorhanden sind und wenn ein Bedürfnis oder ein Versorgerschaden vorliegt: Vater oder Mutter erhalten 25 Prozent, beide Elternteile zusammen 40 Prozent des Jahresverdienstes des Verstorbenen. Auch können unter Umständen den Eltern erhebliche Kosten für die Berufsausbildung des Versicherten vergütet werden. Bei Bedürfnis sind auch Geschwister und Grosseltern rentenberechtigt.

■ *Nachfürsorge.* Die Militärversicherung übernimmt gewisse Aufgaben der beruflichen Wiedereingliederung.

■ *Genugtuung.* Bei Körperverletzung oder im Todesfall zahlt die Militärversicherung Schmerzensgeld. Bei der Bemessung dieser Genugtuung richtet sich das Eidgenössische Versicherungsgericht nach den Massstäben des Zivilrichters. Wird jedoch eine Rente für Beeinträchtigung der körperlichen oder psychischen Integrität gewährt, schliesst dies die zusätzliche Zahlung einer Genugtuungssumme aus (BGE 105 V 319).

## Einige Ratschläge

Wer zu einem Militärdienst aufgeboten wird und schon krank ist, beschafft sich ein ärztliches Zeugnis und präsentiert dieses bei der Eintrittsmusterung. Wird nämlich spätestens anlässlich der Eintrittsmusterung das Bestehen einer vordienstlichen Gesundheitsschädigung festgestellt und wird der Wehrmann trotzdem im Dienst behalten, hat er *während eines Jahres Anspruch auf die vollen gesetzlichen Leistungen der Militärversicherung.* Sie kann dann nicht einwenden, die Gesundheitsschädigung habe teilweise schon vordienstlich bestanden.

Wer sich während des Militärdienstes (auch kurz vor der Entlassung) nicht wohl fühlt, muss dies unbedingt sofort noch während des Dienstes dem Truppenarzt melden. Es ist dann Sache der Militärversicherung, den Beweis zu erbringen, dass die Erkrankung dienstfremd ist.

Lässt sich jedoch der Wehrmann nach Hause entlassen und meldet die Krankheit erst zu Hause dem zivilen Arzt, muss *der Soldat* den Beweis erbringen, dass die Gesundheitsschädigung wahrscheinlich durch Einwirkung während des Dienstes verursacht worden ist. Bei nachdienstlich festgestellter Gesundheitsschädigung ist die Beweislage für den Wehrmann schlechter als bei der dienstlich festgestellten gesundheitlichen Beeinträchtigung.

---

An die
Eidgenössische
Militärversicherung
3000 Bern

Chur, den 5. Januar 1985

Sehr geehrte Herren,

Vom 1. – 21. Dezember 1984 habe ich meinen Wiederholungskurs bei der Abteilung 21 der schweren Motortransporttruppen als Motorfahrer absolviert. Nach meiner Entlassung habe ich sich stetig steigernde Schmerzen an meiner Wirbelsäule feststellen müssen, die mich veranlassten, mich bei Herrn Dr. Fritz Moor, Sulgeneckstrasse 25, Bern, in Behandlung zu begeben. Dieser Arzt ist der Auffassung, dass die Schmerzen durch den Militärdienst verursacht oder verschlimmert worden sind. Ich melde daher diesen Schaden hiermit an und ersuche Sie, die mir zustehenden Leistungen festzusetzen. Namentlich beanspruche ich Krankengeld, da ich seit vorgestern mit meiner Arbeit aussetzen musste.

Mit vorzüglicher
Hochachtung

Beilagen:

Arztzeugnis
Dienstbüchlein

---

# Krankenversicherungen

Über fünfhundert Krankenkassen und etwa dreissig private Versicherungsgesellschaften bieten im Krankheitsfalle die verschiedensten Leistungen zu den unterschiedlichsten Prämien an. Dieser Umstand hat eine Unübersichtlichkeit zur Folge sowohl bezüglich der angebotenen Leistungen wie auch der daraus entstehenden Kosten. Es ist nicht verwunderlich, dass der Durchschnittsbürger dabei völlig verunsichert ist. Grund genug, das Thema Krankenversicherung hier entsprechend ausführlich zu behandeln.

## Krankenkasse oder private Versicherungsgesellschaft?

Rund 97% der Bevölkerung lassen das Krankheitsrisiko durch eine der vielen Krankenkassen abdecken. Lediglich 3% wählen die Dienste einer privaten Versicherungsgesellschaft.

**Wo liegen *Vor- und Nachteile*?**

Da die *privaten Versicherungsgesellschaften* frei sind, mit wem sie einen Vertrag abschliessen wollen, sind sie in der Lage, bestimmten Personengruppen, die ein kleines Risiko darstellen, besonders günstige Bedingungen anzubieten: Deshalb zahlen *junge Männer* in der Regel weniger Prämien als bei einer Krankenkasse. Demgegenüber sind *Krankenkassen* wegen des gesetzlich verankerten Grundsatzes der Gegenseitigkeit verpflichtet, für gleiche Versicherungsleistungen gleich hohe Mitgliederbeiträge zu erheben. Mit folgenden Ausnahmen: Prämienabstufungen dürfen nur

■ nach dem Eintrittsalter
■ nach dem Geschlecht (für Frauen dürfen höchstens zehn Prozent höhere Prämien berechnet werden)
■ nach den örtlichen Verhältnissen (entsprechend allfälligen Kostenunterschieden am Ort oder in der Region)
■ nach den unterschiedlichen Vergütungen für die ärztlichen Leistungen
■ zur Erleichterung der Versicherung von Familienangehörigen

vorgenommen werden.

Ein weiterer *Vorteil der Privatversicherungen:* Wer nur das ganz grosse Krankheitsrisiko versichern lassen will und bereit ist, bei-

spielsweise die ersten Fr. 5000.— oder gar Fr. 10 000.— einer Arzt-
oder Spitalrechnung aus dem eigenen Sack zu bezahlen, muss natürlich mit bedeutend weniger Prämien rechnen.

*Die Nachteile fallen jedoch ins Gewicht:*
    Ein Versicherter, der die Leistungen der Gesellschaft bereits
allzu stark beansprucht hat, muss jederzeit mit einer Kündigung
oder einer massiven Prämienerhöhung rechnen. Demgegenüber können die Krankenkassen auch einen *Risikopatienten* nicht aus der
Versicherung ausschliessen. Das erhöhte Risiko darf auch nicht mit
Prämienerhöhungen kompensiert werden.

*Fazit:*
    Private Versicherungsgesellschaften *können vor allem für junge
Menschen vorteilhaft sein, ebenso für jene, die hohe Selbstbehalte
tragen können. Bei einem späteren Übertritt in eine Krankenkasse
sind jedoch (höhere) Prämien infolge des höheren Alters zu erwarten.
Weil überdies keine Freizügigkeit zwischen privaten Versicherungsgesellschaften und Krankenkassen besteht, können die Kassen in diesen
Fällen auch Vorbehalte (Leistungsausschlüsse) anbringen. Für ältere
Personen ist ferner der Abschluss von Zusatzversicherungen schwieriger, oft sogar unmöglich.*

## Die Mitgliedschaft

**Hat jedermann einen Anspruch auf Mitgliedschaft bei einer Kran-
kenkasse?**
**Wie steht es bei älteren Personen?**
**Muss mich die Krankenkasse vorbehaltlos aufnehmen?**
**Unter welchen Umständen darf ich ausgeschlossen werden?**
Das sind Fragen, die sich immer wieder stellen und welche die
wenigsten genau beantworten können.

### JEDER HAT EINEN ANSPRUCH

**Jede *in der Schweiz wohnhafte Person* hat einen Rechtsanspruch,
in eine vom Bund anerkannte Krankenkasse einzutreten,** sofern sie
deren statutarische Aufnahmebedingungen erfüllt. Diese Aufnahmebedingungen dürfen zum Beispiel ein Höchsteintrittsalter, den
Wohnsitz, die Betriebs- oder Verbandszugehörigkeit und dergleichen
vorschreiben, nicht aber etwa die Zugehörigkeit zu einer bestimmten
Religion oder Partei.

## AUSNAHME: ÄLTERE PERSONEN

Die meisten Krankenkassen nehmen Menschen über 65 nicht mehr auf. Es gibt jedoch Kassen, die zeitlich begrenzte *Aufnahmeaktionen* durchführen oder die ältere Leute jederzeit aufnehmen.

■ Die Bedingungen können allerdings sehr unterschiedlich sein, und es empfiehlt sich, die Angebote zu vergleichen.

## AUFNAHME UNTER VORBEHALT

*Aus gesundheitlichen Gründen* oder wegen *Schwangerschaft* darf niemand von einer Krankenkasse abgelehnt werden. **Allerdings können die Kassen in solchen Fällen** *Vorbehalte* **anbringen.** Das heisst, für Krankheiten und Schwangerschaft, die bei der Aufnahme bestehen, werden keine Leistungen erbracht. Das gleiche gilt für Krankheiten, die vorher bestanden haben, sofern sie erfahrungsgemäss zu Rückfällen führen können. Ein solcher Vorbehalt fällt jedoch spätestens nach fünf Jahren dahin.

Wer sich für die Aufnahme in eine Krankenkasse bewirbt, wird in aller Regel verpflichtet, auf einem Aufnahmeformular genaue Angaben zum Gesundheitszustand zu machen. Insbesondere wollen die Krankenkassen wissen, wann der Bewerber welche Krankheiten hatte. **Es empfiehlt sich, die Formulare genau auszufüllen. Wenn nämlich die Krankenkasse zu einem späteren Zeitpunkt erfährt, dass der versicherte Patient schon früher an einer bestimmten Krankheit gelitten hat, kann sie nachträglich die Versicherungsleistungen noch verweigern.** Sie darf mit anderen Worten in solchen Fällen noch *rückwirkend* einen Vorbehalt anbringen (siehe Seite 152).

**Wie genau muss ein Formular ausgefüllt werden?**
**Muss ein Bewerber jede kleinste Grippe im Antragsformular erwähnen?**
Bei der Beurteilung der Frage, ob eine schuldhafte Verletzung der sogenannten Anzeigepflicht vorliegt, ist vor allem zu berücksichtigen, wie eingehend im betreffenden Formular nach Krankheiten des Bewerbers geforscht wurde. *Wenn der Fragebogen sehr ausführlich und genau ist, hat selbstverständlich das Verschweigen von Beschwerden ein anderes Gewicht, als wenn nur ganz allgemein nach dem Gesundheitszustand gefragt wird.*

■ **Entscheidend ist, ob der Bewerber eine Krankheit verschweigt, die erfahrungsgemäss zu Rückfällen führen und die ein sorgfältiger Versicherter als solche erkennen kann.** Es ist Sache der *Krankenkasse*, den Bewerber zu seinem Gesundheitszustand zu befragen. Wenn sie bei einer Aufnahme darauf verzichtet, kann der Bewerber gar nicht «schuldhaft» Tatsachen verschweigen, die einen Vorbehalt seitens der Kasse rechtfertigen würden.

■ Im Fragebogen der Kasse hat also der Bewerber sowohl bestehende als auch frühere Krankheiten anzugeben (wenn danach gefragt wird), soweit er diese kennt oder bei der ihm zumutbaren Aufmerksamkeit kennen sollte.

Will ein Versicherter sich *höher* versichern lassen, muss er ebenfalls über seinen Gesundheitszustand Auskunft geben. Denn die Krankenkasse kann auch Zusatzversicherungen unter Vorbehalt abschliessen.

### Kann man ausgeschlossen werden?

■ **Bei einer schweren Verletzung der Anzeigepflicht** — zum Beispiel wenn der Bewerber die Kasse in raffinierter Weise irreführt — **kann ein Mitglied sogar ausgeschlossen werden.** Will die Kasse eine derart schwerwiegende Massnahme ergreifen, muss sie jedoch den Bewerber auf eine solche Möglichkeit aufmerksam gemacht haben. Das kann dadurch geschehen, dass der Bewerber bereits auf dem Beitrittsformular an einer gut sichtbaren Stelle mit einem ausdrücklichen, von den anderen Bestimmungen deutlich abgehobenen Hinweis auf die im Falle einer Anzeigepflichtverletzung möglichen schwersten Sanktionen — den Ausschluss aus der Kasse und den Entzug der Leistungen — aufmerksam gemacht wird. Nur in besonders schwerwiegenden Fällen kann die Sanktion auch ohne eine solche Warnung angeordnet werden!

■ **Ein Ausschluss kann übrigens auch erfolgen, wenn der Versicherte seine Prämien allzu lange nicht bezahlt!** (s. Seite 152)

## Die Leistungen der Krankenkasse

### Wann beginnt die Leistungspflicht der Kasse?

Nach Gesetz müssen die Krankenkassen ihre Leistungen erst drei Monate nach erfolgter Aufnahme erbringen. Die meisten Kassen verzichten indessen auf diese sogenannte Karenzzeit. Die Mitglieder sind dann sofort genussberechtigt.

**Für *Leistungen bei Mutterschaft* (sie ist der Krankheit gleichgestellt) besteht jedoch eine gesetzlich vorgeschriebene Karenzzeit von 270 Tagen.** Die Versicherte muss also am Tage der Niederkunft während wenigstens 270 Tagen, ohne eine Unterbrechung von mehr als drei Monaten, Mitglied einer Kasse gewesen sein.

## DIE LEISTUNGEN IM KRANKHEITSFALL

Die Krankenkasse wird selbstverständlich *im Krankheitsfall* leistungspflichtig. Was ist jedoch als Krankheit zu betrachten? Gibt es eine Umschreibung, welche Krankheit und Gesundheit klar und eindeutig voneinander unterscheidet?

Weil die Bestimmung dessen, was als Krankheit zu gelten hat, dem Wandel der Zeit unterworfen ist, verzichtet das Krankheits- und Unfallversicherungsgesetz auf einen klar definierten Krankheitsbegriff. Auch die Praxis wagt nur negative Umschreibungen:

«Als Krankheit gilt jede Schädigung der physischen oder psychischen Gesundheit, die nicht auf einen Unfall oder dessen direkte Folgen zurückzuführen ist.»

(Eidgenössisches Versicherungsgericht vom 17. September 1967).

Ausgangspunkt für die Umschreibung der Krankheit ist demnach der *Unfall:* **Alle gesundheitlichen Schädigungen, die nicht als Unfall zu betrachten sind, gelten als Krankheit.** Wie wird nun aber versicherungstechnisch der Unfall definiert? Das Eidgenössische Versicherungsgericht sagt:

«Als Unfall ist die plötzliche, nicht beabsichtigte schädigende Einwirkung eines mehr oder weniger ungewöhnlichen Faktors auf den menschlichen Körper zu verstehen.»

Mit dieser Definition hat jedoch der Laie in der Praxis nicht viel gewonnen, denn selbst die Fachleute der Kranken- und Unfallversicherungen streiten sich in vielen Einzelfällen über die richtige Zuordnung. Fest steht nur soviel: Die Unterscheidung führt in der Praxis zu erheblichen Konsequenzen. Denn die Versicherungsleistungen − vor allem die Taggelder − sind bei einem Unfall unter Umständen erheblich höher als bei einer Krankheit (vgl. das Kapitel *Unfallversicherungen,* Seite 155).

■ In der Regel sind bei den Krankenkassen nach den Statuten Unfälle mitversichert. Sie gewähren die gleichen *Pflegeleistungen* wie bei Krankheit. Die Beurteilung als Unfall oder als Krankheit ist daher vor allem von Bedeutung, wenn Taggelder für Arbeitsunfähigkeit in Frage kommen oder wenn Invalidität droht, für die die (obligatorische) Unfallversicherung Renten vorsieht.

Nicht minder bedeutsam ist aus naheliegenden Gründen die Abgrenzung zwischen *Krankheit* und *Gesundheit.* Auf den ersten

Blick ist man geneigt zu denken, dass diese Unterscheidung keine Schwierigkeiten bereitet. Man weiss ja, ob man sich gesund oder krank fühlt. Wie steht es aber beispielsweise mit der Fettleibigkeit? Ist dieser Zustand so weit fortgeschritten, dass er als krankhaft betrachtet werden muss und die Krankenkasse entsprechende Abmagerungskuren zu übernehmen hat? Oder wie steht es, wenn eine Frau nach einer Brustoperation die Einpflanzung einer Prothese verlangt? Wie ist eine Person zu behandeln, die eine chirurgische Geschlechtsumwandlung fordert?

Zwar sagt die Grösse eines Organs oder Körperteils für sich noch nichts über dessen Gesundheit oder Krankhaftigkeit aus. Erheblich ausserhalb der Norm liegende Masse können aber als krankhaft bezeichnet werden.

So ist, wer an Fettleibigkeit leidet, nicht von vorneherein als krank zu betrachten. Überschreitet das effektive Gewicht indessen das Normalgewicht um mehr als 20 Prozent, sind die Kassen für die Behandlung der Fettleibigkeit leistungspflichtig. Dies nicht zuletzt wohl auch deshalb, weil starkes Übergewicht zu erheblichen Gesundheitsstörungen führen kann.

Als krank gilt auch eine Frau, deren übergrosse Brust zu Rückenbeschwerden und zu Schäden an der Wirbelsäule führt. Eine zur Behebung dieser Störung vorgenommene Brust-Reduktionsoperation ist kein kosmetischer Eingriff, für den die Versicherung nicht leistungspflichtig wäre. Es empfiehlt sich jedoch in derartigen Fällen, rechtzeitig vor der Operation mit der Krankenkasse oder deren Vertrauensarzt Kontakt aufzunehmen, um nicht unerfreuliche Auseinandersetzungen über die Leistungspflicht gewärtigen zu müssen. Das ist um so wichtiger, als derartige Operationen, wenn die Kasse nicht zahlen muss, als Privatbehandlungen mit entsprechend hohen Honorarforderungen abgerechnet werden dürfen.

Zahlen müssen die Krankenkassen heute, nach einem neuen Bundesgerichtsentscheid, die Implantation von Brustprothesen nach unfall- oder krankheitsbedingter Amputation der Brust.

Keine Leistungspflicht der Kassen besteht dagegen für operative Geschlechtsumwandlungen bei sogenanntem Transsexualismus. Zwar kann der Drang, einem anderen Geschlecht anzugehören, zu schweren psychopatischen Veränderungen führen. Die Behandlung solcher psychischen Störungen muss zwar bezahlt werden. Trotzdem werden operative Geschlechtsumwandlungen vom Eidgenössischen Departement des Innern, welches in strittigen Fällen darüber entscheidet, was als Pflichtleistung zu gelten hat, *nicht* als solche anerkannt.

## DIE LEISTUNGEN IM EINZELNEN

Wer sich schon einmal die Mühe genommen hat, die Statuten der verschiedenen Kassen miteinander zu vergleichen, hat feststellen müssen, dass ein Vergleich fast nicht möglich ist. Bei praktisch allen Krankenkassen ist beispielsweise der Unfall der Krankheit gleichgestellt, mit dem Ergebnis, dass die Krankenkasse bei einem Unfall die gleichen Leistungen erbringt, sofern keine andere Versicherung für die Kosten aufkommt. Oder: für Brillen, Schuheinlagen oder andere vom Arzt verordnete Hilfsmittel werden ganz unterschiedliche Beiträge geleistet (soweit es sich nicht um Pflichtleistungen handelt). Das gleiche gilt für Beiträge an Badekuren. Diese Unterschiede wirken sich indessen nur bei den sogenannten *freiwilligen Leistungen* aus.

Daneben gibt es *Pflichtleistungen,* die nach Gesetz von jeder Krankenkasse im gleichen Umfang erbracht werden müssen. Wer sich über diese Pflichtleistungen hinaus versichern lassen will — sei es zur Abdeckung aussergewöhnlicher Unfallrisiken, von Zahnschäden, von Erkrankungen im Ausland, für private Behandlung im Spital usw. —, hat die Möglichkeit, Zusatzversicherungen abzuschliessen. Diese Frage kann jedoch erst entscheiden, wer die Pflichtleistungen im einzelnen kennt.

## DIE PFLICHTLEISTUNGEN

**Alle vom Bund anerkannten Krankenkassen müssen auf jeden Fall folgende Leistungen erbringen:**

■ *Konsultation des Arztes:* Die Kosten der ambulanten Behandlung durch den Arzt werden nach dem Kassentarif entschädigt.

Bei Patienten, die in sehr guten wirtschaftlichen Verhältnissen leben, ist der Arzt jedoch an diesen Tarif nicht gebunden. Er kann seine Behandlung dem Patienten teurer verrechnen, während die Kasse dem Versicherten lediglich den Kassentarif entschädigen muss. Nicht decken muss die Kasse Rechnungen von Ärzten, die sich dem Vertrag mit den Krankenkassen nicht unterstellen. **Diese Ärzte müssen den Patienten darauf aufmerksam machen, dass sie nicht als Kassenärzte tätig sind.** Die massgebenden Einkommensgrenzen werden in den Kantonen festgesetzt. Will der Versicherte diese Differenz nicht aus dem eigenen Sack bezahlen, muss er eine Zusatzversicherung abschliessen (Privatpatientenversicherung).

Laborarbeiten, physiotherapeutische und psychotherapeutische Behandlung, die vom Arzt angeordnet und überwacht oder von ihm selbst ausgeführt werden, sind ebenfalls gedeckt. Ausgenommen sind gewisse psychoanalytische Methoden.

■ *Medikamente:* Die Kosten für die vom Arzt verordneten Medikamente trägt die Kasse. Es kommt jedoch vor, dass sie bestimmte Medikamente nicht oder nicht voll bezahlt. Dann ist das Mittel auf der sogenannten Spezialitätenliste nicht aufgeführt. Wer Zweifel hegt, ob ein Medikament von der Kasse übernommen wird, sollte sich beim behandelnden Arzt danach erkundigen. Bezahlt werden selbstverständlich auch jene Medikamente, die vom Apotheker aufgrund eines Rezeptes des Arztes einzeln hergestellt werden müssen.

■ *Chiropraktik:* Für die Behandlung durch einen *Chiropraktiker* bedarf es keiner ärztlichen Überweisung. Allerdings muss der Spezialist kantonal anerkannt sein.

■ *Selbstbehalt:* Die Kassen übernehmen die obengenannten Kosten nicht im ganzen Umfang. Der Patient muss einen Selbstbehalt von zehn Prozent, mindestens aber Fr. 30.– (sogenannte Franchise) selber bezahlen. (Einige Kassen haben abweichende Franchisenregelungen.)

> Bei einer Arztrechnung von beispielsweise Fr. 205.– bezahlt er also Fr. 30.–. Beläuft sich die Rechnung auf Fr. 340.–, so beträgt der Anteil des Patienten Fr. 34.–.

Die Franchise kann nach einer dreimonatigen Behandlung beim gleichen Arzt neu erhoben werden. Der zehnprozentige Selbstbehalt gilt auch für Medikamente.

■ *Spitalaufenthalt:* Die Behandlung auf der allgemeinen Abteilung müssen die Kassen zu hundert Prozent übernehmen, wenn der Patient *in einem Vertragsspital* behandelt wird.

■ *Verpflegung und Unterkunft* gehören nicht zu den gesetzlichen Pflichtleistungen, diese sind aber normalerweise mit der obligatorischen Spitalzusatzversicherung gedeckt. Einige Kantone haben jedoch höhere Aufenthaltskostenpauschalen für Ausserkantonale, mit der Folge, dass in gewissen Fällen die obligatorische Zusatzversicherung nicht ausreicht. Dieses Risiko kann mit einer *Spitalzusatzversicherung* abgedeckt werden. Es empfiehlt sich, bei der Krankenkasse abzuklären, ob dieser Zusatz nötig ist (vgl. im einzelnen: *«Spitalaufenthalt»* Seite 139).

**Wählt der Patient ein Spital ausserhalb seines Kantons, muss er sich vor der Behandlung unbedingt bei der Krankenkasse erkundigen, ob diese Kosten vollumfänglich gedeckt sind, sonst erlebt er unter Umständen böse Überraschungen, weil den ausserkantonalen Patienten meistens höhere Taxen verrechnet werden.**

■ **Die Leistungspflicht der Kasse ist zeitlich beschränkt: Innerhalb von 900 aufeinanderfolgenden Tagen muss sie nur die Kosten von höchstens 720 Tagen übernehmen.** Dabei übernimmt die Krankenkasse sämtliche ärztlichen Leistungen, aber auch Krankenpflege, Laborkosten und Medikamente ohne Rücksicht auf das Einkommen des Versicherten.

Die Behandlung auf der Intensivstation ist in der Grundversicherung ebenfalls eingeschlossen. Das heisst, selbst bei schwierigen Operationen dürfen dem Patienten keine zusätzlichen Kosten verrechnet werden.

*Aber aufgepasst:* Wer nach einer Operation in der Privatabteilung des Spitals liegen will, ohne entsprechend versichert zu sein, muss nicht nur Verpflegung und Unterkunft nach dem Privattarif bezahlen, sondern auch die vorgängigen Kosten der Operation und allenfalls der Behandlung auf der Intensivstation. Das kann dann sehr schnell Tausende von Franken ausmachen.

*Taggeldversicherung:* Krankenkassen, die eine Taggeldversicherung führen, müssen nach Gesetz pro Tag mindestens zwei Franken versichern. Das gibt im Monat rund Fr. 60.—. Wer im Krankheitsfall oder bei Mutterschaft von allem Anfang an oder nach einer bestimmten Zeit keinen Lohn mehr erhält, muss sich selbstverständlich höher versichern (vgl.: «Taggeldversicherung», Seite 143).

**Weitere Pflichtleistungen werden ferner in folgenden Fällen erbracht:**

■ *Vorsorgeuntersuchung:* Frauen zwischen 25 und 65 Jahren haben alle drei Jahre Anspruch auf eine Vorsorgeuntersuchung zur Feststellung von Gebärmutterhalskrebs. Im übrigen sind die Kassen mit solchen Untersuchungen zurückhaltend. Es empfiehlt sich abzuklären, ob die Kasse auch wirklich bezahlt. Es handelt sich grundsätzlich um freiwillige Leistungen, welche nach einem entsprechenden Konkordatsbeschluss jedoch von praktisch allen Kassen erbracht werden.

■ *Lähmung:* Die Kassen bezahlen die Spitalbehandlungskosten *zeitlich unbeschränkt* bei Lähmungen des Zentralnervensystems.

■ *Tuberkulose:* Die Kassen sind verpflichtet, Heilanstaltbehandlungen während einer Dauer von fünf Jahren innerhalb von sieben Jahren zu übernehmen.

■ *Alkohol- und Drogen-Entwöhnung:* Tagesbeiträge an Kuren werden nur geleistet, wenn sie ärztlich überwacht sind.

■ *Mutterschaft:* Nach dem Krankenversicherungsgesetz ist die Mutterschaft der Krankheit gleichgestellt. Das heisst, die Kassen zahlen die gleichen Leistungen wie bei Krankheit. Hinzu kommen fünf Kontrolluntersuchungen, die Geburtskosten und ein Stillgeld.

135

Allerdings ist gesetzlich vorgeschrieben, dass die Leistungen erst nach neun Mitgliedschaftsmonaten entrichtet werden.

■ *Badekuren:* An ärztlich verordnete Badekuren müssen die Krankenkassen einen Mindestbeitrag von Fr. 10.— pro Tag entrichten.

FREIWILLIGE LEISTUNGEN

Über die Pflichtleistungen hinaus erbringen die meisten Kassen noch zusätzliche Leistungen, zu denen sie nach Gesetz nicht verpflichtet wären. Massgebend sind im einzelnen die Statuten der verschiedenen Kassen.

Unter die freiwilligen Leistungen fallen:

■ *Spitalverpflegung und -unterkunft:* Diese Kosten müssen die Kassen grundsätzlich nicht übernehmen. Doch verlangen die meisten Kassen vom Versicherten den Abschluss einer obligatorischen Spitalzusatzversicherung. Mit dieser Versicherung sind die Kosten für Unterkunft und Verpflegung gedeckt (siehe die Spitalzusatzversicherungen im Kapitel «Spitalaufenthalt»). Es empfiehlt sich, diesen Punkt beim Kassenbeitritt abzuklären. Im Krankheitsfall können nämlich keine höheren Leistungen mehr versichert werden.

■ *Unfall:* Die meisten Krankenkassen behandeln den Unfall gleich wie die Krankheit. Kürzung oder Verweigerung der Leistung ist jedoch möglich, wenn den Versicherten ein Selbstverschulden trifft (zum Beispiel Selbstmordversuch), wenn ein Dritter für den Unfall haftpflichtig ist oder wenn der Verunfallte ein aussergewöhnliches Risiko in Kauf genommen hat (Bsp.: Deltafliegen u. dgl.). Solche Risiken können jedoch zusätzlich versichert werden.

■ *Hauspflege:* Die Behandlung durch den Arzt und gewisse Leistungen der Gemeindeschwester sind selbstverständlich in den Pflichtleistungen eingeschlossen. Wer sich zur Entlastung der Spitäler zu Hause auskurieren lassen will und ständiger Pflege bedarf, hat jedoch für die Entschädigung von Pflegepersonal nur ein beschränktes Budget zur Verfügung. Auch die besten Kassen zahlen unter diesem Titel höchstens Fr. 50.— pro Tag. Bei den meisten bekommt man bedeutend weniger. Gewisse Kassen erbringen dagegen sogar Leistungen für eine Haushalthilfe. **Wer sich besser versichern will, kann das nur über die Erhöhung der Taggeldversicherung erreichen.**

■ *Transportkosten:* Sehr unterschiedlich sind auch die Leistungen für Notfalltransporte. Viele Kassen zahlen lediglich rund Fr. 100.— pro Fall. Solche Transporte können jedoch rasch einmal Fr. 1000.— oder 2000.— kosten.

■ *Brillen, Schuheinlagen und andere vom Arzt verordnete Hilfsmittel:* Die meisten Kassen bezahlen, obwohl sie dazu nicht verpflichtet wären, einen Teil an ärztlich verordnete Brillen (auch Kontaktlinsen) usw. Seit der Explosion bei den Heilkosten gibt es hier jedoch Anzeichen für eine zunehmend restriktive Praxis.

■ *Zahnschäden:* Zahnleiden fallen *nicht* unter die Pflichtleistungen, es sei denn, es handle sich um einen kieferchirurgischen Eingriff. Die Unterscheidung zwischen einer Kieferkrankheit und einem Zahnleiden ist in der Praxis jedoch nicht immer einfach.

> So wurde eine Infektion, die sich einige Jahre nach einer Zahnbehandlung um einen Wurzelrest des entfernten Zahns herum gebildet hatte und einen operativen Eingriff nötig machte, vom Eidgenössischen Versicherungsgericht eher als Behandlung einer Kieferkrankheit denn als Zahnbehandlung qualifiziert. Allerdings wurde eingeräumt, dass es sich um einen Grenzfall handelte.

*Nicht* entscheidend ist, ob die Kieferbehandlung durch einen Zahnarzt oder einen Arzt vorgenommen worden ist.

Denn es gibt heute kiefer- und gesichtschirurgische Eingriffe, die eindeutig nicht als Zahnbehandlung im engeren Sinn zu betrachten sind und trotzdem von Zahnärzten ausgeführt werden. Umgekehrt können Zahnleiden, die allzu lange nicht behandelt worden sind, zu Kieferleiden führen. Wenn nun mit der Sanierung des Gebisses gleichzeitig auch das Kieferleiden behoben wird, behält damit die Behandlung ihren rein zahnärztlichen Charakter. Das gleiche gilt für Leiden, die auf Gebissanomalien zurückzuführen sind.

Allerdings ist bei der Frage, ob die Krankenkasse bei einer Zahnbehandlung kostenpflichtig wird, nicht entscheidend, welches die Ursache eines bestimmten Leidens ist. *Massgebend ist allein die angewendete Methode:* Sofern ein Leiden mit den Mitteln der Zahnheilkunde (zum Beispiel Brücken, Kronen, Schienen) angegangen wird, fällt die entsprechende Behandlung nicht unter die Pflichtleistungen.

Es gibt aber auch therapeutische Verrichtungen in der Mundhöhle, die nicht zahnärztliche Vorkehren im engeren Sinne sind. Mit einer solchen Behandlung hat man es bei einer ausgesprochen schweren Parodontose und eitrigen Zahnfleischtaschen zu tun. Obwohl solche Zahnfleischerkrankungen in der Regel von Zahnärzten behandelt werden, müssen sie von den Krankenkassen übernommen werden. Das gilt auch, wenn als Folge dieses Leidens Zähne extrahiert werden müssen. Dagegen ist die Operation, die dem Festhalten des künstlichen Gebisses dient, vor allem eine zahnärztliche Behandlung. Der zur Anbringung einer Prothese nötige operative Eingriff gehört daher wie diese zur zahnärztlichen Behandlung.

Das Eidgenössische Versicherungsgericht geht bei der Ablehnung von zahnärztlichen Behandlungen als Pflichtleistung sehr weit: Kann ein Leiden sowohl mit ärztlicher als auch zahnärztlicher Kunst behoben werden, wird die Krankenkasse nur im ersteren Fall leistungspflichtig.

Unter Umständen übernehmen Krankenkassen aufgrund ihrer Statuten freiwillig gewisse zahnärztliche Behandlungen. Unter Umständen wird sogar unabhängig von den konkreten Statuten ein Teil der Zahnarztrechnung übernommen. Es lohnt sich deshalb in jedem Fall, eine Kopie der Zahnarztrechnung der Kasse zuzustellen. Wer weitergehende Leistungen beanspruchen will, muss eine spezielle Zahnversicherung abschliessen.

■ **Zahnbehandlungsversicherung:** Mit der Zahnbehandlungsversicherung können zahnärztliche Behandlungskosten abgedeckt werden. Sie ist allerdings relativ teuer: Für eine maximale jährliche Deckung von Fr. 250.– beispielsweise bezahlt man rund Fr. 120.– Prämie pro Jahr, wobei für jede Zahnarztrechnung nur 50% vergütet werden. Wer 75% der jährlichen Zahnarztkosten, höchstens aber Fr. 2500.– versichern lassen will, zahlt bereits rund Fr. 450.– Prämien jährlich. Allerdings: Eine solche Versicherung kann nur abschliessen, wer ein saniertes Gebiss hat, das zum Zeitpunkt des Beitritts keiner Behandlung bedarf. Bei den meisten Krankenkassen besteht eine sechsmonatige Karenzfrist. Teure Prothesen werden ausserdem erst bezahlt, wenn ein Jahr oder länger zuvor Prämien bezahlt worden sind.

**Aufgepasst: Bei der Zahnbehandlungsversicherung besteht im Unterschied zur Krankenversicherung kein Tarifschutz.**

■ **Kombinierte Spitalversicherungen:** Wer sich in jeder beliebigen Heilanstalt der Schweiz behandeln lassen will, kommt um die kombinierte Spitalversicherung nicht herum. Die vollen Kosten eines Spitalaufenthalts sind nämlich normalerweise nur am Wohnort (bzw. im Wohnkanton) des Versicherten gedeckt. Nur wenn die Einweisung in eine andere Klinik aus medizinischen Gründen erfolgt, sind die dort entstehenden Kosten zu decken. Eine kombinierte Spitalversicherung macht zusätzliche Versicherungen für Spitalbehandlung überflüssig.

■ **Spitalzusatzversicherung für Privat- oder Halbprivatbehandlung:** Wer nicht als Allgemeinpatient behandelt werden will und keine kombinierte Spitalversicherung abgeschlossen hat, der sollte versuchen, eine genügende Spitaltaggeldversicherung und eine namhafte Spitalbehandlungskostenversicherung abzuschliessen. Nötig ist beides, vor allem reicht eine Spitaltaggeldversicherung allein nicht.

■ **Unfallversicherung für Sonderrisiken:** Wer einen besonders gefährlichen Sport betreibt, sollte sich für diese Risiken speziell versichern. Welche Sportarten als «besonders gefährlich» gelten, ist bei Krankenkassen und Unfallversicherungen zu erfragen.

■ **Ferienversicherung:** Wer sicher sein will, dass die unter Umständen horrenden Kosten eines ausländischen Spitals gedeckt sind, sollte eine solche Versicherung für die Dauer des geplanten Auslandaufenthaltes abschliessen (siehe Kapitel «Reiseversicherungen», S. 243).

## Der Spitalaufenthalt

Unsicherheit besteht oft darüber, welche Leistungen bei einem Spitalaufenthalt erbracht werden. **Genügen die gesetzlich vorgeschriebenen Pflichtleistungen? Oder empfiehlt es sich, Zusatzversicherungen abzuschliessen?**

Verschaffen wir uns erst einmal einen Überblick darüber, welche Pflichtleistungen die Kasse erbringen muss.

Mit der Grundprämie sind in jedem Fall die medizinischen Leistungen auf der allgemeinen Spitalabteilung und ein Teil der Pflegeleistungen abgedeckt. Ebenfalls gedeckt sind auf der allgemeinen Abteilung Operationen (auch die teuersten) sowie die Intensivstation. Die Aufwendungen für Verpflegung und Unterkunft im Spital — die sogenannten *Hotelkosten* — gehören nicht zu den Pflichtleistungen. Diese können mit der sogenannten

■ *Spitalzusatzversicherung* zusätzlich versichert werden. Die meisten Krankenkassen haben jedoch aufgrund ihrer Statuten diese Zusatzversicherung obligatorisch erklärt. Das heisst, jedes Neumitglied muss automatisch diese Spitalzusatzversicherung abschliessen und bezahlt neben der Grundprämie eine Zusatzprämie.

Man unterscheidet zwei Arten:

■ *Die Summenversicherung:* Versichert ist eine bestimmte Tagespauschale für den Spitalaufenthalt. Da jedoch die Spitaltaxen wegen der Inflation und der gestiegenen Krankheitskosten fast jährlich steigen, muss die versicherte Summe ständig erhöht werden. Wer eine solche Versicherung abgeschlossen hat, muss die Entwicklung der Spitaltaxen im Auge behalten und seine Versicherung den veränderten Kosten anpassen. Sonst erlebt er bei einem Spitalaufenthalt böse Überraschungen, weil nur ein Teil der Spitalkosten gedeckt ist. Die Krankenkassen informieren ihre Mitglieder über ihre Zeitungen regelmässig, ob Anpassungen nötig werden. Wer sich darauf nicht verlassen will, setzt sich am besten direkt mit seiner Krankenkasse in Verbindung. *Die Summenversicherungen haben weitere Nachteile:* Bei jeder Erhöhung kann die Kasse grundsätzlich für die zusätzliche

Deckung einen *Vorbehalt* anbringen, und älteren Leuten ab 60 Jahren wird unter Umständen eine Erhöhung nicht mehr gewährt.

■ *Die Kombi-Versicherung:* Sie hebt alle Nachteile der Summenversicherung auf: Sie garantiert volle Deckung für eine bestimmte Spitalkategorie und passt die Prämie laufend an. **Es ist deshalb dringend zu empfehlen, bestehende Summenversicherungen rechtzeitig in eine Kombi-Versicherung umzuwandeln.**

Die Krankenkassen kennen unterschiedliche Abstufungen: Es gibt Kombi-Versicherungen für die allgemeine Abteilung, die halbprivate und die private Abteilung. Zudem können solche Versicherungen auf den Wohnkanton und öffentliche Spitäler beschränkt oder auf die ganze Schweiz und alle privaten Kliniken ausgedehnt werden.

Aus beiden Zusatzversicherungen werden auch gewisse freiwillige Leistungen bei Erholungskuren, bei Badekuren, bei Aufenthalten in Pflegeheimen, beim Krankentransport, bei Hauspflege und anderen ungedeckten Kosten erbracht.

*Aufgepasst:* **Ein Rechtsanspruch auf den Abschluss einer Zusatzversicherung besteht nicht!**

*Wichtig ist, dass sich jeder Versicherte darüber Rechenschaft gibt, ob in seinem Fall Unterkunft und Verpflegung im Spital versichert sind.* Denn diese Kosten können bei einem längeren Spitalaufenthalt schnell einmal ins gute Tuch gehen.

## DIE PRIVATE ODER HALBPRIVATE SPITALABTEILUNG

Auf der allgemeinen Abteilung liegt man bekanntlich in Zimmern mit vier bis acht Betten. Die Zuteilung des Arztes erfolgt aufgrund des Dienstplanes des Spitals, auf die Wünsche des Patienten können in der Regel keine Rücksichten genommen werden. Die Besuchszeiten sind stark eingeschränkt. Wer andere Ansprüche stellt, muss sich entsprechend versichern und wählt die private oder halbprivate Spitalabteilung. Der Patient hat dann Anspruch auf die Entschädigung für ein Einer- oder Zweierzimmer und kann im Belegarztspital den Arzt frei wählen.

Zuständig für die Behandlungsleitung im öffentlichen Spital ist bei Privatpatienten der Chefarzt, bei Halbprivatpatienten der Oberarzt.

*Aufgepasst:* **Wenn ein Spital nicht über genügend Einzelzimmer verfügt, kann auch der privat oder halbprivat Versicherte nicht Anspruch auf ein Einer- oder Zweierzimmer erheben.** *Das geschieht immer häufiger. Manche Spitäler haben gar keine Halbprivat-Betten mehr.*

Zusammenfassung der Möglichkeiten für die Abdeckung sämtlicher Spitalkosten (medizinische Leistungen, Unterhalt und Verpflegung):
Abgeschlossen werden sollte für Kostendeckung auf der allgemeinen Abteilung im öffentlichen Spital des Wohnkantons (in ausserkantonalen Kliniken sind die Kosten nur gedeckt, wenn ein Aufenthalt aus medizinischen Gründen notwendig wird):
■ *die Grundversicherung + obligatorische Spitalzusatzversicherung*

Auf der allgemeinen Abteilung im Privatspital und der allgemeinen Abteilung im ausserkantonalen öffentlichen Spital:
■ *die Grundversicherung + kombinierte Spitalversicherung*

Auf der halbprivaten Abteilung:
■ *die Grundversicherung + kombinierte Spitalversicherung*

Auf der privaten Abteilung:
■ *die Grundversicherung + kombinierte Spitalversicherung.*

PFLEGEHEIME, KURHÄUSER, SPEZIALETABLISSEMENTS

Pflegeheime, Kurhäuser und Badekuretablissements sind normalerweise keine eigentlichen Spitäler. Es besteht deshalb kein Anspruch auf Spitalleistungen der Krankenkasse. Trinkerheilanstalten sind weitere Sonderfälle. Vor Antritt eines Aufenthaltes in einer dieser Institutionen sollte deshalb die Finanzierungsfrage abgeklärt werden. Bei Eintritt in eine Bäderklinik erbringt die Krankenkasse nur dann Spitalleistungen – diese sind höher als der Badekurbeitrag –, wenn Spitalbedürftigkeit des Patienten vorliegt. Bei Rentnern mit bescheidenem Einkommen besteht meist die Möglichkeit, ungedeckte Heimkosten über Ergänzungsleistungen (s. Kapitel «Ergänzungsleistungen», Seite 91) zu finanzieren.

LÄNGER DAUERNDE SPITALAUFENTHALTE

**Dauert ein Spitalaufenthalt mehrere Monate, sollte sich der Patient oder einer seiner Angehörigen bei der Krankenkasse erkundigen, ob sie weiterhin die vollen Kosten übernimmt.** In den meisten Kantonen dürfen die Spitäler für Akutkranke den Krankenkassen für Langzeitpatienten nur noch eine ermässigte Taxe verrechnen. Dies weil die Aufwendungen des Spitals für diese Patienten eben kleiner sind als für Patienten, die intensiv behandelt oder operiert werden müssen. In der Regel werden den Langzeitpatienten keine höheren

Aufenthaltskosten belastet als den Akutkranken, so dass sie auf der allgemeinen Abteilung weiterhin voll gedeckt sind. In einzelnen Kantonen – z. B. im Kanton Zürich – steigt der Aufenthaltskostenanteil des Patienten aber, so dass die Minimalversicherung nicht mehr genügt. In Zürich beispielsweise muss deshalb der Patient nach 90 Tagen einen Beitrag an Verpflegung und Unterhalt leisten. Mit einer erhöhten Spitalzusatzversicherung kann man auch für diesen Fall vorsorgen.

Wer als Langzeitpatient in einem Universitätsspital oder einem anderen hochspezialisierten Spital liegt, tut gut daran, sich um die eventuelle Verlegung in ein weniger teures Spital zu kümmern. Die Krankenkassen müssen nämlich nur diejenigen Kosten übernehmen, die entstehen, wenn der Patient in einem seiner Krankheit angemessenen Spital behandelt wird.

## Gibt es eine Aussteuerung?

**Wer innerhalb von zweieinhalb Jahren länger als zwei Jahre im Krankenhaus verbringen muss, verliert den Kassenschutz.** Jedoch besteht nach einer Arbeitsunfähigkeit von mehr als einem Jahr automatisch ein Anspruch auf eine *IV-Rente,* und diese löst zeitlich unbeschränkte Spitalleistungen aus. Die begrenzte Leistungspflicht der Krankenkassen ist also lediglich für jene, die keine IV-Rente mehr beziehen können – **das sind alle Versicherten im AHV-Alter** –, ein Problem: Nach 720 Spitaltagen innerhalb von 900 Tagen müssen sie mit erheblichen Leistungskürzungen rechnen. Unter Umständen werden die Leistungen sogar ganz eingestellt. Spital- und Heimkosten gehen dann vollumfänglich zu Lasten des Patienten, *es sei denn, der Patient habe Anspruch auf Leistungen der Lähmungsversicherung der Krankenkassen.*

Selbst gutsituierte Rentner können *der Pflegekosten wegen* schnell *zu Bezügern von AHV-Ergänzungsleistungen oder gar von Fürsorgeunterstützungen* werden. Gegenwärtig wird diskutiert, ob die Krankenkassen in solchen Fällen unbeschränkte ärztliche Leistungen zu erbringen haben. Der Nationalrat hat einen entsprechenden Beschluss bereits gefasst. *Was bei einem Pflegeheimaufenthalt über die rein medizinischen Kosten hinausgeht, muss aber auf jeden Fall weiterhin aus Renten, Privatvermögen oder Ergänzungsleistungen finanziert werden.*

**Tip: Chronischkranke sollten für ihren Aufenthalt im Pflegeheim auf jeden Fall Ergänzungsleistungen beantragen** (s. Kapitel «Ergänzungsleistungen», Seite 91).

## Krank im Ausland

**Wer im Ausland in den Ferien weilt, kann in erhebliche finanzielle Schwierigkeiten geraten, wenn er dort ins Spital eingewiesen werden muss.** Die Krankenkassen übernehmen nämlich nur jenen Betrag, den sie dem Patienten in einem Spital seines Wohnsitzkantons hätten bezahlen müssen. Im Ausland können die Spitalkosten aber erheblich höher liegen. Bei den Krankenkassen und den Versicherungsgesellschaften können für solche Fälle *Reiseversicherungen* (s. Seite 243) abgeschlossen werden, die sich unter Umständen lohnen.

■ Manche Länder in Europa bieten unentgeltliche medizinische Leistungen für ausländische Touristen an. Vor der Reise abklären!

## Das Krankentaggeld

**Ein zentraler Punkt für jedermann ist die Sicherung des Verdienstausfalles bei Unfall oder Krankheit beziehungsweise Mutterschaft.** Sogenannte Taggeldversicherungen sind nach wie vor freiwillig. Derzeit wird jedoch im eidgenössischen Parlament über die *obligatorische* Einführung dieser Versicherung diskutiert. Worauf müssen Mann und Frau beim Abschluss einer Taggeldversicherung achten?

### LOHNFORTZAHLUNGEN DES ARBEITGEBERS

Ist im Arbeitsvertrag nichts anderes bestimmt, gilt bei Unfall und Krankheit beziehungsweise Mutterschaft folgende gesetzliche Regelung: Der Arbeitgeber muss im ersten Dienstjahr nach Ablauf der Probezeit drei Wochen und danach «für eine angemessene längere Zeit» den Lohn bezahlen (s. Anhang). Nachher muss der Arbeitnehmer für sich selber sorgen!

Viele Betriebe schliessen deshalb für ihre Angestellten eine sogenannte *kollektive* Krankentaggeldversicherung bei einer anerkannten Krankenkasse oder einer privaten Versicherungsgesellschaft ab. *Fehlt eine Versicherung des Verdienstausfalls, muss der Arbeitnehmer selber dafür sorgen:* **Bei jeder Krankenkasse oder Versicherungsgesellschaft kann eine sogenannte Taggeldversicherung abgeschlossen werden!** Sinnvollerweise soll diese Versicherung erst dann mit Hilfeleistungen einspringen, wenn der Arbeitnehmer vom Arbeitgeber nichts mehr zu erwarten hat. Man spricht dann von einem aufgeschobenen Taggeld. Eine solche Versicherung ist billiger als die Taggelddeckung ab erstem Tag. Sie hat aber einen Nachteil: **Muss der Taggeldversicherungsschutz geändert werden, weil nach einem**

Stellenwechsel die Lohnzahlungspflicht des Arbeitgebers weniger lange dauert, kann auf den neu versicherten Leistungen ein Vorbehalt (Leistungsausschluss) für bestehende oder früher durchgemachte rückfallträchtige Gesundheitsschäden angebracht werden.

■ Muss beispielsweise der Arbeitgeber im Krankheitsfall dem Arbeitnehmer den Lohn während zweier Monate bezahlen, empfiehlt es sich, das Taggeld *erst nach sechzig Tagen* zu versichern.

Die Prämien für aufgeschobene Taggelder sind bedeutend tiefer, da das Risiko einer längerdauernden Krankheit kleiner ist. Die Höhe des Taggeldes kann der Versicherte grundsätzlich selber bestimmen. Allerdings kann er keinen höheren Verdienst versichern, als er tatsächlich erhält. Ein bestimmter Höchstbetrag (je nach Kasse rund Fr. 250.— pro Tag) kann jedoch nicht überschritten werden. (Dieser Betrag wird von Zeit zu Zeit angepasst.) Da die Prämien für die Krankentaggeldversicherung recht hoch sind, muss sich jeder überlegen, wieviel er im Krankheitsfalle versichern will.

■ Denkbar beispielsweise wäre, dass man nur das absolute Existenzminimum abdeckt. *Wer auch im Krankheitsfall etwas auf die Seite legen will, bezahlt diesen Luxus mit teuren Prämienfranken.*

In der Regel wird das Krankengeld während längstens 720 Tagen innerhalb von 900 aufeinanderfolgenden Tagen ausgerichtet. Nach einjähriger Arbeitsunfähigkeit besteht ferner ein Anspruch auf IV-Rente neben dem Kranken-Taggeld.

**Bei einem Stellenwechsel sollte die Taggeldversicherung überprüft und wenn nötig und möglich angepasst werden.**

### TAGGELD BEI MUTTERSCHAFT

Bei Erwerbsausfall wegen Mutterschaft muss das Taggeld während 10 Wochen ausgerichtet werden, davon mindestens 6 Wochen nach der Geburt.

# Was tun bei Auflösung des Arbeitsverhältnisses — insbesondere bei Arbeitslosigkeit?

**Die vom bisherigen Arbeitgeber abgeschlossenen Versicherungen laufen *nicht* automatisch weiter.** *Ausnahme:* obligatorische Unfallversicherung unter bestimmten Voraussetzungen (s. Kapitel «Unfallversicherungen», Seite 155). Bei Beendigung des Arbeitsverhältnisses müssen Sie sich deshalb unverzüglich um Ihre Versicherung bei Krankheit (inklusive Mutterschaft) und Unfall kümmern.

KRANKENPFLEGE

■ Wenn beim bisherigen Arbeitgeber eine *Kollektivversicherung für Arzt, Arznei und Spital* bestand, hat man das Recht, in die Einzelversicherung der Krankenkasse oder der Versicherungsgesellschaft überzutreten. *Es dürfen von der Kasse keine neuen Vorbehalte angebracht werden.* Für den Übertritt muss ein Antrag bei der Versicherungsgesellschaft oder Krankenkasse gestellt werden. *Achtung:* Der Antrag muss innerhalb einer bestimmten Frist — in der Regel 30 Tage seit Ausscheiden aus dem Betrieb — gestellt werden, andernfalls muss er nicht mehr behandelt werden.

■ Wer Mitglied einer *Betriebs- oder Berufsverbandskrankenkasse* war, muss bei der Krankenkasse unverzüglich abklären, ob er Mitglied bleiben kann. Ist dies nicht möglich, muss die Krankenkasse einen *Freizügigkeitsausweis* ausstellen, mit dem man in eine andere Krankenkasse übertreten kann.

*Tip:* **Melden Sie sich sofort bei einer anderen Kasse an, damit keine Lücke im Versicherungsschutz entsteht. Ausserdem ist das Übertrittsrecht befristet.**

KRANKENGELDVERSICHERUNG

■ Bestand beim bisherigen Arbeitgeber eine *Kollektivversicherung für Krankengeld,* hat man das Recht, diese Versicherung bei der betreffenden Versicherungsgesellschaft oder Krankenkasse *weiterzuführen.* (Es dürfen keine neuen Vorbehalte angebracht werden.) Ein entsprechender schriftlicher Antrag muss innert einer bestimmten Frist gestellt werden (meist 30 Tage), sonst erlischt diese Versicherung!

Eine Taggeldversicherung mit einer mehrmonatigen Aufschubzeit nützt bei Arbeitslosigkeit jedoch nicht viel. Deshalb hat man das Recht, eine derartige Versicherung so umzuwandeln, dass die Wartefrist bei *gleichbleibender Höhe des Taggeldes* nur noch *30 Tage* beträgt. (Neue Vorbehalte dürfen nicht angebracht werden.) Die Prämie steigt jedoch an, weil es sich um eine Höherversicherung handelt. Mit der Verkürzung der Wartefrist auf 30 Tage kann die Taggeldversicherung auf die Arbeitslosenversicherung abgestimmt werden. **Diese gewährt das Arbeitslosentaggeld für die ersten 30 Tage auch dann, wenn der/die Arbeitslose wegen Krankheit, Unfall oder Mutterschaft nicht oder nur vermindert vermittlungsfähig ist.** Voraussetzung ist, dass alle übrigen Bedingungen für den Bezug des Arbeitslosentaggeldes erfüllt sind. Bei Spitalaufenthalt, Unfall und Mutterschaft wird das Arbeitslosentaggeld von Anfang an gewährt. Bei Krankheiten ohne Spitalaufenthalt jedoch erst nach einer Wartezeit von einer Woche.

■ Wer Mitglied bei einer *Betriebs- oder Berufsverbands-Krankenkasse* war, muss sich unverzüglich erkundigen, ob er Mitglied bleiben kann. Ist dies nicht möglich, muss ein *Freizügigkeitsausweis* für den Übertritt in eine andere Krankenkasse ausgestellt werden. (Das Übertrittsrecht ist befristet.) Für die eventuelle Umwandlung der Versicherung gelten die gleichen Rechte wie bei der Kollektivversicherung (siehe Seite 155).

■ Wer bereits privat gegen Erwerbsausfall versichert ist, hat bei Arbeitslosigkeit sowohl bei einer Krankenkasse als auch bei einer privaten Versicherungsgesellschaft das Recht, eine allfällige Aufschubzeit bei gleichbleibender Taggeldhöhe auf 30 Tage zu verkürzen. (Das Recht auf Umwandlung der Versicherung ist in der Regel befristet!)

■ Wer *nicht* gegen Erwerbsausfall versichert ist, sollte sich möglichst rasch um den Abschluss einer Krankengeldversicherung mit einer Aufschubzeit von 30 Tagen und einer Taggeldhöhe bemühen, die der Arbeitslosenentschädigung entspricht.

*Tip:* **Klären Sie ab, ob Sie auch Unfälle einschliessen müssen.**

## UNFALL *(siehe auch Seite 155)*

**Der Versicherungsschutz der obligatorischen Unfallversicherung besteht während der Arbeitslosigkeit auch ohne Prämienzahlung weiter,** sofern man vor der Arbeitslosigkeit

1) gegen Berufs- *und Nichtberufsunfälle* obligatorisch versichert war,
2) innerhalb von *30 Tagen* nach Aufgabe der Tätigkeit die *Stempelpflicht* erfüllt hat,
3) der *Anspruch auf Arbeitslosenentschädigung* innerhalb der Frist von 30 Tagen oder direkt im Anschluss daran entsteht,
4) die Arbeitslosenentschädigung *mindestens 50 Prozent* des vor der Arbeitslosigkeit erzielten *Bruttolohnes* beträgt.

*Der Versicherungsschutz endet* mit dem 30. Tag nach dem Tage, an dem der Anspruch auf eine Arbeitslosenentschädigung gemäss Punkt 4) aufhört.

Es besteht die Möglichkeit, *vor* Ablauf der Frist von 30 Tagen die Versicherung um weitere 180 Tage durch besondere Abrede zu verlängern. Diese *Abredeversicherung* wird durch Bezahlung einer Prämie erstellt, sie ist also nicht prämienfrei.

■ **Für weitere Auskünfte stehen die Arbeitsämter sowie das Bundesamt für Sozialversicherung, Abteilung Krankenversicherung, zur Verfügung (siehe Anhang).**

## Die Prämien

Wer sich die Mühe nimmt, Prämien verschiedener Krankenkassen miteinander zu vergleichen, ist erstaunt über die grossen Unterschiede. Die Prämien schwanken aber nicht nur zwischen den verschiedenen Kassen, sondern variieren bei ein- und derselben Krankenkasse von Ort zu Ort, obwohl die Leistungen die gleichen sind. So sind die Prämien auf dem Lande billiger als in der Stadt, und im östlichen Teil der Schweiz zahlt man generell weniger als im westlichen Landesteil. Die Gründe für diese Unterschiede sind mannigfaltig. Unter anderem massgebend sind die kantonalen Tarifverträge mit Ärzten und Spitälern: Die Höhe der Ansätze steigt von der Ost- zur Westschweiz hin, was sich selbstverständlich auf die Prämien auswirkt.

Wer einen *Leistungsvergleich* anstellen will, darf jedoch selbstverständlich nicht nur die Prämien in Betracht ziehen. Da praktisch alle Kassen über die Pflichtleistungen hinaus freiwillige Leistungen erbringen, müssen diese bei einer Gegenüberstellung ebenfalls berücksichtigt werden. Ein solches Unterfangen ist jedoch nicht einfach, weil die verschiedenen freiwilligen Leistungen oft nicht ganz miteinander verglichen werden können.

Welche Kasse erbringt die bessere Leistung? Jene, die an Badekuren einen zusätzlichen Beitrag von Fr. 20.– bis 22.– pro Tag erbringt und bei Akupunktur pro Sitzung maximal Fr. 30.– zahlt, oder jene, die für die zusätzlichen Badekuren nur Fr. 15.– pro Tag leistet, aber für Akupunkturbehandlungen bis maximal Fr. 40.– pro Sitzung geht, und das für insgesamt zwanzig Sitzungen pro Kalenderjahr?

**Wer den Leistungsvergleich seriös angehen will, kommt nicht darum herum, die einzelnen Leistungen der Kassen in tabellarischer Form einander gegenüberzustellen.**

Ein solcher Fragebogen könnte dann wie das folgende Beispiel aussehen:

## Prämien- und Leistungsvergleiche

| Mein/Unser persönlicher Fragebogen Prämien | Krankenkasse | | | Krankenkasse | | |
|---|---|---|---|---|---|---|
| | Arzt/Arznei-mittel | Obligatorische Spitalzusatz-versicherung | Obligatorisches Taggeld | Arzt/Arznei-mittel | Obligatorische Spitalzusatz-versicherung | Obligatorisches Taggeld |
| Mann        jährig | | | | | | |
| Frau        jährig | | | | | | |
| Kind        jährig | | | | | | |
| Kind        jährig | | | | | | |
| Kind        jährig | | | | | | |
| Kind        jährig | | | | | | |
| Kind        jährig | | | | | | |
| **Total der Prämie** | | | | | | |
| Über die gesetzliche Pflichtleistung hinaus bieten die Kassen folgende Leistungen an: **Spitalverpflegung und -unterkunft** (geht aus den Statuten hervor) | | | | | | |
| **Transportkosten** | | | | | | |
| **Unfall** | | | | | | |
| **Welche Unfallrisiken sind von den Kassenleistungen ausgenommen?** | | | | | | |
| **Hauspflege** | | | | | | |
| **Zahnschäden, Dentalhygiene** | | | | | | |
| **Brillen, Schuheinlagen und andere vom Arzt verordnete Hilfsmittel** | | | | | | |
| **Vorsorge-Untersuchung** | | | | | | |

| Mein/Unser persönlicher Fragebogen Prämien | Krankenkasse | | | Krankenkasse | | |
|---|---|---|---|---|---|---|
| | Arzt/Arznei-mittel | Obligatorische Spitalzusatz-versicherung | Obligatorisches Taggeld | Arzt/Arznei-mittel | Obligatorische Spitalzusatz-versicherung | Obligatorisches Taggeld |
| **Akupunktur, Naturheil-methoden** (vom Arzt durchgeführt) | | | | | | |
| **Medikamente, deren Übernahme nur emp-fohlen ist** (auf ärztliche Verord-nung) | | | | | | |
| **Zusätzlicher Beitrag an Badekuren** | | | | | | |
| **Ausserkantonale Krankenpflege** | | | | | | |
| **Weitere freiwillige Leistungen** (gemäss den Statuten) | | | | | | |
| Wann erfolgten die letzten **Prämiener-höhungen?** | | | | | | |
| Übliche Abstände der **Prämienanpassung** | | | | | | |
| **Welche Prämienvergün-stigungen gewähren Sie Familien?** | | | | | | |

Aus: Prüf mit, Sondernummer Krankenversicherungen
Zeitschrift des Konsumentinnenforums

# Kürzung oder Verweigerung von Leistungen durch die Kasse

Leistungskürzungen oder gar -verweigerungen treffen den Patienten hart. Darum lohnt es sich, die Gründe, welche die Kassen dazu veranlassen könnten, genau unter die Lupe zu nehmen.

■ **Kürzungen sind grundsätzlich dann möglich, wenn den Patienten ein Selbstverschulden trifft oder wenn er sich eine gravierende Statutenverletzung zuschulden kommen liess.**

■ Im Unterschied zur obligatorischen Unfallversicherung sind in der Krankenversicherung Kürzungen für Erwerbsausfall und Heilungskosten zulässig.

## KÜRZUNG BEI SELBSTVERSCHULDEN

Obwohl im Kranken- und Unfallversicherungsgesetz eine solche Möglichkeit nicht *ausdrücklich* vorgesehen ist, wird sie in der Praxis anerkannt. Grundsätzlich ist auch nicht einzusehen, weshalb in einem Vorsorgesystem, wie die Krankenversicherung, welches auf der Solidarität der Gesunden mit den Kranken aufbaut, dieses Prinzip nicht gelten soll. Warum soll jener, der mit seiner Gesundheit verantwortungsvoll umgeht, für jenen bezahlen, der sich keinen Deut darum kümmert?

Schwierig wird im Einzelfall jedoch, was noch als Selbstverschulden betrachtet werden kann und was nicht. Es muss in jedem einzelnen Fall aufgrund der konkreten Umstände ermittelt werden, ob und in welchem Umfange ein Selbstverschulden vorliegt. Ausserdem müssen die Kassen bei jeder Kürzung den *Grundsatz der Verhältnismässigkeit* wahren.

Eine *gänzliche Verweigerung* von Leistungen ist nur dann zulässig, wenn das Verschulden als besonders schwer zu betrachten ist.

## IN WELCHEN FÄLLEN DÜRFEN DIE LEISTUNGEN GANZ VERWEIGERT WERDEN?

Auch hier gilt der Grundsatz der Verhältnismässigkeit. Die Massnahme muss in einem vernünftigen Verhältnis zu dem von der Kasse verfolgten Zweck und zum Verschulden des Versicherten stehen. Dabei genügt ein bloss schweres Verschulden nicht, der Richter verlangt ein *besonders* schweres. Ausserdem darf eine solche Massnahme erst ergriffen werden, wenn sie zuvor angedroht worden ist. Nur in Ausnahmefällen, in denen das zu beanstandende Verhalten überaus schwerwiegend ist, darf nach dem Grundsatz von Treu und Glauben eine Sanktion auch ohne Androhung angeordnet werden.

*Nicht akzeptiert* wurden Leistungsverweigerungen in folgenden Fällen:

> Als *nicht genügend* erachtete der Richter die von der Kasse brieflich erteilte Weisung an den Versicherungsnehmer, die Arbeit wieder aufzunehmen. Beanstandet wurde, dass die Kasse gegenüber dem Arbeitsunwilligen im Brief spätere Leistungsverweigerung gar nicht angedroht hatte.

> Einem Patienten, der bereits schwer alkoholabhängig ist, darf nicht unter Hinweis auf ein ärztlich angeordnetes Alkoholkonsumverbot einfach die Leistung verweigert werden, wenn er gegen dieses Verbot verstösst. Vorausgesetzt wird aber, dass er zum Zeitpunkt des Verbots nicht mehr in der Lage war, mit dem Trinken aufzuhören.

Beispiele von Leistungskürzungen:

> Einem Motorfahrzeuglenker, der mit einem Blutalkoholgehalt von 1,5 Promille verunfallte, wurden die Krankenkassenleistungen zur Behandlung der Unfallfolgen um 50 Prozent gekürzt. Bei schwerer Trunkenheit hätte er mit einer gänzlichen Verweigerung der Leistungen rechnen müssen.

> Die Taggeldleistungen für die Dauer einer Alkoholentwöhnungskur wurden von der Krankenkasse um 25 Prozent gekürzt. Das Gericht hielt indessen in Würdigung der besonderen persönlichen Schwierigkeiten, die die Entstehung des Alkoholismus begünstigten, und der Einsicht in die Notwendigkeit einer Entziehungskur einen Kürzungssatz von nur 15 Prozent für angemessen.

■ Die Leistungen für die Behandlung von *Suchtkrankheiten* oder deren Folgen können grundsätzlich gekürzt werden, sofern ein Selbstverschulden an der Sucht vorliegt. Die Kassen haben jedoch die Pflicht, vor der Festlegung des Kürzungssatzes die schuldmindernden Umstände abzuklären und zu berücksichtigen. (Nicht akzeptiert wurde von einem Gericht die von der Kasse angeordnete Leistungskürzung von 50 Prozent für einen Alkoholiker. Es akzeptierte lediglich eine Minderung von 20 Prozent.)

VERLETZUNG STATUTARISCHER BESTIMMUNGEN

**Die Kassen müssen ihre Leistungen selbstverständlich nur dann erbringen, wenn der Versicherte *Prämien bezahlt*. Ist er damit in Verzug, hat die Kasse das Recht, die Leistungen zu verweigern.** In der Regel ruht der Versicherungsschutz so lange, bis die Rückstände voll bezahlt sind. *Unter Umständen kann die Kasse den Säumigen sogar durch Ausschluss bestrafen!* In den meisten Fällen sind die Voraussetzungen für den Ausschluss bei Nichtbezahlen der Prämien in den Statuten näher umschrieben. Etwa:

> «Ein Mitglied kann ausgeschlossen werden, wenn es mit drei Monatsbeiträgen drei Monate im Rückstand ist und einer eingeschriebenen Zahlungsaufforderung nicht innert Monatsfrist nachkommt.»

Diese Voraussetzungen müssen *vollständig* erfüllt sein, wenn die Kasse ein Mitglied ausschliessen will. *Nicht zulässig* ist ein Ausschluss, wenn der Versicherte nicht mit eingeschriebenem Brief zur Zahlung aufgefordert worden ist.

Sanktionen können die Kassen auch dann ergreifen, wenn der Versicherte eine in den Statuten aufgestellte Auskunfts- oder Anzeigepflicht verletzt hat. Die meisten Kassen verlangen vom Bewerber vor dem Beitritt vollständige Angaben über bereits erlittene Krankheiten.

■ **Wer durchgemachte Krankheiten und Unfälle, Krankheitsanlagen und Gebrechen im Versicherungsantrag verschwiegen oder die sanitarischen Fragen unwahr oder unvollständig beantwortet hat, muss im Extremfall mit seinem Ausschluss rechnen!**

Immer muss der Versicherte einen *rückwirkenden Vorbehalt* in Kauf nehmen:

■ Bei einem erneuten Ausbruch der vorbestandenen und verschwiegenen Krankheit kann die Kasse die Leistungen vollumfänglich verweigern. Der *Ausschluss* von der Mitgliedschaft ist nur in schweren Fällen zulässig. Bei der Feststellung des Verschuldens ist zu berücksichtigen, welche Bedeutung der Bewerber seiner erlittenen Krankheit beimass. Wer eine gesundheitliche Störung in guten Treuen als belanglose, vorübergehende Beeinträchtigung des körperlichen Wohlbefindens betrachten konnte und nicht als Erscheinung eines ernsthaften Leidens, verletzt die Anzeigepflicht nicht. Hat sich also der Versicherte tatsächlich über seinen Gesundheitszustand getäuscht, darf die Krankenkasse auch nachträglich keinen Vorbehalt mehr anbringen.

Wichtig ist in diesem Zusammenhang auch die Frage, ob der Versicherte in betrügerischer Absicht durch falsche Angaben einen Vermögensvorteil erwirken wollte und damit eine Schädigung der Krankenkasse in Kauf nahm. Auch wenn (aufgrund der Statuten) bei einer Verletzung der Anzeigepflicht ein Ausschluss möglich ist, muss die Massnahme dennoch in jedem Fall verhältnismässig sein. Unzulässig ist ein Ausschluss, wenn der Versicherte bei der Aufnahme nicht durch ausdrücklichen Hinweis auf die Folgen der Anzeigepflichtverletzung aufmerksam gemacht worden ist.

■ Ausschlüsse sind auch möglich wegen schwerer oder wiederholter *Widersetzlichkeit gegen Beschlüsse und Verfügungen* der zuständigen Organe der Kasse oder gegen die Anordnungen des Arztes.

■ Bei *verspäteter Krankmeldung* sowie bei *Nichtbefolgung der Anordnungen des Arztes* muss das Kassenmitglied ebenfalls damit rechnen, dass die Kasse sämtliche Versicherungsleistungen verweigert oder kürzt.

**Ob eine Sanktion als verhältnismässig (und damit als zulässig) betrachtet werden kann, ist weitgehend eine *Ermessensfrage*. Deshalb empfiehlt es sich in solchen Fällen, den Rat eines Sachverständigen, zum Beispiel einer *Beratungsstelle*, einzuholen. Unter Umständen lohnt es sich nämlich, eine Verfügung der Kasse anzufechten.**

## Der Rechtsweg

■ Wer mit den Leistungen seiner Krankenkasse nicht einverstanden ist, sollte in einem ersten Schritt direkt mit ihr in Kontakt treten und nach den Gründen der Leistungskürzung (oder -verweigerung) fragen. Es ist in der Regel wichtig, eine schriftliche Antwort zu verlangen.

■ Wenn er damit nicht einverstanden ist, muss er von ihr eine *Verfügung verlangen,* gegen die er Beschwerde einlegen kann. Die Kasse ist verpflichtet, diese Verfügung innert 30 Tagen schriftlich zu erlassen und zu begründen. Ausserdem muss sie das Mitglied darüber aufklären, welche rechtlichen Möglichkeiten ihm zur Anfechtung dieses Entscheides offenstehen.

In allen Fällen kann das Kassenmitglied die Verfügung mit einer Beschwerde an das Versicherungsgericht desjenigen Kantons weiterziehen, in welchem der Versicherte seinen Wohnsitz hat. Der Entscheid des Kantonalen Versicherungsgerichts kann dann an das Eidgenössische Versicherungsgericht in Luzern weitergezogen werden, wenn man damit nicht einverstanden ist.

■ Die Beschwerde an das kantonale Gericht und die Berufung an das Eidgenössische Versicherungsgericht müssen folgende Punkte enthalten:

— eine kurze Darstellung des Sachverhalts, aus der ersichtlich ist, was bis zur Verfügung der Krankenkasse vor sich ging

— das Rechtsbegehren, das umschreibt, was der Versicherte von der Krankenkasse konkret will

— eine knappe Begründung, weshalb man diesen Anspruch stellt.

*Aufgepasst:* Für die Einreichung der Beschwerde gilt eine Frist von 30 Tagen, gerechnet vom Zeitpunkt, da der Versicherte die Verfügung der Kasse in Empfang genommen hat.

■ Bei den *Privatversicherungen* ist der Rechtsweg um einiges komplizierter. Da es sich dort um einen Zivilprozess handelt, richtet sich das Verfahren nach den kantonalen Prozessordnungen. Solche Prozesse sind in der Regel um einiges teurer und je nach Prozessordnung auch zeitaufwendiger.

# Unfallversicherungen

*Kleine Unfallstatistik:* In der Schweiz verunfallen pro Jahr rund eine Million Menschen:

420 000 im Beruf
230 000 im Verkehr
150 000 im Haushalt
200 000 beim Sport etc.

Meist handelt es sich um Bagatellfälle. Doch im Jahre 1984 endeten 3178 Unfälle tödlich, und 1600 Menschen bereiteten ihrem Leben freiwillig ein Ende. (An Krankheit starben im gleichen Zeitraum 58 602 Menschen.) (Quelle: Versicherungs-Information, Bern)

## Wer ist obligatorisch versichert?

**Praktisch alle Arbeitnehmer sind von Gesetzes wegen gegen *Berufsunfälle und -krankheiten* versichert.** Als Arbeitnehmer gelten auch Aushilfen, unselbständige Akkordanten, Heimarbeiter, Praktikanten, Schnupperlehrlinge sowie mitarbeitende Familienmitglieder, die einen Barlohn beziehen oder Beiträge an die AHV entrichten. Auch AHV-Bezüger, die über das 65. Altersjahr hinaus arbeiten, sind versichert.

Bei der SUVA (Schweizerische Unfallversicherungsanstalt) sind vor allem die Arbeiter von Gewerbe- und Industriebetrieben, die Angestellten bei der Bundesverwaltung und zahlreiche Gemeinden versichert (ca. ⅓ der Betriebe mit ca. ⅔ aller Arbeitnehmer). Die Arbeitgeber in anderen Branchen haben ihre Mitarbeiter bei einer privaten Unfallversicherung oder einer Krankenkasse gegen Unfall zu versichern.

## Nichtberufsunfälle: Nicht alle sind versichert!

Obligatorisch mitversichert sind auch die Nichtberufsunfälle; dies aber nur dann, wenn der Arbeitnehmer mindestens 12 Stunden pro Woche gegen Lohn bei *einem* Arbeitgeber tätig ist. Bei Schwankungen wird auf die durchschnittliche Arbeitsdauer während der letzten drei oder zwölf Monate abgestellt. Ein Teilzeitmitarbeiter, der durchschnittlich weniger als zwei Tage pro Woche bei einem einzelnen Arbeitgeber arbeitet, sollte sich daher selbst um einen Schutz bei Freizeitunfällen kümmern.

Die Versicherung für Nichtberufsunfälle endet am 30. Tag, nach dem der Arbeitnehmer noch mindestens fünfzig Prozent seines Lohnes zugute hat. Der Versicherungsschutz kann *auf Verlangen des Arbeitnehmers* um 180 Tage verlängert werden (Pauschalprämie pro Tag Fr. –.50).

**Die Prämie für Berufsunfälle wird vom Arbeitgeber bezahlt; je gefährlicher die Arbeit eingestuft wird, desto teurer kommt ihn die Versicherung zu stehen.**

Die Prämien für Freizeitunfälle *können* vollumfänglich auf den Arbeitnehmer überwälzt werden. Weil Männer in der Freizeit unvorsichtiger sind, beträgt ihre Prämie rund 1,4%, diejenige der Frauen bloss ca. 0,8% des prämienpflichtigen Lohnes. Zu diesem Lohn gehören alle Zulagen und Entschädigungen, insbesondere auch «gratis» gewährte Kost und Logis. *Nur Entschädigungen, die für Auslagen ausgerichtet werden, sind nicht prämienpflichtig,* ebenso grundsätzlich nicht die Geldleistungen von anderen Versicherungen.

ALS BERUFSUNFÄLLE GELTEN:

■ Unfälle bei Arbeiten, die auf Anordnung des Arbeitgebers oder in dessen Interesse ausgeführt werden.

■ Unfälle während der Arbeitspausen sowie vor und nach Beendigung der Arbeit auf der Arbeitsstätte, soweit sich der Arbeitnehmer befugterweise dort aufgehalten hat.

■ Unfälle auf Geschäfts- und Dienstreisen, Betriebsausflügen; Unfälle während des Besuchs von Schulen und Kursen während der Arbeitszeit.

■ Für *Teilzeitbeschäftigte,* deren wöchentliche Arbeitszeit bei *einem* Arbeitgeber weniger als 12 Stunden beträgt, gelten Unfälle auf dem Arbeitsweg – abweichend vom Normalfall – als Berufsunfälle.

## Freiwillige Versicherung kann sich lohnen!

**Selbständigerwerbende und mitarbeitende Familienmitglieder, die keinen Barlohn erhalten und keine AHV-Beiträge zu entrichten haben, sind nicht obligatorisch versichert.** Sie können sich aber bei der Krankenkasse, bei den privaten Unfallversicherungen oder bei der SUVA absichern. Wenn sie dies tun, unterliegen sie im wesentlichen den gleichen Bestimmungen der obligatorischen Versicherung und zahlen auch die gleichen Prämien.

**Nur auf freiwilliger Basis können die Nichterwerbstätigen (z. B. Kinder, Hausfrauen) bei Krankenkassen oder privaten Versicherungsgesellschaften abgesichert werden.** Ebenso empfiehlt es sich für Teilzeitbeschäftigte, die nur wenige Stunden pro Woche arbeiten, ihre «Freizeit» zu versichern. So werden der zehn Stunden pro Woche arbeitenden Aushilfssekretärin wahrscheinlich die Spitalkosten von der Krankenkasse bezahlt, wenn sie auf einer Bergwanderung ausrutscht. Bleibt sie aber invalid, wird ihr der Lohn meist nur für kurze Zeit noch ausbezahlt. Später hat sie sich mit den nicht existenzsichernden Leistungen der IV alleine zu begnügen.

## Gesetzliche Unfallversicherungspflicht

Auch die Putzfrau, die jede Woche nur während einer Stunde für blitzende Sauberkeit im Haushalt sorgt, muss für Berufsunfälle nach den Normen des Unfallversicherungsgesetzes (UVG) versichert werden. Rutscht sie beim Lampenputzen vom «Tabourettli», ist sie auch dann versichert, wenn die Versicherungspflicht vom Arbeitgeber versäumt wurde. In solchen Fällen springt die sogenannte Ersatzkasse ein und bezahlt die gesetzlichen Leistungen, wie wenn der Arbeitnehmer versichert gewesen wäre. Sie verlangt dann vom nicht UVG-versicherten Arbeitgeber im Normalfall (wenn dieser ihrer Aufforderung zum nachträglichen Versicherungsabschluss termingerecht nachgekommen ist) die normale Tarifprämie auf längstens fünf Jahre zurück, zuzüglich gesetzlichen Verzugszins von 1% pro Monat bis zum Datum der Rechnungsstellung durch die Ersatzkasse.

*Ratschlag:* Jeden Unfall eines *nicht* versicherten Arbeitnehmers melden bei: Ersatzkasse UVG, Bleicherweg 19, Postfach 4889, 8022 Zürich, Tel. 01/ 201 34 88.

Während die Putzfrau, die bei zehn Arbeitgebern je eine Stunde in Teilzeit arbeitet, von jedem Arbeitgeber versichert werden muss, auch wenn sie beim einzelnen Arbeitgeber weniger als Fr. 2000.— pro Jahr verdient, sieht die Sache bei *rein nebenberuflichen* Arbeitnehmern etwas anders aus. Verdient er dabei mehr als Fr. 2000.— pro Jahr, so ist er ebenfalls obligatorisch gegen Berufsunfälle, bei 12 und mehr Stunden Arbeitszeit pro Woche auch gegen Nichtbetriebsunfälle zu versichern. Wenn sein Verdienst pro Jahr Fr. 2000.— nicht übersteigt, besteht die Möglichkeit, sich bei der zuständigen AHV-Ausgleichskasse von der Beitragspflicht befreien zu lassen, schriftliches Einverständnis von Arbeitgeber und Arbeitnehmer vorausgesetzt. *Erst dann entfällt auch die UVG-Versicherungspflicht des Arbeitgebers!*

Es besteht also ein feiner Unterschied zwischen der Teilzeitarbeit als Hauptberuf und rein nebenberuflicher Tätigkeit.

## Unfall oder Krankheit?

**Ein Unfall liegt nur vor, wenn plötzlich eine nicht beabsichtigte, schädigende Einwirkung eines ungewöhnlichen äusseren Faktors über einen Menschen «hereinbricht».**

Ein Bauarbeiter, dem eine Gerüststange auf den Kopf fällt, erleidet einen Unfall, das ist klar.

*Kein Unfall* liegt jedoch vor, wenn dieser eine Gerüststange hochhebt (eine alltägliche und beabsichtigte Verrichtung) und plötzlich einen Zwick im Rücken mit andauernden Beschwerden verspürt. *Dafür ist die Krankenkasse zuständig.* (Anders, wenn die Beschwerden vom Ausrutschen auf einer Bananenschale stammen.)

KNOCHENBRÜCHE UND ANDERE UNFALLÄHNLICHE KÖRPERSCHÄDEN

Um schwierige Abgrenzungsfälle wenn immer möglich einheitlich zu entschädigen, sind zahlreiche *unfallähnliche* Körperschädigungen dem Unfallversicherungsgesetz unterstellt worden. Im Sport oder Beruf kann es geschehen, dass es zu einem Knochenbruch oder Muskelriss kommt, obschon sich der Hergang äusserlich abspielte, wie er beabsichtigt war. Die Unfallversicherung zahlt ausnahmsweise in folgenden dieser Fälle:

■ Knochenbrüche, sofern diese nicht eindeutig auf eine Erkrankung zurückzuführen sind *(Beispiel für einen «Unfall»:* Ein Versicherter hustet stark und bricht sich dabei die Rippen).
■ Verrenkung von Gelenken (Luxationen)
■ Meniskusrisse
■ Muskelrisse und -zerrungen
■ Sehnenrisse
■ Bänderläsionen
■ Trommelfellverletzungen

NICHT «PLÖTZLICH UND UNGEWÖHNLICH»

*Nicht* der Unfallversicherung, sondern der *Krankenkasse* sind folgende Fälle anzumelden:

■ Fussblasen, die während eines Marsches auftreten (keine plötzliche Schädigung)

■ Bindehautentzündungen, nachdem dem Verletzten Staub durch Zugluft in die Augen geraten ist (die Entzündung ist kein aussergewöhnliches Ereignis)

■ Verdorbenes Hackfleisch führt zu Verdauungsstörungen (kein ungewöhnlicher Faktor). Dagegen liegt ein Unfall (und daneben natürlich ein Verbrechen) vor, wenn ein Ehepartner den andern mit vergiftetem Fleisch aus dem Weg räumen will.

■ Der Hobby-Flachmaler, der seine Läden in der schlecht gelüfteten Waschküche streicht und deshalb zuerst Schwindelgefühle verspürt und dann ohnmächtig zusammensinkt, erleidet weder einen Unfall (nicht «plötzlich») noch kann man von einer Berufskrankheit (es passiert in der Freizeit) sprechen.

■ Kein Unfall ist in der Regel eine misslungene Operation. Nur wenn ein ungewöhnlicher äusserer Faktor mitspielt, zahlt der Unfallversicherer. *Beispiele für Unfälle:* Ein Patient wird während der Operation an die falsche Gasflasche angeschlossen und stirbt deswegen oder wird geschädigt. Oder der Operateur rutscht mit dem Messer aus und verletzt den Patienten.

■ Ertrinkt ein Badender, z. B. wegen eines sofort tödlichen Herzschlages, können seine Nachkommen nicht auf den Unfallversicherer zurückgreifen. (Der Tod ist im Wasser durch ein krankhaftes Geschehen verursacht worden.) Anders hingegen, wenn ein Verunglückter ins eiskalte Wasser gestossen wird und daran stirbt oder sich dabei schwer erkältet. Hier ist eine plötzliche und ungewöhnliche Einwirkung zu verzeichnen.

## KRANKHAFTER VORZUSTAND

Fallen die Unfallfolgen schlimmer aus, weil ein verletzter Körperteil bereits krank war *(der Verunfallte braucht sich dessen nicht bewusst gewesen zu sein!)*, zahlt vorerst die Unfallversicherung die vollen Heilungskosten und Taggelder. Erst wenn es um Invaliditäts- oder Hinterbliebenenrenten geht, muss der Verunfallte eine *Kürzung* wegen des krankhaften Vorzustandes unter Umständen in Kauf nehmen, nämlich wenn die vor dem Unfall erlittene Gesundheitsschädigung bereits zu einer Reduktion der Erwerbstätigkeit geführt hatte.

## INDIREKTE UNFALLFOLGEN

(z. B. eine zusätzliche Körperschädigung während der medizinischen Abklärungen) gelten ebenfalls als zur Entschädigung berechtigende Unfallfolgen. Dies trifft natürlich auch für Rückfälle und Spätfolgen eines Unfalles zu.

Wer von einem Unfallversicherer Leistungen beanspruchen will, muss nicht strikt beweisen, jedoch «glaubhaft» dartun können, was beim Unfall passiert ist. Er muss eine plausible und überzeugende Schilderung des Unfallhergangs liefern können. Einen strikten Zeugenbeweis braucht es nicht.

**Ein Tip**

In manchen Fällen kann nicht sofort bewiesen werden, dass ein Unfall oder eine Berufskrankheit vorliegt. Dann empfiehlt es sich, den Fall bei der Krankenkasse *und* beim Unfallversicherer anzumelden. Solange die Abklärungen nicht abgeschlossen sind, ist die Kasse *vorleistungspflichtig,* sie hat also für die Spital- und Arztkosten etc. aufzukommen.

## Berufskrankheiten

Den Unfällen gleichgestellt sind Berufskrankheiten, die ausschliesslich oder vorwiegend durch *schädigende Stoffe oder schädigende Arbeiten* verursacht werden. Offiziell werden pro Jahr nur 4000 Fälle registriert; die Dunkelziffer dürfte jedoch hoch sein.

### Staublunge, Malaria, Hitzschlag

Unter vielen anderen werden folgende Erkrankungen, die durch *bestimmte Arbeiten* verursacht werden, entschädigt: Sehnenscheiden entzündung, Gehörschädigungen infolge Lärm, Hitzschlag und Sonnenbrand (in der Freizeit *nicht* als Unfall versichert!), Staublungen (wer mit Aluminium, Silikat, Graphit, Quarzstaub oder Staub von Hartmetallen gearbeitet hat), gewisse Hautkrebse, Infektionskrankheiten in Spitälern. Ferner: Gelbfieber, Malaria, wenn ein Arbeitnehmer wegen eines berufsbedingten Auslandaufenthaltes ausserhalb Europas daran erkrankt.

Auf einer Liste mit 114 Positionen werden die gefährlichen *Stoffe* (soweit sie bekannt sind) aufgeführt. Darunter befinden sich: Asbeststaub, Blei, Brom, Chlor, Formaldehyd, Quecksilber.

■ **Nicht versichert sind dagegen Magengeschwüre, andere Stresserscheinungen und Herzinfarkte. Nicht versichert sind auch viele Abnützzungserkrankungen, z. B. verursacht durch häufiges Heben von schweren Lasten.**

### «Überwiegend wahrscheinlich»: ein gesetzliches Schlupfloch

Auch wenn Stoffe oder Arbeiten zu Berufserkrankungen führen, die nicht auf der Liste aufgeführt sind, kann der Kranke entschädigt werden, wenn er nachweist, dass seine Beschwerden ausschliesslich oder zum stark überwiegenden Teil durch die berufliche Tätigkeit entstanden sind. Der Betroffene kann nur auf Leistungen hoffen, wenn ein Gutachter *eine mindestens 75prozentige Wahrscheinlichkeit* konstatiert, die für eine Berufskrankheit spricht. Und hier liegt der Haken: Damit der Unfallversicherer überhaupt von einem Berufskrebs erfährt, *muss in erster Linie der Hausarzt daran denken,* dass eine berufliche Schädigung im Spiel sein könnte. Versagt diese Schaltung im Gehirn des Mediziners — der ja praktisch keine Ausbildung in Arbeitsmedizin genossen hat —, ist die Spur verloren. Der Fall erscheint nicht in der Berufskrankheitsstatistik und wird einfach über die Krankenkasse laufen gelassen, wo der Mitarbeiter meistens schlechter versichert ist.

Selbst wenn der Arzt richtig schaltet und den Erkrankten dem Unfallversicherer anmeldet, heisst das noch lange nicht, dass es dem Kranken gelingt, darzutun, seine Beschwerden seien ausschliesslich oder zum stark überwiegenden Teil durch die berufliche Tätigkeit entstanden. *Fast unmöglich ist der Beweis dann, wenn ein Mitarbeiter mit einem neuen gefährlichen Stoff gearbeitet hat, der zu einer neuen Krankheitsform führt (Berufskrebs!). Gelingt der Beweis, ist es für manchen Geschädigten bereits zu spät.*

---

Verschiedene Beratungsstellen arbeiten in solchen Fällen mit Ärzten, die bei den schwierigen Abklärungen den Patienten zur Seite stehen (siehe Anhang). Man sollte sich jedenfalls *nicht* auf den Unfallversicherer verlassen, da ohne eigene Initiative der Fall meist einfach bei der Krankenkasse landet.

---

## Unfallmeldung sofort verlangen!

Der Verunfallte oder seine Angehörigen haben dem Arbeitgeber einen Unfall unverzüglich zu melden, der den Vorfall sofort an den Versicherer weiterzuleiten hat (Unfallmeldung).

Leider wird diese Unfallmeldung dem Verunfallten nicht automatisch ausgehändigt. **Er oder seine Angehörigen sollten sofort eine Kopie dieser Meldung vom Arbeitgeber oder der Unfallversicherung verlangen.** Der Arbeitgeber hat darin nämlich den jüngst erzielten Lohn anzugeben. Es ist denkbar, dass dabei nicht alle Lohnbestandteile erwähnt werden, so dass dem Arbeitnehmer zu geringe Leistungen bezahlt werden.

161

■ Hat der Arbeitgeber beispielsweise berücksichtigt, dass dem Verunfallten alle fünf Jahre ein Dienstaltersgeschenk in Höhe von Fr. 5000.− ausgerichtet wurde?

■ dass er eine Anerkennungsprämie für Verbesserungsvorschläge erhalten hat?

■ dass er Trinkgelder oder

■ eine jährliche Gratifikation bezieht?

Ist der Unfall auf ein Verschulden eines anderen Mitarbeiters oder des Arbeitgebers zurückzuführen, kann der Arbeitnehmer unter Umständen *weitere Ansprüche* gegenüber seinem Kollegen oder seinem Brotgeber stellen (s. Seite 187).

**Die entsprechende Untersuchung wird vom Arbeitgeber meist nicht eingeleitet!** Auf seinem Unfallmeldeformular steht zwar die Frage: «Untersuchung erwünscht?» Nur selten wird er diese Frage jedoch mit «ja» beantworten, da er damit vielleicht eine Untersuchung gegen sich selbst riskieren würde.

**Deshalb müssen der Verletzte oder seine Angehörigen das Heft selbst in die Hand nehmen.**

Neunzig Prozent der Fälle werden anstandslos übernommen. Bei zehn Prozent werden weitere Abklärungen getroffen und Ärzte eingeschaltet. Bei der SUVA sind es häufig die Kreisärzte, feste Angestellte der SUVA, bei privaten Versicherungsgesellschaften sind es Privatärzte. Vor allem bei schweren Verletzungen mit möglicherweise bleibenden Folgen sollte rasch ein Anwalt und ein medizinischer Spezialist beigezogen werden, die sich auf die Seite des Patienten stellen. Denn die Höhe der Versicherungsleistungen hängt schliesslich häufig vom Urteil des Arztes ab. Je nach Arzt kann es natürlich sehr unterschiedlich ausfallen. Allerdings kann man nicht ohne weiteres damit rechnen, dass diese Arzt- und Anwaltskosten von der Unfallversicherung übernommen werden.

Aufpassen heisst es für den Verunfallten auch, wenn bereits ein gespanntes Verhältnis zwischen Arbeitgeber und Verunfalltem herrscht oder der Unfall nicht eindeutig rekonstruiert werden kann. **Nicht selten kommt es vor, dass der Arbeitgeber sich misstrauisch oder abschätzig äussert, ohne dass der Verunfallte davon zunächst erfährt.** Es ist in solchen Fällen wichtig, dass er immer wieder Einsicht in seine Akten verlangt.

# Die Versicherungsleistungen gemäss UVG (Überblick)

| A. | Pflegeleistungen und Kostenvergütungen (Art. 10 bis 14 UVG) |
|---|---|

**Heilbehandlung** (Art. 10 UVG)
- durch Arzt, Zahnarzt, med. Hilfsperson, Chiropraktiker
- in der allgemeinen Abteilung eines Spitals einschliesslich Unterkunft und Verpflegung
- Nach- und Badekuren
- Heilmittel/Heilgegenstände
- Hauspflege

**Hilfsmittel** (Art. 11 UVG)
zum Ausgleich körperlicher Schädigungen oder Funktionsausfälle (Prothesen, Hörgeräte),
ausgenommen Mittel, welche die IV zur beruflichen Wiedereingliederung zur Verfügung stellt

**Sachschäden** (Art. 12 UVG)
Ersatz unfallmässig beschädigter Sachen, die einen Körperteil oder eine Körperfunktion ersetzen (Brillen-, Zahnprothesen- und Hörgeräteersatz erfolgt nur bei Vorliegen einer behandlungsbedürftigen Körperverletzung)

**Reise-, Transport- und Rettungskosten** (Art. 13 UVG)
bei medizinischer Notwendigkeit (im Ausland: Begrenzung auf ⅕ des versicherten Höchstverdienstes von zur Zeit Fr. 69 600.– pro Jahr.)

**Leichentransport- und Bestattungskosten** (Art. 14 UVG)
- Leichentransportkosten: notwendige Kosten bis Bestattungsort
(Transporte zu Bestattungsort im Ausland oder über die Landesgrenzen: Begrenzung auf ⅕ des versicherten Höchstverdienstes)
- Bestattungskosten: bis max. 7facher Höchstbetrag des versicherten Tagesverdienstes

| B. | Geldleistungen (Art. 15 bis 35 UVG) |
|---|---|

**Taggeld** (Art. 16 UVG)
- bei voller oder teilweiser Arbeitsunfähigkeit ab drittem Tag nach Unfall

- bei voller Arbeitsunfähigkeit: 80% des versicherten Verdienstes
- bei teilweiser Arbeitsunfähigkeit: entsprechende Kürzung
- während Aufenthalt in Heilanstalten erfolgt Abzug für Unterhaltskosten je nach Zivilstand usw. des Versicherten

**Invalidenrenten** (Art. 18 bis 23 UVG)
- bei voraussichtlich dauernder Erwerbsunfähigkeit oder für längere Zeit beeinträchtigter Erwerbsfähigkeit
- bei voller Erwerbsunfähigkeit: 80% des versicherten Verdienstes
- bei teilweiser Erwerbsunfähigkeit: entsprechende Kürzung
- bei gleichzeitigem Anspruch auf IV/AHV-Rente wird Komplementärrente* gewährt
    * Differenz zwischen 90% des versicherten Verdienstes und der IV/AHV-Rente, maximal aber der Invaliditätsansatz

**Integritätsentschädigung** (Art. 24 und 25 UVG)
(einmalige Kapitalleistung)
- bei dauernder erheblicher Schädigung der körperlichen oder geistigen Integrität
- maximale Entschädigung: Höchstbetrag des versicherten Jahresverdienstes

**Hilflosenentschädigung** (Art. 26 und 27 UVG)
- bei dauernd notwendiger Hilfeleistung für alltägliche Lebensverrichtungen oder persönliche Überwachung infolge der vorhandenen Invalidität
- pro Monat mindestens 2facher und maximal 6facher höchstversicherter Tagesverdienst

**Hinterlassenenrenten** (Art. 28 bis 33 UVG)
bei Tod des Versicherten
Anspruch
- Witwe/Witwer
  (je nach Alter etc.)      40%
- Halbwaisen               15%   } max. 70%
- Vollwaisen               25%                  } max. 90%
- geschiedener
  Ehegatte max.            20%

Bei gleichzeitigem Bestehen von IV/AHV-Rente: Anspruch auf Komplementärrente bis maximal 90% des versicherten Verdienstes

Quelle: «Schweizerischer Versicherungs-Kurier» 1981

## Pflegeleistungen und Kostenvergütungen

HEILUNGSKOSTEN

**Der Unfallversicherer hat *sämtliche Kosten der Heilbehandlung* zu übernehmen.** Der Patient kann seinen Arzt frei wählen und hat, im Gegensatz zum Krankheitsfall, *keinen Selbstbehalt zu bezahlen.* Voll versichert ist er nur für die allgemeine Abteilung bei Spitalaufenthalten. Verunfallt er im *Ausland,* zahlt die Unfallversicherung höchstens den doppelten Betrag für die Heilungskosten, die dem Verunfallten in der Schweiz erwachsen würden. Für den Durchschnittsschweizer genügt dieser Versicherungsschutz. Mit praktisch allen Ländern Europas hat die Schweiz ein Abkommen über soziale Sicherheit geschlossen. Danach hat der Verunfallte jeweils Anspruch darauf, zum jeweiligen Sozialversicherungstarif des Landes behandelt zu werden. Nur wer über den amerikanischen Kontinent reist (sei es beruflich oder ferienhalber) riskiert, eine sehr hohe Spitalrechnung präsentiert zu erhalten.

Bezahlt wird von der Unfallversicherung auch eine *Hauspflege* durch Fachpersonal und *ärztlich angeordnete Badekuren.* Selbstverständlich übernimmt der Unfallversicherer auch den *Zahnarzt* und den *Chiropraktiker.*

Ausnahmsweise werden auch Reisespesen und ein Teil des Lohnausfalles von Verwandten und Bekannten bezahlt, die als Hauspflege fungieren und sich für diese Betreuung eignen; eine gute Idee steckt dahinter.

**Ein Anspruch auf medizinische Behandlung besteht allerdings nur so lange, als von der Behandlung mit einer gewissen Wahrscheinlichkeit eine Besserung des Gesundheitszustandes zu erwarten ist.** Andauernde Schmerzen ändern daran nichts. Diese geben dem Versicherten keinen Anspruch auf Fortsetzung der Therapie, da es nicht seine Sache sei, den Erfolg von Behandlungsmassnahmen zu beurteilen: so die Gerichtspraxis.

Der Verunfallte kann auch keine komplizierte, riskante und kostspielige Operation verlangen, um einen medizinisch geringfügigen Defektzustand (z. B. Restfolgen einer Verletzung am rechten Zeigefinger) zu beheben. Eine solche Operation wird als unwirtschaftlich qualifiziert, und es ist Sache des Verunfallten, die Kosten dafür selbst zu tragen.

Ist der Fall eines Verunfallten medizinisch abgeschlossen worden und erhält er für eine zurückbleibende Invalidität eine Rente, kann er, wenn Spätfolgen auftreten, sich jederzeit an seine Unfallversicherung wenden und weitere Leistungen beanspruchen.

REISE-, TRANSPORT- UND BESTATTUNGSKOSTEN

Reise- und Transportkosten werden in der Schweiz voll, im Ausland bis zum Maximalbetrag von zur Zeit Fr. 13 920. — ( = ⅕ des maximal versicherten Jahresverdienstes) übernommen. Wer sich beim Tennisspielen auf Bali einen Sehnenriss zuzieht, kann also nicht einfach die Schweizerische Rettungsflugwacht einfliegen lassen und darauf bauen, dass der Heimflug in die Schweiz von der Unfallversicherung übernommen wird. Bezahlt werden in diesem Fall nur die *unfallbedingt notwendigen Fahrten* ins Spital (d. h. ins nächste Spital auf Bali!), zum Arzt, zur Therapie, zur Untersuchung oder zur Kur.

Grundsätzlich werden nur die Auslagen für das preisgünstigste, jedoch dem Verletzungszustand genügende Transportmittel entschädigt. Soweit als möglich sind daher immer die öffentlichen Verkehrsmittel zu benutzen, sonst wird eine Kilometerentschädigung ausgerichtet, eventuell auch das Taxi bezahlt.

Leichenbergungs-, -transport- und Bestattungskosten werden übernommen. Die Entschädigung für die Bestattungskosten beträgt zur Zeit Fr. 1337. — ( = das Siebenfache des Höchstbetrages des versicherten Tagesverdienstes).

SACHSCHÄDEN

*Brillen, Hörapparate* und *abnehmbare Zahnprothesen* werden nur ersetzt, wenn zugleich eine entsprechende behandlungsbedürftige Verletzung vorliegt: Wenn also ein Arzt oder Samariter wegen einer Augenverletzung bemüht werden muss oder angesichts der Verletzung deren Beizug zumindest angezeigt gewesen wäre, zahlt die Versicherung die zerschlagene Brille.

## Für den Lohnausfall wird ein Taggeld bezahlt

**Das Taggeld ist ein fixer Betrag für jeden Kalendertag, also auch für jeden Sonn- und Feiertag.**

Der Verunfallte erhält 80% des versicherten Verdienstes (das ist der letzte, vor dem Unfall bezogene Bruttolohn einschliesslich noch nicht ausbezahlte Lohnbestandteile, auf die ein Rechtsanspruch besteht, z. B. 13. Monatslohn, Ferienanteil, jahrelang und vorbehaltlos ausbezahlte Gratifikation, Dienstaltersgeschenk, Kost und Logis etc.).

Der so errechnete Bruttolohn wird auf ein volles Jahr umgerechnet. Maximal versichert ist ein Jahresverdienst von Fr. 69 600. —; 80% davon ergibt pro Tag maximal Fr. 153. —. Ab 1. Januar 1987 gelten folgende Ansätze: Fr. 81 600. —/Fr. 224. —.

> **Der Anspruch auf ein Unfalltaggeld entsteht erst am 3. Kalendertag nach dem Unfalltag.** Der Lohn für die ersten Tage ist vom Arbeitgeber zu 80% zu übernehmen (Obligationenrecht 324 b). Sozial fortschrittliche Betriebe haben in Einzel- oder Gesamtarbeitsverträgen im übrigen eine grosszügigere Lösung für ihre Mitarbeiter getroffen, als das Gesetz verlangt: Bezahlt werden häufig 90 oder gar 100% des bisherigen Lohnes für die Dauer der Heilbehandlung.

EINE REGELUNG MIT ZAHLREICHEN AUSNAHMEN!

Folgende *Sonderfälle* sind zu beachten:

■ Ist der Versicherte als *Ganzarbeitsloser* verunfallt, ist der am letzten Arbeitsplatz bezahlte Lohn für die Berechnung des Taggeldes massgebend. Immerhin darf das Taggeld der Unfallversicherung das der Arbeitslosenversicherung nicht übersteigen.

■ War der/die Verunfallte bereits *krank,* bereits *verunfallt,* im *Militär* oder bestand *Schwangerschaft* respektive *Kindbett* oder war er/sie auf Kurzarbeit gesetzt, ist der Lohn massgebend, der *ohne* den betreffenden Umstand erzielt worden wäre.

■ Sind grosse *Lohnschwankungen* zu verzeichnen, wird auf einen angemessenen Durchschnittslohn während der letzten drei Monate abgestellt.

■ Arbeitet der Verunfallte für *mehrere Arbeitgeber gleichzeitig,* so ist das Total der bei allen Arbeitgebern erzielten Löhne für die Berechnung massgebend.

■ Steht der Verunfallte in *Ausbildung* (auch der 55jährige, der sich umschulen lässt!), erhält er als Volljähriger pro Tag mindestens Fr. 31.−, als Minderjähriger mindestens Fr. 16.−. Dieses Taggeld entspricht 20 bzw. 10% des maximalversicherten Taggeldes und wird auch dann bezahlt, wenn der in Ausbildung Begriffene tatsächlich weniger oder praktisch nichts verdient.

■ In *langdauernden Fällen* kann das Taggeld *erhöht* werden. Würde der Verunfallte nämlich ohne Unfall mehr verdienen (z. B. wegen Arbeitszeitverlängerung im Sommer oder Umstellung von Halb- auf Ganztagsarbeit), kann er nach drei Monaten eine Neubestimmung des Lohnes auf der neuen Grundlage verlangen. Er muss beweisen, dass er nun einen um mindestens 10% höheren Lohn erhalten würde, wenn er nicht verunfallt wäre.

■ Könnte der Verunfallte beispielsweise zu 50% arbeiten, hat der Arbeitgeber jedoch *keinen solchen Arbeitsplatz* zur Verfügung, so wird dem Versicherten weiterhin das volle Taggeld bezahlt. Denn ein Stellenwechsel ist unzumutbar. Dennoch, der Druck auf den Verunfallten ist in solchen Fällen nicht selten enorm: Die Kündigung droht, und die Unfallversicherer und gewisse Ärzte schicken den Patienten zu früh zur Arbeit.

■ Hat der Verunfallte den Unfall *grobfahrlässig* herbeigeführt, wird das Taggeld gekürzt (siehe Seite 181).

■ Das Taggeld wird reduziert, wenn sich der Verunfallte im Spital oder einer Heilanstalt aufhält, für die der Unfallversicherer zahlt. Dies wird damit begründet, dass durch den Spitalaufenthalt, der voll übernommen wird, weniger Unkosten für das Essen etc. anfallen. Es gelten folgende *Kürzungssätze:*
Für Alleinstehende ohne Unterstützungspflicht: 20% (höchstens Fr. 20.—)
Keine Reduktion erfolgt, wenn der Verunfallte verheiratet ist und minderjährige Kinder hat.
10% wird in den übrigen Fällen abgezogen (Verheiratete ohne Kinder oder unterstützungspflichtige Alleinstehende).

■ Die Taggelder werden nur so lange bezahlt, als eine *namhafte* Besserung des Gesundheitszustandes zu erwarten ist. *Es genügt nicht, dass durch die medizinischen Massnahmen eine unbedeutende Verbesserung erzielt wird oder eine Besserung bloss möglich erscheint!* Ist keine medizinische Besserung zu erwarten, wird der Fall abgeschlossen, das heisst: Entweder stellt der Unfallversicherer seine Leistungen ein, oder er bezahlt eine Rente (siehe unten ) oder/und eine Integritätsentschädigung (siehe Seite 174).

Ungeduldig, weil das Geld auf sich warten lässt?

In der Regel zahlt der Arbeitgeber die Taggelder als Vorschuss aus, doch erst dann, wenn der Unfallversicherer grünes Licht erteilt hat. Der Arbeitgeber rechnet nachher mit dem Versicherer ab. Will der Betrieb die Taggelder nicht selber auszahlen, bezahlt der Unfallversicherer dem Verunfallten das Taggeld direkt.

Ist nicht sofort klar, ob ein versicherter Unfall vorliegt, muss sich der Versicherte gedulden. Dass die Ungeduld in solchen Fällen von Tag zu Tag steigt, vor allem dann, wenn keine finanziellen Reserven vorhanden sind, ist klar. Bedauerlich ist, dass die Versicherten in solchen Fällen oft einen viel zu teuren Kleinkredit aufnehmen, statt sich mit dem Arbeitgeber abzusprechen oder allenfalls einen *Vorschuss* bei der zuständigen Fürsorgebehörde (siehe Anhang) zu verlangen.

## Invalidenrente

**Der Invaliditätsgrad wird durch den nach dem Unfall eingetretenen Erwerbsausfall bestimmt.** Dazu werden die beiden möglichen Berufskarrieren des Verunfallten verglichen: eine Karriere *ohne* das Unfallereignis und eine, die durch den Unfall geprägt ist. Der Invaliditätsgrad (und damit die *Rentenhöhe*) entspricht der Differenz zwischen dem, was der Invalide mit und ohne Unfall verdient hätte bzw. verdienen wird.

Abgestellt wird dabei zwar auf den konkreten Fall, doch wird danach gefragt, wie ein *Durchschnittsschweizer* in der gleichen Lage seine Arbeitskraft verwerten könnte. Die älteren, kurz vor der Pensionierung stehenden Invaliden, welche ihre noch verbleibende Arbeitsfähigkeit nicht mehr verwerten möchten oder können, werden gar (zu ihren Ungunsten) mit Fünfundvierzigjährigen und deren Verdienstmöglichkeiten verglichen!

Massgebend ist sodann eine «ausgeglichene Arbeitsmarktlage». Auf Konjunkturschwankungen wird zuwenig Rücksicht genommen. Doch in Zeiten der Hochkonjunktur finden auch Schwerinvalide eine Stelle. Sobald aber die Wirtschaftslage sich verschlechtert und die Arbeitgeber unter mehreren Bewerbern wählen können, bleiben die Invaliden auf der Strecke. Die wirtschaftlichen Auswirkungen der Invalidität sind ja genau die, dass der Verunfallte *bei der Stellensuche benachteiligt ist,* er es also schwieriger hat, eine Stelle zu finden, als ein Gesunder. *Aber gerade dieser Umstand wird mit der Rentenregelung in unserem Land zuwenig berücksichtigt.*

OHNE LOHNEINBUSSE: KEINE RENTE

**Bezieht ein Verletzter *trotz Unfallfolgen* den gleichen Lohn wie vor dem Unfall und entspricht dieser Lohn seinen Leistungen, wird keine Invalidenrente zugesprochen.** Nur wenn ein *Soziallohn* bezahlt wird (wenn der Arbeitgeber also den Verunfallten zu einem Freundschaftssalär «durchzieht»), kann der Verunfallte eine Rente beanspruchen. Der Invalide ist allerdings dafür beweispflichtig, dass ihm ein Sozial- und kein Leistungslohn bezahlt wird.

Wer bei einem Unfall das Geruchsvermögen verliert, erhält in der Regel keine Invalidenrente. *Grund:* Ein Schlosser etwa kann auch ohne Geruchssinn genau so leistungs- und entwicklungsfähig sein wie zuvor. *Ist der Verunfallte aber Koch oder Kellermeister, darf er auf eine Rente hoffen, denn in diesen Berufen wird er keine gleichwertige Beschäftigung finden.*

> Wer als Lohnbuchhalter bei einem Nichtberufsunfall, also z. B. bei einem schweren Bergunfall, ein Bein verloren hat, ist nach erfolgter Heilung mit guter Prothese weiterhin voll «bürofähig» und darf sich deshalb keine Rente erhoffen. *Trifft gleiches Ungemach etwa einen Förster, ist dieser beruflich schwer handicapiert,* was zu einer *Unfall-Rente* führen wird.

## Wann wird die Rente festgesetzt?

**Erst wenn die medizinische Behandlung abgeschlossen und allfällige berufliche Wiedereingliederungsmassnahmen der Invalidenversicherung abgeschlossen sind!** Da die Invalidenversicherung häufig längere Zeit braucht, um Abklärungen vorzunehmen, zahlt der Unfallversicherer bis zum definitiven Entscheid eine provisorische Rente aus.

## Verlust eines «paarigen Organs»

Verlor früher ein Versicherter ein sogenanntes paariges Organ, also ein Auge oder ein Ohr, durch einen Unfall, wurde er früher von der Versicherung für das Risiko entschädigt, *auch das zweite Organ zu verlieren* und dadurch stark handicapiert zu werden. Heute ist das anders.

> Giovanni Milesi wurde bei einem Sprengunfall auf dem rechten Ohr taub und erhielt von der SUVA für diesen Schaden eine monatliche Rente von nur Fr. 300.—. Er kehrte nach Italien zurück und war dort *nicht mehr gegen Unfall versichert.* Bei einem Autounglück verlor er auch noch das Gehör des andern Ohrs. Den Autounfall hatte er allein verschuldet, so dass ihm keinerlei Haftpflichtversicherungsansprüche zustanden. Dennoch erhöhte die SUVA ihre Rente, und zwar so, dass Milesi nun für die volle Ertaubung entschädigt wurde und eine Rente von Fr. 1500.— erhielt.

■ Nach dem *jetzigen* Unfallversicherungsgesetz wird das Risiko so entschädigt, dass beim Verlust des *zweiten* Organs der Unfallversicherer für den *ganzen Schaden* haftet: Selbst dann, wenn nur der erste oder nur der zweite Verlust versichert ist. Führt beispielsweise ein einfacher Augenverlust nicht zu einer Erwerbseinbusse, ist überhaupt keine Rente geschuldet.

■ *Ausserdem erhält der Verunfallte eine Integritätsentschädigung* von 30% (siehe Seite 174). Wenn er das zweite Auge verliert, wird die

Integritätsentschädigung um 70% auf 100% aufgestockt, *und der Verunglückte erhält in der Regel eine volle Invalidenrente.*

Ab Rentenbeginn fallen Taggeldleistungen und in der Regel auch die Heilbehandlung dahin (weil diese zu dem Zeitpunkt zumeist abgeschlossen ist).

■ Bei Vollinvalidität beträgt die Invalidenrente der obligatorischen Unfallversicherung 80% des versicherten Verdienstes, höchstens jedoch 80% von Fr. 69 600.—.

■ Wenn der Versicherte wegen seiner Invalidität für die täglichen Lebensverrichtungen (insbesondere zuhause) dauernd der Hilfe eines Dritten bedarf oder persönlich überwacht werden muss, wird eine *Hilflosenentschädigung* gewährt. Sie wird nach dem Grad der Hilflosigkeit bemessen. Der monatliche Betrag kann zwischen dem Zwei- und dem Sechsfachen des Höchstbetrages des versicherten Tagesverdienstes liegen (Fr. 382.— bei leichter, Fr. 764.— bie mittelschwerer und Fr. 1146.— bei schwerer Hilflosigkeit).

Erhält der Verletzte eine solche Unfall-Hilflosenentschädigung, kann er die entsprechende AHV/IV-Entschädigung nicht zusätzlich beanspruchen.

### Wie wird die Rente berechnet?

Massgebend ist der innerhalb eines Jahres vor dem Unfall bezogene Lohn. Davon wird bei Vollinvalidität 80% bezahlt. Hat der Versicherte im Jahre vor dem Unfall wegen Militär- oder Zivilschutzdienst, Unfall, Krankheit, Mutterschaft, Arbeitslosigkeit oder Kurzarbeit einen verminderten Lohn bezogen, so wird der versicherte Verdienst nach dem Lohn festgelegt, den er *ohne* diese Salärminderungen erzielt hätte.

### Bei gleichzeitigen AHV- und IV-Leistungen: Keine volle Rente der Unfallversicherung!

(siehe Kapitel «Invalidenversicherung IV», Seite 57)

Hat der Versicherte gleichzeitig Anspruch auf eine Invalidenrent der IV oder auf eine Rente der AHV, erhält er von der obligatorischen Unfallversicherung nur eine Komplementär-, das heisst eine Ergänzungsrente. Diese kann zusammen mit der IV- bzw. AHV-Rente bei Vollinvalidität höchstens 90% des versicherten Verdienstes betragen.

Wenn der nach dem Unfall und der Heilbehandlung festgestellte Invaliditätsgrad unter 50% liegt, so erhält der Versicherte nur von der obligatorischen Unfallversicherung eine Rente, *da die IV in der*

*Regel keine Rentenleistungen erbringt, wenn der Invaliditätsgrad unter 50% liegt* (eine Gesetzesänderung ist in Vorbereitung).

Die Komplementärrente wird beim erstmaligen Zusammentreffen der erwähnten Renten festgesetzt. Später wird sie nur noch den Änderungen der für die Familienangehörigen bestimmten Teile der Rente der IV oder AHV angepasst (z. B. wenn die Kinderrenten oder die Zusatzrente für die Ehefrau dahinfallen).

---

Wie wird die Komplementärrente berechnet?
Herr Inderbitzin wird nach einem Unfall zeitlebens an den Rollstuhl gebunden und zu 100% erwerbsunfähig sein. Er hatte mit 1,8‰ Alkohol im Blut am Steuer einen Selbstunfall verursacht, weshalb die Leistungen der Unfallversicherung um 30% gekürzt wurden. Ausserdem erhielt er eine ganze einfache Rente von der Invalidenversicherung in der Höhe von Fr. 1240.– pro Monat.

---

Die Berechnung erfolgt in zwei Schritten. In einem ersten Schritt muss der Rentenbetrag berechnet werden, der ohne Zusammentreffen mit einer Rente der AHV/IV geschuldet wäre. (Dabei sind allfällige Kürzungen vorerst auszuklammern.) Das ergibt den *Höchstanspruch*.

Im zweiten Schritt muss sodann die Komplementärrente berechnet werden. Diese ist geschuldet, wenn sie *kleiner* ist als der Höchstanspruch. Ist sie grösser, gelangt der Höchstanspruch zur Auszahlung.

---

In unserem Fall beträgt der *Höchstanspruch* bei Vollinvalidität 80% des versicherten Jahresverdienstes von Fr. 40 000.–. Das sind Fr. 32 000.– pro Jahr oder Fr. 2666.65 pro Monat.

Die *Komplementärrente* darf zusammen mit der Leistung der IV höchstens 90% des versicherten Jahresverdienstes betragen, das heisst Fr. 36 000.– pro Jahr

| | |
|---|---|
| oder pro Monat | Fr. 3000.– |
| abzüglich Rente der IV: | Fr. 1240.– |
| Die Komplementärrente beträgt | Fr. 1760.– |

Da diese kleiner ist als der Höchstanspruch, ist diese Komplementärrente geschuldet.

| | |
|---|---|
| Vom Betrag von | Fr. 1760.– |
| kommt die Kürzung von 30% in Abzug | Fr. 528.– |
| Es verbleiben | Fr. 1232.– |

Das Beispiel zeigt: die Berechnung ist kompliziert, und ihre Überprüfung bedarf häufig der Beiziehung einer der im Anhang angegebenen Beratungsstellen. Erschwert wird die Berechnung in zahlreichen Sonderfällen:

■ Wurde einem Verunfallten bereits vor dem Unfall eine IV-Rente gewährt, so darf diese für die Komplementärrentenberechnung überhaupt nicht berücksichtigt werden, wenn ihre Höhe gleich bleibt. Nur die durch den neuen Unfall bedingte *Erhöhung* darf berücksichtigt werden.

■ Zahlt die IV für Ehefrau und Kinder eine Zusatzrente, muss diese voll in die Berechnung der Komplementärrente einbezogen werden. Wird jedoch als Folge eines Unfalls eine Ehepaarrente ausgerichtet, z. B. weil der andere Ehepartner bereits früher invalid geworden ist, so werden dem verunfallten Ehegatten nur zwei Drittel der Ehepaarrente angerechnet.

■ Nicht in die Berechnung der Komplementärrente müssen schliesslich einbezogen werden: die Teuerungszulagen auf den Unfall-Renten, Renten der Militärversicherung, der effektive oder zumutbare Verdienst des Teilinvaliden oder die Erhöhung der AHV/IV-Renten als Folge einer Gesetzesrevision.

Der gewöhnlich sterbliche Verunfallte und so mancher Anwalt dürften beim Rentenausrechnen ihre liebe Mühe haben . . .

## Erhöht, gekürzt, aufgehoben

Wenn sich der Invaliditätsgrad eines Rentenbeziehers erheblich ändert, wird die Rente entsprechend erhöht, gesenkt oder aufgehoben. **Nach dem Monat, in dem die Männer 65, die Frauen 62 werden, kann die Rente nicht mehr abgeändert werden.**

## Psychische Unfallschäden werden zuwenig ernst genommen!

In der Folge von Unfällen entstehen gelegentlich *Neurosen*. Das sind Krankheitserscheinungen, denen die anatomisch fassbare Grundlage fehlt. Ein Arm scheint beispielsweise völlig gelähmt, obschon die Muskulatur und die Nerven durchaus intakt sind. Das regelwidrige Funktionieren des an sich intakten Apparates geht von der Psyche aus. Diese Neurosen sind scharf zu unterscheiden von der Simulation, also von der bewussten Vortäuschung von Krankheitserscheinungen oder der Übertreibung von Beschwerden. Nicht selten kommen eigentliche seelische Reaktionen auf das Unfallerlebnis vor *(Unfall-Neurose)*, weil ein Patient mit den körperlichen, seelischen oder wirtschaftlichen Folgen eines Unfalls oder einer Berufskrankheit nicht fertig wird.

Die *Unfallneurose* wird unter gewissen Umständen ebenso entschädigt wie die *Behandlungsneurose*. (Das sind die durch fehlerhafte medizinische oder rechtliche Behandlung des Unfalles entstandenen psychischen Beschwerden des Verletzten.) Kein Geld gibt es für die sogenannten *Begehrungs-Neurosen,* d. h. den meist unbewussten Wunsch, Versicherungsleistungen zu erhalten.

Leidet ein Versicherter an einer Unfall- oder Behandlungsneurose und kann aus der Art des Unfalles und aus dem Verhalten des Versicherten geschlossen werden, dass er durch eine *einmalige* Abfindung wieder erwerbsfähig wird, hören die bisherigen Leistungen auf, **und der Versicherte erhält eine Abfindung von maximal dem dreifachen Betrag des versicherten Jahresverdienstes.** Diese Abfindung muss insbesondere bei Versicherten angeordnet werden, die sich von den organischen Unfallfolgen zwar erholt haben, sich aber aus psychischen Gründen gegen die Wiederaufnahme der Erwerbstätigkeit sträuben.

*Die Abfindung soll den Verunfallten von der Versicherung lösen und ihm die Wiedereingliederung in die Erwerbstätigkeit ermöglichen.* Eine *lebenslange* Rente wird nur ausbezahlt, wenn eine ganz eindeutige, allgemeiner Lehrmeinung entsprechende Beurteilung eines Psychiaters vorliegt, die bestätigt, dass die Abfindung ihren Zweck nicht erreichen kann.

Die bisherige Praxis zum Unfallversicherungsgesetz leistet mit der entsprechenden Bestimmung einen völlig ungenügenden Schutz vor Unfall- und Behandlungsneurosen. **In diesen Fällen ist es besonders wichtig, Ärzte und Anwälte einzuschalten; nach Auffassung des «Beobachters» ist die bisherige gesetzliche Regelung und Praxis nicht mehr den Verhältnissen angepasst.** (Vgl. Klaus Foerster, Neurotische Rentenbewerber, Stuttgart 1984)

## Integritätsentschädigung bei dauernden Schäden

**Wird nach einem Unfall der körperliche oder geistige Zustand lebenslänglich stark oder augenfällig beeinträchtigt, so wird eine Integritätsentschädigung in Form einer Geldsumme bezahlt.** Diese ist unabhängig vom Erwerbsschaden (d. h. der Verunfallte erhält sie, auch wenn er keine Lohneinbusse erfährt). Sie beträgt höchstens Fr. 69 600.–. Der Bundesrat hat zur Berechnung der Integritätsentschädigung eine «Gliedertaxe» aufgestellt:

# Skala der Integritätsentschädigungen

| | *Prozent* | *Fr.* |
|---|---|---|
| Verlust von mindestens zwei Gliedern eines Langfingers oder eines Gliedes des Daumens | 5 | 3 480.– |
| Verlust des Daumens der Gebrauchshand im Grundgelenk | 20 | 13 920.– |
| Verlust des Daumens der andern Hand im Grundgelenk | 15 | 10 440.– |
| Verlust der Gebrauchshand | 50 | 34 800.– |
| Verlust der anderen Hand | 40 | 27 840.– |
| Verlust eines Armes im Ellbogen oder oberhalb desselben | 50 | 34 800.– |
| Verlust einer Grosszehe | 5 | 3 480.– |
| Verlust eines Fusses | 30 | 20 880.– |
| Verlust eines Beines im Kniegelenk | 40 | 27 840.– |
| Verlust eines Beines oberhalb des Kniegelenks | 50 | 34 800.– |
| Vollständige Blindheit | 100 | 69 600.– |
| Habituelle (ständig wiederkehrende) Schulterluxation | 10 | 6 960.– |
| Schwere Beeinträchtigung der Kaufähigkeit | 25 | 17 400.– |
| Sehr starke schmerzhafte Funktionseinschränkung der Wirbelsäule | 50 | 34 800.– |
| Paraplegie | 90 | 62 640.– |
| Tetraplegie | 100 | 69 600.– |
| Sehr schwere Beeinträchtigung der Lungenfunktion | 80 | 55 680.– |
| Verlust der Ohrmuschel | 10 | 6 960.– |
| Verlust der Nase | 30 | 20 880.– |
| Skalpierung | 30 | 20 880.– |
| Sehr schwere Entstellung im Gesicht | 50 | 34 800.– |
| Verlust einer Niere | 20 | 13 920.– |
| Verlust der Milz | 10 | 6 960.– |
| Verlust der Geschlechtsorgane oder der Fortpflanzungsfähigkeit | 40 | 27 840.– |
| Verlust des Geruchs- oder Geschmackssinns | 15 | 10 440.– |
| Verlust des Gehörs auf einem Ohr | 15 | 10 440.– |
| Verlust des Sehvermögens auf einer Seite | 30 | 20 880.– |
| Vollständige Taubheit | 85 | 59 160.– |
| Sehr schwere Beeinträchtigung der Nierenfunktion | 80 | 55 680.– |

| | | |
|---|---|---|
| Beeinträchtigung von psychischen Teilfunktionen wie Gedächtnis- und Konzentrationsfähigkeit | 20 | 13 920.– |
| Posttraumatische Epilepsie mit Anfällen oder in Dauermedikation ohne Anfälle | 30 | 20 880.– |
| Sehr schwere organische Sprachstörungen, sehr schweres motorisches oder psycho-organisches Syndrom | 80 | 55 680.– |

(Quelle: «*Unfall — was nun?*», S. 51, Beobachter-Verlag 1984)

Im Gegensatz zur Rente, deren Höhe durch den versicherten Verdienst bestimmt wird, fällt die Integritätsentschädigung also für alle Versicherten gleich hoch aus.

Dieses «Schmerzensgeld» wird wie gesagt auch dann entrichtet, wenn keine Lohneinbusse eintritt, zum Beispiel bei
■ Verlust des Geruchvermögens bei einem Buchhalter
■ Verlust der Milz
■ einseitigem Augenverlust bei optisch geringen Ansprüchen
■ Amputationen bei Menschen mit reinen Büro- und Verwaltungstätigkeiten
■ Narben im Gesicht bei Leuten ohne Publikumskontakt im Beruf.

Bezahlt werden nur Dauerschäden. Keine Entschädigung wird beispielsweise für Schmerzen oder erst nach Jahren abklingende Beschwerden bezahlt. Auch neurotische Störungen werden nicht als dauerhafte Beeinträchtigung der Integrität betrachtet. Hingegen haben Organverluste natürlich Dauercharakter. Die Mindestentschädigung beträgt 5%. Diese wird ausgerichtet, wenn beispielsweise zwei Glieder eines Langfingers oder ein einziges Daumenglied verloren sind. Auch der Verlust einer Grosszehe ergibt 5% Entschädigung. Weder der Verlust einer Kleinzehe noch der Verlust eines Fingergliedes alleine (Ausnahme Daumen) veranlassen eine Integritätsentschädigung.

Auch Fälle, die auf unserer Liste nicht verzeichnet sind, werden entschädigt:

Hans Moser hat schwere Verbrennungsnarben an der linken Körperseite (Hals, Rumpf, Oberschenkel, ca. 30% der Körperfläche) erlitten.

Der Arzt hat nun zu schätzen, wie ein Durchschnittsmensch durch seinen Schaden in seiner Integrität beeinträchtigt wird.

Gemäss Liste wird der Verlust einer Ohrmuschel mit 10% entschädigt, der Verlust der Nase ergibt 30% und die schwere

Entstellung des Gesichts 50% Integritätsentschädigung. Berücksichtigt man diese Listenfälle, so erscheint eine Entschädigung für die schweren Verbrennungen bei Hans Moser in der Höhe von 25% als angemessen: Das ergibt eine Geldsumme in Höhe von Fr. 17 400.− (= 25% von Fr. 69 600.−).

## Vorbestandene Gesundheitsschädigung

**Renten und Integritätsentschädigung werden angemessen gekürzt, wenn die Gesundheitsschädigung oder der Tod eines Verunfallten *nur teilweise* die Folge eines Unfalles sind.**

*Angemessen* heisst, dass die wirtschaftlichen Verhältnisse des Verunfallten mitberücksichtigt werden. Die Kürzung fällt deshalb häufig milder aus, als es die rein medizinische Schätzung erwarten liesse.

Eine vorbestandene Gesundheitsschädigung führt nur dann zu einer Kürzung der Renten, wenn diese Schädigung vor dem Unfall bereits zu einer Verminderung der Erwerbsfähigkeit geführt hatte. Eine Integritätsentschädigung kann dagegen immer gekürzt werden bei vorbestandenen Gesundheitsschäden (dies entgegen dem klaren deutschen Gesetzestext).

Trotz psychischen Schwierigkeiten hatte Rosemarie Berner bisher ganztags arbeiten können. Als sie bei einem Autoselbstunfall eine schwere Halswirbelverletzung erleidet, verschlimmern sich die psychischen Störungen. Eine Kürzung der Abfindung oder der Rente muss sie *nicht* in Kauf nehmen, wenn sie beweisen kann, dass der Unfall geeignet war, eine psychische Schädigung zu bewirken.

## Hinterbliebenenrenten

DAS UNFALLVERSICHERUNGSGESETZ KENNT DIE WITWERRENTE

Stirbt ein Versicherter, kann die Ehefrau wenigstens finanziell von der traurigen Tatsache bei der AHV und der Pensionskasse profitieren. Demgegenüber gehen Witwer bei AHV und Pensionskasse *leer* aus. **Dafür sind im neuen Unfallversicherungsgesetz die Witwer den Witwen wenigstens teilweise gleichgestellt.**

Auch der Ehemann erhält eine lebenslange Hinterlassenenrente, wenn er bei der Verwitwung:
- eigene rentenberechtigte Kinder hat oder
- mit anderen durch den Tod seiner Ehefrau rentenberechtigten Kindern (seinen Stiefkindern, aber auch gemeinsamen Pflegekindern) im gemeinsamen Haushalt lebt oder
- wenn er mindestens zu ⅔ invalid ist oder es binnen zwei Jahren seit dem Tod der Ehefrau wird.

Ein *geschiedener* Ehegatte (Mann oder Frau) ist, sofern der/die Verstorbene ihr/ihm gegenüber zu Unterhaltsbeiträgen verpflichtet worden war, den Verheirateten gleichgestellt. Der Anspruch auf Unterhaltsbeiträge muss durch ein rechtskräftiges Urteil oder eine gerichtlich genehmigte Scheidungskonvention ausgewiesen sein.

### NUR FÜR WITWEN

Nur die Ehefrau erhält eine Witwenrente, wenn sie bei der Verwitwung Kinder hat, die nicht mehr rentenberechtigt sind. Auch die kinderlose Witwe erhält die Witwenrente, wenn sie zum Zeitpunkt des Todes des Ehemannes über 45 Jahre alt ist.

Die kinderlose Witwe, die noch nicht 45 Jahre alt ist, hat nur Anspruch auf eine *Abfindung*. Bei der Dauer der Ehe von weniger als einem Jahr erhält sie den einfachen Jahresbetrag einer Rente. Bei einer Ehedauer von 1 – 5 Jahren erhält sie eine Kapitalabfindung in Höhe von drei Jahresrenten und bei über 5jähriger Ehedauer eine solche von 5 Jahresrenten.

### ERLOSCHENE RENTENANSPRÜCHE KÖNNEN WIEDER AUFLEBEN!

Die Witwenrente wird gewährt, bis die Witwe sich wieder verheiratet. Wird diese neue Ehe aber nach weniger als zehn Jahren wieder geschieden, so *lebt der Rentenanspruch der Witwe auf.* Dasselbe gilt für *Witwerrenten!*

### WAISENRENTE

Kinder, die einen Elternteil durch Unfall verloren haben, erhalten eine *Halbwaisenrente*. Sind beide Elternteile durch Unfall verstorben, so erhalten die Kinder eine *Vollwaisenrente*. Eine solche wird auch dann bezahlt, wenn das Kindesverhältnis *nur* zum verstorbenen Versicherten bestand.

Normalerweise erlischt der Anspruch auf eine Waisenrente mit Vollendung des 18. Altersjahres, und er erlischt bei der Verheiratung verwaister Jugendlicher, und zwar auch *vor* Erreichen des 18. Altersjahres. (Dies im Gegensatz zur AHV-Waisenrente, die dem in Ausbildung stehenden Verheirateten auch nach dem 18. Altersjahr bezahlt wird!) Dauert die Ausbildung länger, so wird der Rentenanspruch bis zu deren Abschluss gewährt, längstens aber bis zum vollendeten 25. Altersjahr oder bis zur Heirat. **Erloschene Waisenrenten leben wieder auf, wenn sich ein Kind nach vorübergehender Berufstätigkeit wieder in Ausbildung begibt.**

Pflegekinder, die zur Zeit des Unfalles unentgeltlich zur dauernden Pflege und Erziehung aufgenommen worden waren, sind den leiblichen Kindern gleichgestellt.

### Wie werden Witwer-, Witwen- und Waisenrenten berechnet?

■ Der Anspruch des hinterbliebenen Ehegatten beträgt 40% des versicherten Verdienstes. Versichert ist der Verdienst, den der Verstorbene innerhalb eines Jahres vor dem Unfall verdient hat (Maximum zur Zeit Fr. 69 600.–).

■ Die Vollwaisenrente bei Tod von Vater *und* Mutter beträgt 25%, die Halbwaisenrente bei Tod von Vater *oder* Mutter beträgt 15% des versicherten Jahresverdienstes.

---

Kurt Widmer, Vater von zwei Kindern, stirbt am 15. August 1985 an den Folgen eines Unfalles, der 14 Tage früher passierte. Er verdiente im Jahr vor dem Unfall insgesamt Fr. 36 000.–.

Seine Witwe erhält 40% von Fr. 36 000.–, also Fr. 14 400.– pro Jahr.

Die Halbwaisenrente beträgt 15%, also Fr. 5400.– pro Kind und Jahr.

---

### Anspruch der geschiedenen Ehefrau

Auch die geschiedene Ehefrau besitzt Anspruch auf eine Hinterlassenenrente, *aber nur, wenn der Getötete zur Zahlung von Unterhaltsbeiträgen verpflichtet war.* Der Rentenanspruch beträgt maximal 20% des versicherten Jahresverdienstes, aber höchstens soviel, wie der Unterhaltsanspruch betragen würde.

---

Kurt Widmer hinterlässt nicht nur eine Frau und zwei Kinder, sondern auch eine geschiedene Ehefrau, der er bisher einen Unterhaltsbeitrag von Fr. 700.– pro Monat oder Fr. 8400.– pro Jahr bezahlen musste. Die geschiedene Ehefrau erhält von der Versicherung nach Widmers Tod maximal 20% des versicherten Jahresverdienstes, also nur noch Fr. 7200.– pro Jahr.

---

Theoretisch haben auch geschiedene Ehemänner einen Anspruch. Aber nur sehr selten werden Frauen im Scheidungsverfahren verpflichtet, ihrem Ex-Gatten Unterhaltsbeiträge zu bezahlen, die Rentenzahlungen auslösen können.

*Alles hat seine Grenzen:* Verunfallt ein 59jähriger, dreimal geschiedener Ehemann, der insgesamt 8 Kinder gezeugt hat, würden die Renten, die insgesamt zu zahlen sind, seinen versicherten Jahresverdienst möglicherweise stark übersteigen, wenn diese Renten nicht herabgesetzt würden. In einem solchen Fall werden die Renten der *Hinterlassenen* gleichmässig auf insgesamt 70% des versicherten Jahresverdienstes herabgesetzt. Werden die Renten für eine oder mehrere *geschiedene Ehefrauen* in die Rechnung mit einbezogen, dürfen die Renten insgesamt 90% des versicherten Verdienstes erreichen.

## Was ist eine Komplementärrente?

Fast immer werden neben den Unfallrenten den Witwen (nie aber den Witwern) auch AHV-Witwen- und Waisenrenten bezahlt. Die Witwe und deren Nachkommen erhalten die volle AHV-Rente sowie eine *Ergänzungsrente der Unfallversicherung,* die sogenannte Komplementärrente. Die Summe der beiden Renten darf maximal 90% des versicherten Verdienstes erreichen.

*Wie wird diese Komplementärrente berechnet?* Ansatz für eine Witwe mit drei Halbwaisen, massgeblicher versicherter Verdienst Fr. 36 000.–:

---

Die vier Personen haben nach Gesetz Anspruch auf 40% (Ehefrau) und je 15% (drei Halbwaisen) des Verdienstes, zusammen jedoch maximal auf 70%. Zunächst müssen also die Rentenansprüche proportional herabgesetzt werden:

| | |
|---|---|
| Die Witwe erhält somit | 32,95% |
| Die Kinder je 12,35% = zusammen | 37,05% |
| Zusammen sind das | 70,0 % oder Fr. 25 200.– |

Nehmen wir nun aber an, die AHV zahle der Witwe Fr. 880.– und den Kindern Fr. 1320.– pro Monat; total also Fr. 2200.– pro Monat oder Fr. 26 400.– pro Jahr.

■ Die *Unfallversicherung* stockt nun die Leistungen der AHV bis zum Betrage von 90% des versicherten Verdienstes auf:

| | |
|---|---|
| 90% des massgeblichen Lohnes: | Fr. 32 400.– |
| AHV-Leistung: | Fr. 26 400.– |

Komplementärrente der Unfallversicherung: Fr. 6000.– pro Jahr oder Fr. 500.– pro Monat.

---

## Renten und Inflation

Ausgleich der Teuerung werden den Bezügern von Invaliden- und Hinterlassenenrenten von der obligatorischen Unfallversicherung Zulagen gewährt.

Die Höhe der Zulagen richtet sich nach dem Landesindex der Konsumentenpreise. Die Anpassung an die Teuerung ist in der Regel alle zwei Jahre vorgesehen.

## Langes Gesicht bei Leistungskürzungen

GROBFAHRLÄSSIGER ALKOHOLGENUSS

**Verantwortungsloses Verhalten des Geschädigten wird mit schmerzlichen Kürzungen des Taggeldes** (der Invaliditäts- und Witwenrenten oder/und der Integritätsentschädigung) **quittiert.** Voll bezahlt werden jedoch immer die Rettungs- und Heilungskosten, es sei denn, der Verunfallte habe den Gesundheitsschaden absichtlich herbeigeführt.

Um 10 bis 20% reduziert werden die Leistungen beispielsweise, wenn der verunfallte Badende die Wartezeit von einer Stunde nach einer Hauptmahlzeit nicht eingehalten hat.

Wer sich stark betrinkt und in der Folge verunfallt, muss mit Kürzungen rechnen.

> Robert Fasler stieg nach einem rauschenden Fest auf das Flachdach seines Hauses, weil ihm übel wurde. Er rutschte auf dem geländerlosen, teilweise mit Schnee bedeckten Dach aus und verletzte sich beim Sturz aus vier Metern. Die Versicherungsleistungen wurden um 30% gekürzt.

ALKOHOL AM STEUER — OHNE SICHERHEITSGURTEN

■ Der Kürzungstarif, der allerdings nicht schematisch angewendet wird, bewegt sich für Lenker von Motorfahrzeugen bei selbstverschuldeten Unfällen in folgendem Rahmen:

> 0,8−1,4 Promille: 10−30% Kürzung
> 1,5−1,9 Promille: 30−50% Kürzung
> 2,0 und mehr Promille: keine Geldleistungen

Keine Kürzung in Kauf nehmen muss der Betrunkene nur dann, wenn der Unfall ausschliesslich auf das Verschulden eines Dritten zurückzuführen ist.

**Nicht nur Alkohol führt im Strassenverkehr zu Kürzungen der Versicherungsleistung:** Übersetzte Geschwindigkeit, abgefahrene Pneus, das Fahren ohne Sicherheitsgurten oder ohne Helm wiegen schwer, sofern Verkehrsregeln grobfahrlässig missachtet werden. Wer mit seinem Motorrad zu schnell in eine gefährliche Kurve fährt und zu Fall kommt, muss vielleicht eine Rentenkürzung von 20% in Kauf nehmen. Ähnliches gilt für den Lenker, der das Stoppsignal übersieht und dadurch einen Unfall verursacht.

Nicht jedes pflichtwidrige Verhalten im Strassenverkehr stellt eine *grobe* Fahrlässigkeit dar. Wenn ein Verkehrsteilnehmer in einer kritischen Situation einmal nicht den Verkehrsregeln entsprechend reagiert, einen Verkehrsablauf nicht richtig voraussieht oder momentan seine Aufmerksamkeit nicht genügend auf alle wesentlichen Vorgänge richtet, kann ihm nicht in jedem Fall grobe Fahrlässigkeit vorgeworfen werden. Nur wenn elementare Verkehrsvorschriften in schwerwiegender Weise verletzt werden, kann die Unfallversicherung zur Rentenkürzung schreiten.

■ Das Nichttragen der Sicherheitsgurte führt in der Regel zu einer Kürzung von 10%, sofern die beim Unfall erlittenen Verletzungen darauf zurückzuführen sind.

■ Wer sich als Mitfahrer einem alkoholisierten Wagenlenker anvertraut und dabei anlässlich eines Unfalles verletzt wird, muss ebenfalls mit einer Kürzung von mindestens 10% rechnen.

### SCHUSS AUF DIE EHEFRAU

■ Der Einbrecher, der mit seinen Fäusten die Glasscheibe der Eingangstüre einschlägt und sich dabei an den Händen verletzt, muss mit einer Kürzung von mindestens 50% rechnen. Bei ganz schweren Verbrechenstatbeständen (etwa wenn der Ehemann absichtlich einen Schuss auf seine Frau abgibt und sich dabei selber schwer verletzt), gibt es für ihn überhaupt keine Rentenleistungen. Stirbt er an den Folgen des Unfalles, erhält seine Frau eine um 50% gekürzte Hinterlassenenrente.

Die Sanktionen fallen dann milder aus, wenn er beim Unfall stirbt oder verletzt wird und dabei eine rentenberechtigte Ehefrau oder Kinder hinterlässt. Die Kürzung wird dann nämlich höchstens um 50% reduziert.

### WER WAGT — VERLIERT!

Sanktionen ereilen auch den, der sich im Privatleben aussergewöhnlichen Gefahren aussetzt oder einfach zuviel wagt. Keine Leistungen werden erbracht bei Unfällen in ausländischem Militärdienst oder bei Teilnahme an kriegerischen Handlungen, Terrorakten und bandenmässigen Verbrechen.

> Mit einer waghalsigen Tat will der 20jährige Paul Walser seiner Freundin eine Überraschung bereiten. Statt ihre im 4. Stock gelegene Mansarde über die Treppe zu erreichen, klettert er am Wasserablaufrohr hoch. In luftiger Höhe von 10 Metern hangelt er mit gestrecktem Körper der Dachrinne entlang. Plötzlich verlassen ihn die Körperkräfte. Er stürzt in die Tiefe und bleibt mit einem zweifachen Lendenwirbelbruch liegen. Die Unfallversicherung bezahlt die Behandlung, jedoch keinen Lohnausfall und keine Rente.

Immer wieder schwierige Abgrenzungsfragen ergeben sich bei *Bergsteigern*. Grundsätzlich sind Kletterpartien aller Schwierigkeitsgrade versichert. Wer jedoch mit Turnschuhen und kurzen Hosen das Matterhorn zu erklimmen versucht und dabei Opfer seiner leichtfüssigen Bekleidung wird, riskiert nicht nur sein Leben, sondern auch mindestens die Hälfte des Versicherungsschutzes für seine Familie.

Weniger gravierende Wagnisse werden mit einer Reduktion von bis zu 50% sanktioniert.

Um 50% gekürzt werden sämtliche Geldleistungen
■ bei Beteiligung an einer Rauferei (gemeint ist ein gegenseitiger Schlagabtausch)
■ bei Boxen, Motocross, Autorallye (es besteht in der Regel die Möglichkeit, eine Zusatzversicherung abzuschliessen)
■ bei Teilnahme an Unruhen.

Demgegenüber ist *Deltafliegen* nicht ein von vornherein unversichertes Wagnis. Der die üblichen Vorsichtsmassnahmen beachtende Flieger kann mit der vollen Versicherungsleistung rechnen, sofern er nicht gerade mit einem defekten Gerät in eine Gewitterbö fliegt.

*Tauchen:* Wer sich mit Gummianzug und Flasche tiefer als 40 Meter unter die Wasseroberfläche wagt, riskiert zuviel: nämlich, dass er bei einem Zwischenfall nicht sofort wieder auftauchen kann. Er hat eine Kürzung von 50% zu gewärtigen.

■ *Die Quintessenz:* Bei sportlicher Betätigung oder beim Autofahren lohnen sich Waghalsigkeit und Draufgängertum nicht. Die Quittung nach einem Unfall wäre eine Kürzungsverfügung des Unfallversicherers.

*Ein schwacher Trost:* Die Versicherung ist dafür *beweispflichtig*, dass der Verunfallte grobfahrlässig oder vorsätzlich gehandelt oder sich sonstwie zu weit vorgewagt hat. Sie muss allerdings keinen hundertprozentigen Beweis erbringen. Es genügt die sogenannte «überwiegende Wahrscheinlichkeit» (dass beispielsweise der Bergsteiger nicht gesichert war, als er ausrutschte und in die Tiefe stürzte!).

EIN HINWEIS:

■ Bei verschiedenen privaten Unfallversicherungen kann der Arbeitgeber gegen eine Mehrprämie von ca. 5% das «Kürzungs-Risiko» versichern. Wer diesen zusätzlichen Betrag bezahlt, erhält auch bei schwerstem Selbstverschulden die vollen Leistungen bezahlt!

SICH ABSICHTLICH VOR DEN ZUG GEWORFEN!

Besondere Probleme stellen die Fälle von Selbsttötung und -verstümmelung.

> Als Peter Friedrich sich unter einen Zug warf, weil er fälschlicherweise glaubte, seine Frau sei ihm untreu, mussten sich Ehefrau und Kinder sagen lassen, dass eine Selbsttötung nicht als Unfall anerkannt wird und die Unfallversicherer deshalb nicht leistungspflichtig werden (Ausnahme: *Bestattungskosten*).

Nur eine im Zustand unverschuldeter und völliger Urteilsunfähigkeit begangene Selbsttötung bringt die Hinterbliebenen in den Genuss einer Rente. So hat das Eidgenössische Versicherungsgericht erklärt:

> «Im vorliegenden Fall geht aus dem Gerichtsgutachten hervor, dass der Versicherte im Zeitpunkt der Selbsttötung noch etwa zu 20% urteilsfähig war. Es bestehen keine Gründe von dieser Schätzung der Experten abzuweichen. Obwohl seine Urteilsfähigkeit stark vermindert war, befand sich der Versicherte im kritischen Zeitpunkt *nicht* in dem von der Rechtsprechung verlangten Zustand der völligen Unzurechnungsfähigkeit. Da ihm somit die Entschlusskraft nicht gänzlich fehlte, war eines der Merkmale des Unfallbegriffes, *die Unfreiwilligkeit der schädigenden Einwirkung*, nicht erfüllt.»

Milder beurteilt werden Fälle, in denen ein versicherter Unfall oder eine Berufskrankheit zu *Depressionen*, z. B. wegen nicht enden wollender Schmerzen, führen. Wird dadurch die seelische Widerstandskraft schwer geschwächt, zahlt die Versicherung, und zwar auch dann, wenn im Zeitpunkt der Selbsttötung die Urteilskraft nur teilweise getrübt war.

Auch bei absichtlicher Selbstverstümmelung oder einem Selbsttötungs*versuch* sind keine Taggeld- oder Rentenleistungen zu erwarten.

Allerdings ist der Unfallversicherer dafür beweispflichtig, dass ein absichtlich herbeigeführter Vorfall vorliegt. Ist z.B. unklar, ob sich Peter Friedrich vor den Zug geworfen hat oder ob er auf dem unbewachten Bahnübergang von ihm erfasst worden ist, hat der Versicherer die volle Leistung zu erbringen.

## Der Rechtsweg ist gratis

Sind der Verunfallte oder die Hinterbliebenen mit den Leistungen des Versicherers nicht einverstanden, können sie eine *Verfügung* verlangen. Diese Verfügung ergeht z. B. automatisch, wenn dem Versicherten oder seinen Hinterbliebenen eine Integritätsentschädigung oder Renten zugesprochen werden.

Bevor diese Verfügung erlassen wird, erhält der Versicherte in der Regel Gelegenheit, zum ins Auge gefassten Entscheid Stellung zu nehmen. Daraufhin ergeht diese Verfügung.

■ Gegen sie kann der Versicherte *innert 30 Tagen* mündlich oder schriftlich *Einspruch erheben.*

Dieses Verfahren ist kostenlos. Der Versicherte hat in keinem Fall Anwaltskosten zu bezahlen.

*Ein Einsprache-Brief könnte wie folgt lauten:*

An die
XYZ-Versicherungsanstalt
Postfach
8033 Zürich

Zürich, den 22. Juni 1986

Sehr geehrte Damen und Herren,

In Ihrer Eigenschaft als Unfallversicherer meines Arbeitgebers, der Firma Mäusli und Grüner AG, haben Sie mir für den Verlust meines rechten Fusses eine Invalidenrente von 15 Prozent zugesprochen.

Hiergegen erhebe ich

Einspruch,

da ich eine Lohneinbusse von 40 Prozent erleide und gemäss beiliegendem Arztattest die medizinisch-theoretische Invalidität sogar 50 Prozent ausmacht.

Ich verlange wenigstens eine Rente auf der Basis einer Invalidität von 40 Prozent.

Mit freundlichen Grüssen

■ Führt auch der Einspruch nicht zum erhofften Ergebnis, können die Unzufriedenen *innert drei Monaten* (eine Frist, die vom Richter *nicht* verlängert werden kann!) seit Empfang des Einspruchsentscheides *Verwaltungsgerichtsbeschwerde* beim Kantonalen Versicherungsgericht erheben.

Das Verfahren ist einfach, rasch und für die Parteien kostenlos. (Lediglich wer sich leichtsinnig oder mutwillig verhält, muss mit Gerichtskosten rechnen.) Der Beschwerdeführer kann sich vertreten lassen; gewinnt er den Prozess, muss der Versicherer den Anwalt entschädigen.

■ Was mancher nicht weiss: **Wer kein Vermögen hat und mit seinem Einkommen nur wenig über dem Existenzminimum liegt, kann in aller Regel einen unentgeltlichen Rechtsanwalt beanspruchen, vorausgesetzt dass sein Fall nicht aussichtslos ist.** (Darauf machen die Anwälte ihre Klienten leider nicht immer aufmerksam!)

Die Gerichtsinstanzen müssen den Sachverhalt von Amtes wegen feststellen, d. h. selber nach dem Sachverhalt forschen. In der Praxis funktioniert dieser Grundsatz jedoch nur ungenügend. Nicht selten begnügen sich Richter damit, den Verunfallten anzuhören, ohne bohrende Fragen zu stellen und alle «Ecken» eines unklaren Sachverhaltes auszuleuchten. Sie sind an die Begehren der Parteien nicht gebunden. **Ein Gericht kann mehr zusprechen als beantragt oder weniger als verfügt worden ist.**

■ Der Verletzte muss den Richter überzeugen, dass er *mit Wahrscheinlichkeit* verunfallt ist und dass sein Invaliditätsgrad ein bestimmtes Ausmass erreicht. *Der Verletzte muss jedoch nicht alle Zweifel ausräumen.* Der Beweis gilt nicht als erbracht, wenn die Schilderungen des Verletzten bloss als *möglich* erscheinen.

Ist es beispielsweise zweifelhaft, ob eine Selbsttötung vorliegt, geht das Gericht eher vom Selbsterhaltungstrieb eines Menschen aus und vermutet, dass keine Selbsttötung, sondern ein Unfallereignis vorliege.

### ARZTWAHL — OFT ENTSCHEIDEND

Wichtig ist die richtige Wahl eines Arztes. Häufig entscheiden letztendlich ärztliche Gutachter in schwerwiegenden Fällen, wie hoch eine Rente ausfallen wird. Bereits kurz nach dem Unfall sollte der Verletzte einen Arzt beiziehen, in den er Vertrauen hat, der ihn nicht von oben herab behandelt und der Zeit für ihn hat. Der Beurteilungsspielraum der ärztlichen Experten ist erfahrungsgemäss sehr gross.

### AUF NACH LUZERN!

■ Eine allfällige Beschwerde gegen den kantonalen Entscheid muss *innerhalb eines Monats* nach Erhalt beim Eidgenössischen Versicherungsgericht (EVG) in Luzern, einer Abteilung des Bundesgerichts, eingereicht werden.

Dieses höchste Gericht überprüft nicht mehr den ganzen Fall; insbesondere können keine neuen Tatsachen mehr vorgebracht werden.

## Berufsunfall: Kampf gegen den Arbeitgeber?

Trägt der Verunfallte die alleinige Schuld an einem Unfall, muss er sich mit Leistungen begnügen, die meistens nicht den ganzen Schaden decken. Bei voller Invalidität erhält er maximal 90% seines früheren Lohnes.

Wohl wird bei den Renten in der Regel alle zwei Jahre die Teuerung voll ausgeglichen. Als Basis für die Rentenberechnung wird jedoch der Lohn genommen, den der Verunfallte ein Jahr *vor* dem Unfall verdiente. Meist unberücksichtigt bleiben die beruflichen Aufstiegsmöglichkeiten in der Zukunft und allfällige Reallohnerhöhungen. Dies trifft ganz besonders die jungen Invaliden, deren Einkommen also langsam, aber sicher sinkt. Wer beispielsweise in den Semesterferien als Student auf dem Bau aushilft, dabei verunfallt und lebenslang zu 100% arbeitsunfähig wird, wird eine Rente erhalten, die sich an seinem Lohn als Hilfsarbeiter orientiert!

### UNFALL IST NICHT GLEICH UNFALL!

Nicht selten trägt bei Unfällen ein *Dritter* die Hauptschuld: Ein Autofahrer verliert die Herrschaft über sein Fahrzeug, gerät auf die andere Strassenseite und rammt ein korrekt entgegenkommendes Auto. Der schuldlos Verletzte kann in diesem Falle beim Haftpflichtversicherer neben einem Schmerzensgeld (Genugtuung) auch den weiteren Schaden (Lohneinbusse, zukünftige Reallohnerhöhungen und entgangene Aufstiegschancen) geltend machen.

Komplizierter ist die Situation, wenn der Arbeitnehmer *wegen eines Verschuldens des Arbeitgebers* oder eines Angestellten des Betriebes zu Schaden kommt. Wohl sind der Arbeitgeber und seine leitenden Angestellten verpflichtet, zur Verhütung von Berufsunfällen und Berufskrankheiten alle Massnahmen zu treffen, die nach der Erfahrung notwendig, nach dem Stand der Technik anwendbar und den gegebenen Verhältnissen angemessen sind.

■ Nur wenn jedoch seitens der leitenden Organe eine *Grobfahrlässigkeit* vorliegt, kann der Arbeitnehmer den weiteren Schaden geltend machen.

Paul Köpfli, der beim Bau eines Silos für eine Grastrocknungsanlage 44 Meter abstürzte und am Boden zerschmettert wurde, fand den Tod nur deshalb, weil der Arbeitgeber entgegen einer bundesrätlichen Verordnung keine Absturzsicherung (Fangnetz, Anseilgerät) angebracht hatte. (Solche Vorschriften sind strikte zu beachten und dürfen nicht aus Bequemlichkeit oder Kostenersparnisgründen vernachlässigt werden.)

Der Arbeitgeber hat in diesem Falle seine Pflichten, den Arbeitnehmer vor Unfallgefahren zu schützen, sträflich vernachlässigt. Köpflis Witwe und Kinder können deshalb gegen den Arbeitgeber auf Genugtuung und Schadenersatz klagen.

Natürlich kann der Arbeitgeber nicht *jeder* Gefahr begegnen. Unfälle wird es immer geben, und er kann dafür nicht immer zur Verantwortung gezogen werden. Schliesslich ist jede Arbeit mit einem gewissen Risiko behaftet. Man denke nur an den Dachdeckermeister, der seine Mannen in luftige Höhen beordert. Er macht sich deswegen nicht strafbar. Erst wenn er zulässt, dass seine Arbeiter mit profillosen Turnschuhen bei Nässe und ohne Absicherung die Dächer besteigen, muss er sich nicht nur in einem Strafverfahren kritische Fragen gefallen lassen: Hat er sorgfältig instruiert und überwacht und gegebenenfalls auch ausdrücklich Verbote ausgesprochen? Hat er Verbote nicht nur ausgesprochen, sondern allenfalls auch konkret durchgesetzt?

**Sobald dem Arbeitgeber oder den leitenden Organen nicht der Vorwurf der Grobfahrlässigkeit gemacht werden kann oder wenn ein Arbeitskollege den Verletzten aufgrund seines Verhaltens mitgeschädigt hat, entfällt die Schadenersatzpflicht des Arbeitgebers weitgehend.**

Diese *Privilegierung* des Arbeitgebers ist historisch begründet: Mit dem Hinweis darauf, dass er die Prämien für die Betriebsunfallversicherung zahlen müsse, sollte er von weiteren Haftpflichtansprüchen des Arbeitnehmers in der Regel verschont bleiben.

WENIGSTENS GENUGTUUNG . . .

Bei leichtem oder mittlerem Verschulden des Arbeitgebers oder sogar grobfahrlässigem Verschulden eines Mitarbeiters, der nicht in leitender Funktion tätig ist, *kann der Verletzte möglicherweise noch Genugtuungsansprüche geltend machen.* Dasselbe gilt für seine Hinterbliebenen.

Die Genugtuungssumme beträgt beispielsweise für den Tod eines Ehepartners ca. Fr. 30 000.—.

. . . DOCH ZUR ZEIT KEINE INTEGRITÄTSENTSCHÄDIGUNG!

Hans Hintermüller wird von einem Holzstapel am Arbeitsplatz beinahe erdrückt. Mit lebensgefährlichen Verletzungen liegt er auf der Intensivstation, wo er noch fünf Monate verbleibt. Es folgen drei Operationen. Nach zwei Jahren ist er wieder soweit hergestellt, dass er den gleichen Lohn wie bisher erzielen kann. Die Unfallfolgen sind bis auf ein Kopfweh, das ihn bei Föhn begleitet, geheilt. Durch die lange Heilungsdauer bedingt, wagt er nicht mehr, den früher heissgeliebten Skisport auszuüben.

In diesem Falle wird Hans Hintermüller von der Unfallversicherung keinen Franken Integritätsentschädigung erhalten, da er ja nicht mehr erheblich und lebenslang geschädigt ist.

Die zweijährigen erheblichen Strapazen haben aber seinen Lebensgenuss erheblich beeinträchtigt. **Er kann deshalb von seinem Arbeitgeber ein** *zusätzliches Schmerzensgeld* **(Genugtuung) beanspruchen, wenn dieser oder ein Mitarbeiter des Unternehmens den Schaden grobfahrlässig mitverursacht haben.**

Von der Rechtssprechung bisher nicht entschieden ist, ob, wenn eine Integritätsentschädigung ausgerichtet worden ist, der Arbeitgeber einen *zusätzlichen* Betrag als Schmerzensgeld zu bezahlen hat. Während die Integritätsentschädigung maximal (z. B. für einen Totalgelähmten) Fr. 69 600.— beträgt, sind heute bei entsprechend gelagerten Haftpflichtfällen Genugtuungssummen in Höhe von Fr. 100 000.— geschuldet (siehe Kapitel «Haftpflicht» Seite 162). Es ist nicht einzusehen, weshalb ein Arbeitnehmer nicht auf den Arbeitgeber zurückgreifen kann, um auf die *volle* Genugtuungssumme zu kommen.

# Autoversicherungen

Wer kennt dabei schon die Versicherungsbedingungen im Detail? Mancher Autofahrer staunt, wenn ihm zum ersten Mal etwas passiert ist und die Versicherung einen Schaden übernehmen sollte, aber wegen irgendeiner Vertragsbestimmung kneift oder nur einen Teil der Kosten übernehmen will. Wäre er vielleicht mit einer andern Versicherungsgesellschaft besser gefahren? Oder hätte er vielleicht eine Zusatzversicherung abschliessen sollen?

## Welche Versicherungsarten existieren?

Wer ein Auto fährt, muss einerseits obligatorisch eine Haftpflichtversicherung abschliessen, andererseits kann er aus einem Angebot von Unfall-, Kasko- und Insassenversicherungen wählen.

Wer sich über die im Fahrzeugsektor bestehenden Versicherungsmöglichkeiten einen Überblick verschaffen will, hält sich am besten vor Augen, welche Schäden der Betrieb eines Autos anrichten kann. Denn bekanntlich decken Versicherungen jedes denkbare Risiko, sofern man bereit ist, die entsprechenden Prämien zu zahlen. Autofahren kann enorme Schäden verursachen:

Ein unvorsichtiger Lenker beschädigt fremde Fahrzeuge und/ oder Sachen.
    In schlimmeren Fällen verletzt oder tötet er gar Personen. Dabei spricht man von einem *Drittschaden*.

Der Halter bzw. Lenker verletzt sich selbst: Am eigenen Fahrzeug entsteht gleichfalls ein Schaden. Hier spricht man vom *Eigenschaden* des Halters/Lenkers.

Der sogenannte *Drittschaden* wird bei uns durch die obligatorische *Autohaftpflicht-Versicherung* vollumfänglich gedeckt. Da solche Schäden oft die finanziellen Möglichkeiten eines Autolenkers bei weitem übersteigen, ist jeder, der ein Auto fährt, verpflichtet, eine solche Versicherung abzuschliessen. Dies vor allem auch deshalb, weil selbst der vorsichtigste Lenker unversehens haftpflichtig werden könnte: **Denn bei Autounfällen kommt es nicht in erster Linie auf das Verschulden an; ein Autolenker muss unabhängig davon grundsätzlich für alle Schäden, die aus dem Betrieb des Motorfahrzeuges entstehen, aufkommen.**

Diese sogenannte *Kausalhaftung* ist im Strassenverkehrs-Gesetz festgelegt worden. Eine solche Regelung hat jedoch nur einen Sinn, wenn der Haftpflichtige im Schadenfall auch zahlen kann. Das ist nur gewährleistet, wenn der Autolenker verpflichtet wird, eine Haftpflichtversicherung abzuschliessen. Diese Versicherung zahlt jedoch nur für Schäden, die Dritten gegenüber verursacht worden sind.

■ **Für den dem Lenker selber entstandenen Schaden muss er sich zusätzlich versichern: Den eigenen *Körperschaden* mit einer Unfallversicherung und für *Sachschaden* am eigenen Fahrzeug durch den Abschluss einer Vollkasko- oder Teilkaskoversicherung.**

## Haftpflichtversicherung

Aufgrund gesetzlicher Vorschriften sind die Vertragsbedingungen der Autohaftpflicht für alle Halter identisch: Es gelten gleiche Bedingungen und der selbe Tarif. Dieser Vorschrift sind alle Versicherungsgesellschaften, die Autohaftpflicht-Versicherungen anbieten, unterstellt.

■ Unterschiede zwischen den Versicherungsgesellschaften sind deshalb höchstens bei der Schadenregulierung möglich.

**Das heisst, während die eine Versicherung im Schadenfall ihre Leistungen eher grosszügig erbringt, versucht die andere, nach Möglichkeit zu knausern.** Gesamthaft gesehen ist es unmöglich zu sagen, welche Gesellschaften Schadenfälle kulant oder eben harzig behandeln. Das hängt wie bei allen Versicherungsarten vom konkreten Fall, bzw. vom zuständigen Mitarbeiter einer Versicherung ab.

**Tip:**

■ Am besten erkundigt man sich bei Verwandten und Bekannten, wie eine bestimmte Agentur oder ein bestimmter Experte mit Schadenfällen umzugehen pflegen.

**In *zwei speziellen* Fällen können indessen zwischen den einzelnen Versicherungsgesellschaften unterschiedliche Bedingungen vorkommen:**

## Unfälle in Übersee

> Die Haftpflichtversicherungen kommen nur für Schadenereignisse auf, die in Europa (mit Ausnahme der Sowjetunion), in den aussereuropäischen Mittelmeerrandstaaten und auf den Mittelmeerinseln eintreten. Die Zuschläge für eine Schadensdeckung ausserhalb dieser Gebiete können recht unterschiedlich sein.

## Risikokunden

> Bei sogenannten *ausserordentlichen* Risiken dürfen die Versicherungen vom Normaltarif abweichen. Als solche gelten beispielsweise Drogenabhängige, Alkoholsüchtige oder solche, die bereits mehrere schwere oder besonders viele Unfälle verursacht haben. Hierbei können die Gesellschaften grundsätzlich frei festlegen, unter welchen Bedingungen sie mit dem Risikokunden abschliessen wollen.

In besonderen Fällen mussten Prämienzuschläge von bis zu 200%, die Leistung einer Kaution von mehreren tausend Franken für den Selbstbehalt und eine sogenannte Alkoholklausel akzeptiert werden. Das heisst, bei einem Unfall unter Alkoholeinfluss (auch unter 0,8‰) könnte die Versicherung zu 100% auf den alkoholisierten Lenker zurückgreifen. Unter Umständen muss der Risikokunde akzeptieren, dass die Versicherung nur die gesetzlich vorgeschriebene Mindestdeckungssumme von 1 Mio. Franken für seine Haftpflicht garantiert und weder Kasko-, Teilkasko-, Insassen-, noch Rechtsschutzversicherungen abzuschliessen bereit ist. Nicht selten ist es überhaupt schwierig, eine Versicherungsgesellschaft zu finden, die bereit ist, den Risikokunden zu übernehmen.

**In einem solchen Fall bleibt nichts anderes übrig, als sich mit der *Schweizerischen Vereinigung der Haftpflicht- und Motorfahrzeugversicherer* (HMV) in Zürich in Verbindung zu setzen,** die sich dann als Vermittlerin einzuschalten pflegt. Bei dieser Vereinigung sind mit wenigen Ausnahmen alle Autohaftpflichtversicherer zusammengeschlossen (siehe Anhang).

**Tip:**

■ Wer aus irgendeinem Grund von einer Autohaftpflicht-Versicherung nicht akzeptiert wird, setzt sich am besten mit dieser Vereinigung in Verbindung, bzw. versucht, bei einem Aussenseiter unterzukommen. Deren Bestimmungen sind aber unter Umständen noch restriktiver als die der HMV-Gesellschaften (siehe Anhang).

### DER VERSICHERUNGSABSCHLUSS

Bekanntlich braucht es für die Einlösung eines Motorfahrzeuges den Versicherungsnachweis einer bestimmten Versicherungsgesellschaft. **In der Regel gewähren die Versicherungen schon nach Unterzeichnung des Versicherungsantrages provisorische Deckung.** Das heisst, die Versicherung *garantiert ihre Leistung ab sofort,* obwohl der Antrag im einzelnen noch nicht geprüft worden ist und die Gesellschaft ihre Zustimmung zum Versicherungsvertrag noch nicht abgegeben hat.

**Trotz dieser provisorischen Zusage hat die Gesellschaft die Möglichkeit, den Abschluss des Vertrages zu *verweigern*.** Das geschieht mit einer schriftlichen *Ablehnungserklärung* seitens der Versicherung an den Antragssteller. Der provisorisch gewährte Versicherungsschutz fällt jedoch nicht sofort dahin: Er erlischt erst drei Tage nach Eintreffen der Ablehnungserklärung. Der Abgelehnte hat so die Möglichkeit, in dieser Zeit eine neue Versicherungsgesellschaft zu suchen. Bis zu diesem Zeitpunkt schuldet er selbstverständlich der Gesellschaft, die ihm provisorische Deckung gewährt hat, eine anteilsmässige Versicherungsprämie.

### WELCHE FAHRZEUGE SIND VERSICHERT?

**Versichert ist nur das auf der Police aufgeführte Fahrzeug.**

■ Ebenfalls gedeckt sind jedoch auch die von diesem gezogenen oder abgekoppelten Anhänger sowie geschleppte oder gestossene Fahrzeuge.

**Fahrzeugschilder dürfen nicht ohne weiteres auf andere Fahrzeuge übertragen werden. Wer unter den gleichen Schildern zwei Fahrzeuge versichern lassen will, muss sogenannte Wechselschilder besorgen und eine entsprechende Versicherung abschliessen.** Die beiden Fahrzeuge müssen auf der Police erwähnt sein; die Prämie wird nur für das teurer tarifierte Fahrzeug berechnet. Ersatzfahrzeuge anstelle des versicherten Fahrzeuges dürfen mit dessen Kontrollschildern nur mit Bewilligung der zuständigen Behörden (Strassenverkehrsamt bzw. Motorfahrzeugkontrolle) verwendet werden. Nur dann ist dieses Fahrzeug auch versichert. Die Deckung gilt indessen nur für 30 aufeinanderfolgende Tage. Dann muss unverzüglich die Gesellschaft um eine Policenänderung gebeten werden. Wird dies unterlassen, entfällt die Leistungspflicht der Gesellschaft gegenüber dem Versicherten.

### DIE PRÄMIENZAHLUNG

**Wer die Prämien nicht rechtzeitig bezahlt, verliert den Versicherungsschutz.**

Die Versicherung muss jedoch die ausstehende Prämie zuerst mahnen und den Versicherungsnehmer auf diese mögliche Folge aufmerksam machen. In der Regel müssen die Versicherungsprämien zu Beginn eines jeden Versicherungsjahres bezahlt werden.

**Unter bestimmten Umständen besteht ein Anspruch auf Rückerstattung der Prämien, wenn aus irgendeinem Grund der Vertrag vor Ablauf der Versicherungsdauer aufgehoben wird.** Dieser Grundsatz gilt in folgenden Fällen nicht:

■ Wenn der Versicherungsnehmer den Vertrag im Schadenfall kündigt,

■ bei einem Fahrzeugwechsel, wenn der Versicherungsnehmer die Versicherung für das neue Fahrzeug bei einem anderen Versicherer abschliesst, obwohl die bisherige Versicherung zu deren Übernahme bereit ist,

■ wenn der Vertrag im Zeitpunkt des Erlöschens weniger als ein Jahr in Kraft war und seine Aufhebung auf Veranlassung des Versicherungsnehmers erfolgt,

■ wenn der Versicherungsnehmer seine Verpflichtungen gegenüber der Versicherung zum Zwecke der Täuschung verletzt hat.

## KÜNDIGUNG

In der Regel wird der Versicherungsvertrag automatisch weitergeführt, wenn bis Ende des Versicherungsjahres keine Kündigung erfolgt ist. Dabei ist eine *dreimonatige Kündigungsfrist* zu beachten, und das Kündigungsschreiben muss per Einschreiben gesandt werden. Der Versicherungsvertrag kann ferner nach jedem Schadenfall von beiden Seiten aufgelöst werden. Dabei muss der Versicherungsnehmer, nachdem er von der Auszahlung Kenntnis erhalten hat, eine Frist von 14 Tagen einhalten. Die Versicherung selber muss die Kündigung spätestens bei der Auszahlung aussprechen.

## WANN BESTEHT KEIN VERSICHERUNGSSCHUTZ?

In den Versicherungspolicen sind die Fälle, in denen die Versicherung *keine Leistungen* erbringt, im einzelnen aufgezählt. Darunter fallen:

Ansprüche des Halters (Personen- und Sachschaden), Sachschäden des Ehegatten des Halters und seiner nächsten Verwandten (in auf- und absteigender Linie) und seiner mit ihm im gemeinsamen Haushalt lebenden Geschwister.

Ebenfalls *nicht gedeckt* sind selbstverständlich Ansprüche von Personen, die das Fahrzeug entwendet haben oder für welche die Entwendung erkennbar war.

Nicht gedeckt sind ferner:

> Schäden am *versicherten Fahrzeug*, am Anhänger, am geschleppten oder gestossenen Fahrzeug sowie Schäden an den an diesen Fahrzeugen angebrachten oder damit beförderten *Sachen*.

■ Aufgepasst bei Rennen, Rallyes und ähnlichen Wett- oder Trainingsfahrten: Ausländische Geschädigte sind auf jeden Fall nicht versichert, und in der Schweiz besteht die Versicherungsdeckung nur, wenn für die Veranstaltung die gesetzlich vorgeschriebene Versicherung abgeschlossen worden ist.

*Ausnahmen:* **In folgenden Fällen besteht grundsätzlich ebenfalls kein Versicherungsschutz, aber die Versicherungsgesellschaft zahlt dem geschädigten Dritten zunächst einmal den Schaden, nimmt aber auf den *Halter* oder *Lenker* vollen Rückgriff.** Das gilt für

■ den Lenker, der den gesetzlich erforderlichen Führerausweis nicht besitzt, oder den Lenker mit Lernfahrausweis, der ohne die gesetzlich vorgeschriebene Begleitung fährt

■ Personen, die das anvertraute Fahrzeug für Fahrten verwendet haben, zu denen sie nicht ermächtigt waren. **Wer also das Geschäftsauto ohne Einwilligung des Arbeitgebers benützt, muss bei einem Unfall unter Umständen tief in die eigene Tasche greifen**

■ Personen, die das Fahrzeug entwendet haben, und für den Lenker, für welchen die Entwendung erkennbar war.

DER SELBSTBEHALT

Für jugendliche Lenker bis zum vollendeten 25. Altersjahr und für Neulenker, welche im Zeitpunkt des versicherten Ereignisses noch nicht 2 Jahre den schweizerischen Führerausweis besitzen, verlangen die Versicherungen einen Selbstbehalt.

Dieser Selbstbehalt muss indessen nur bezahlt werden, wenn dem Versicherten bei einem Unfall ein *Verschulden* nachgewiesen werden kann.

## Was ist zu tun, wenn Versicherungsleistungen beansprucht werden?

Wer nach dem Schadenfall von der Versicherung Leistungen beanspruchen will, muss eine Reihe von Formalitäten erfüllen: **Auf**

**jeden Fall muss die Versicherung unverzüglich informiert werden; das gilt natürlich ganz besonders, wenn ein Todesfall zu beklagen ist.** Die Versicherungen wollen sich nämlich die Möglichkeit offenhalten, vor der Bestattung eine Obduktion zu veranlassen, um abzuklären, ob die Todesursachen auf den Unfall zurückzuführen sind. **Bei Körperverletzungen ist sobald wie möglich für fachgemässe ärztliche Pflege zu sorgen und die Polizei beizuziehen.**

Zu schwierigen Auseinandersetzungen führen immer wieder Schuldanerkennungen seitens eines Versicherungsnehmers auf dem Unfallplatz.

■ **Nach Vertrag verpflichtet sich jeder Versicherungsnehmer, von sich aus dem Geschädigten gegenüber keine Forderungen anzuerkennen und keine Zahlungen zu leisten.**

Kommt es zu einem Zivilprozess, hat der Versicherte dessen Führung der Versicherung zu überlassen. Die von ihr getroffene Erledigung der Forderung ist für den Versicherten verbindlich. Wer also auf dem Unfallplatz die Schuld für die Kollision vollumfänglich übernimmt und dem Geschädigten eine entsprechende schriftliche Erklärung abgibt, *verpflichtet nur sich allein;* denn nach Versicherungsvertrag sind für die Versicherung *Schuldanerkennungen nicht verbindlich!*

**Was geschieht nun, wenn der Halter eines Fahrzeuges trotzdem eine Schuldanerkennung unterschrieben hat und sich seine Versicherung auf den Standpunkt stellt, dass ihn am Unfall kein Verschulden treffe?**

■ Dem Geschädigten muss die Versicherung nur im Rahmen der nachgewiesenen Haftung und des ausgewiesenen Schadens Ersatz leisten.

Behauptet also die Versicherung, ihr Kunde habe trotz Schuldanerkennung keine Verkehrsregel verletzt, muss sie dem geschädigten Dritten nichts bezahlen. Diesem bleibt dann nichts anderes übrig, als gegen den Autolenker, der die Schuldanerkennung unterschrieben hat, vorzugehen. Oder aber, er klagt gegen die Versicherung und behauptet, ihn selber treffe kein Verschulden, der Schuldanerkennende sei für den Unfall allein verantwortlich. Dieser Weg ist unter Umständen sehr riskant. Denn in solchen Fällen hat man in der Regel auf eine Tatbestandsaufnahme durch die Polizei verzichtet, und der Geschädigte gerät deshalb schnell einmal in Beweisnotstand.

Zahlt die Versicherung zu guter Letzt tatsächlich nicht − sei es weil der Anerkennende sich nach Auffassung des Richters keiner Verkehrsregelverletzung schuldig gemacht hat beziehungsweise diese nicht nachgewiesen werden konnte −, bleibt dem Geschädigten nichts anderes übrig, als gerichtlich gegen den Fahrzeuglenker vorzugehen, der die Schuldanerkennung unterschrieben hat.

Unter Umständen erleidet er auch auf diesem Weg Schiffbruch. Wenn der andere plötzlich behauptet, er habe die Schuldanerkennung im ersten Schock nach dem Unfall unterzeichnet, muss nämlich sogar damit gerechnet werden, dass der Richter sie wegen Irrtums als unverbindlich erklärt. Ebenso schlimm kann es dem Geschädigten ergehen, wenn der Anerkennende gar nicht zahlungskräftig ist.

**Tip:**
■ **Auf dem Unfallplatz auf keinen Fall eine Schuldanerkennung unterschreiben!** Viel nützlicher ist es, den Unfallverlauf in das «europäische Unfallprotokoll» einzutragen und von allen Unfallbeteiligten unterzeichnen zu lassen. Zeugen ebenfalls vermerken!

## Das Bonus-Malus-System hat Vor- und Nachteile

Die Prämie für die Haftpflichtversicherung berechnet sich bei allen Gesellschaften nach dem gleichen System:

Der frischgebackene Halter eines Fahrzeuges beginnt auf Stufe 9 und zahlt dabei eine Grundprämie von 100%. Mit jedem schadenfreien Jahr *fällt* die Prämie um 5 oder 10% und erreicht nach 9 Jahren 45% der Grundprämie. Bei einem Schadenfall wird der schuldige Fahrzeuglenker via Prämienerhöhung bestraft: Die Prämie *steigt* im folgenden Jahr um 3 Stufen; das sind 15% bis 30%. Im Extremfall muss ein unvorsichtiger Fahrzeuglenker 270% der Grundprämie bezahlen.

**Dieses System hat zur Folge, dass es sich nicht unbedingt lohnt, bei einem selbstverschuldeten Unfall den Schaden eines Dritten durch die Haftpflichtversicherung bezahlen zu lassen.** Dabei kommt es aber ganz wesentlich darauf an, ob man bereits auf dem Prämienminimum liegt oder noch einige Jahre darauf warten muss. Diesen Zusammenhang wollen wir mit einem konkreten Zahlenbeispiel veranschaulichen:

1. Beispiel:
Herr Kurz bezahlte für seine Kleinwagen-Versicherung eine Jahresgrundprämie (= 100%) von Fr. 475.–. Da er jetzt bereits im zehnten Jahr unfallfrei fährt, befindet er sich auf der Prämienstufe 0. Das heisst, er zahlt noch 45% der Grundprämie oder Fr. 213.75. Wegen einer kleinen Unaufmerksamkeit verursacht er eine harmlose Auffahrkollision, die beim voranfahren-

den Autofahrzeug einen Schaden von Fr. 500.– zur Folge hat. Er überlegt sich, ob er die Zeche aus dem eigenen Sack bezahlen will, oder ob er dies der Versicherung überlassen soll.

Die Rechnung ist einfach: Zahlt die Versicherung, rutscht Herr Kurz im folgenden Jahr drei Prämienstufen höher und muss wieder 60% der Grundprämie oder Fr. 285.– zahlen. Das sind Fr. 71.25 mehr als bisher. Die Prämie sinkt im zweiten Jahr nach dem Unfall wieder auf 55%, er zahlt also noch Fr. 47.50 mehr; und im dritten Jahr auf 50% (das sind noch Fr. 23.75 mehr). Im vierten Jahr nach dem Unfall bezahlt er dann wieder gleich viel wie ursprünglich, er müsste also in den drei Jahren mit einer Mehrprämie von Fr. 142.50 rechnen. Keine Frage für ihn also, dass sich eine Meldung des Schadens bei der Versicherung lohnen würde.

2. Beispiel:

Ganz anders sieht die Rechnung jedoch für Herrn Merz aus, der den gleichen Autotyp fährt, aber schon im ersten Jahr einen Unfall verursacht hat. Seine Grundprämie liegt also bei 100%.

Auch er würde um drei Stufen höher rutschen, bei ihm sind es aber nicht 15, sondern eben 30% der Grundprämie. Im Jahr nach dem Unfall zahlt er also 130% der Grundprämie, das sind Fr. 142.50 mehr. Im vierten Jahr könnte er in jährlichen Schritten von 10% den Ausgangspunkt von 100% wieder erreichen. Er müsste in diesem Zeitraum also Fr. 285.– mehr als die Grundprämie bezahlen. Sein Verlust ist jedoch noch grösser: Da er im gleichen Zeitraum bei unfallfreiem Fahren eine Prämienreduktion um 25% hätte erzielen können, kommen weitere Fr. 166.50 hinzu. Der Unfall würde somit Herrn Merz einen totalen Prämien-Aufwand von Fr. 451.25 bescheren. Soll er also den Schaden von Fr. 500.– aus dem eigenen Sack bezahlen? Gewiss ein Grenzfall, wie die Berechnung zeigt. Soll er Fr. 451.25 Prämienmehrkosten und Ärger mit dem Ausfüllen verschiedener Versicherungsformulare auf sich nehmen oder einfach selbst Fr. 500.– dem Geschädigten in die Hand drücken?

**Tip:**

■ Wer die Berechnung nicht selber durchführen will (die Tabelle mit den Prämienstufen befindet sich auf dem Versicherungsvertrag, und auf der letzten Versicherungsrechnung kann die aktuelle Prämienstufe nachgesehen werden), kann der Versicherung den Auftrag für die Berechnung geben.

■ Man kann aber auch den Schaden anmelden und durch die Versicherung regulieren lassen. Nach Abschluss des Falles erfolgt dann eine Erledigungsmeldung der Gesellschaft. *Bezahlt der Halter den Schaden innerhalb von 30 Tagen zurück, so erfolgt keine Belastung im Prämienstufensystem, bzw.* **eine bereits erfolgte Belastung wird bei der nächsten Rechnung rückgängig gemacht.**

Dieses System hat zweifellos seine positiven Seiten, indem diejenigen, welche durch ihr unvorsichtiges Fahren Unfälle produzieren, mehr zur Kasse gebeten werden. Umgekehrt kann es vor allem bei Parkschäden dazu führen, dass der fehlbare Lenker, der seinen Bonus nicht verlieren will, sich einfach aus dem Staub macht. Allerdings: Ein solches Verhalten kann weit mehr kosten als ein kleiner Bonusverlust, wenn der Flüchtige sich wegen Fahrerflucht zur Verantwortung ziehen lassen muss!

## Kasko-Versicherung

### Lohnt sich eine Kasko-Versicherung?

Im Unterschied zur Autohaftpflicht sind die Versicherungsgesellschaften bei der Kasko-Versicherung hinsichtlich Leistung und Prämie grundsätzlich frei. Das hat zur Folge, dass die Versicherungsbedingungen bei den verschiedenen Gesellschaften nicht identisch sind. Es empfiehlt sich deshalb, vor dem Abschluss die verschiedenen Bedingungen miteinander zu vergleichen. Trotz allem sind die Unterschiede gering, was wohl auf die Konkurrenzsituation zwischen den Versicherungen zurückzuführen ist. Bei der Festsetzung der Anfangsprämie können unter Umständen ins Gewicht fallende Unterschiede ausgemacht werden. Denn einem seit Jahren unfallfrei fahrenden Autolenker wird vielleicht nicht die volle Grundprämie belastet, sondern ein Anfangsrabatt gewährt (nur bei Vollkasko!). **Es lohnt sich deshalb, verschiedene Versicherungsgesellschaften aufzufordern, eine konkrete Offerte vorzulegen.**

### Was übernimmt die Teilkasko?

Wie schon dem Wort zu entnehmen ist, zahlt die Teilkasko nur bestimmte Schäden. Bei praktisch allen Policen fallen darunter:

*Diebstahl, Feuer, Elementarschäden* (in der Regel Felssturz, Steinschlag, Erdrutsch, Lawine, Schneedruck, Sturm, Hagel, Hochwasser und Überschwemmung), *Glas- und Tierschäden sowie Schäden, die durch mutwillige oder böswillige Handlungen Dritter verursacht worden sind.*

Schauen Sie vor dem Abschluss der Versicherung nach, welche Schadenereignisse gedeckt sind und ob andere Versicherungen grosszügigere Angebote machen können. Wer beispielsweise herabstürzende Flug- oder Raumfahrzeuge ebensosehr fürchtet wie die oben aufgezählten Risiken, kommt nicht bei jeder Gesellschaft auf seine Rechnung.

---

Fräulein Köbeli hat im Supermarkt einige Dinge eingekauft und kehrt damit zu ihrem Auto zurück, das sie auf dem Kundenparkplatz abgestellt hat. Zu ihrem Entsetzen entdeckt sie an der rechten Vordertür des noch fast neuen Wagens auf Kniehöhe eine halbmeterlange, waagrechte Druckspur. Die Lackierung ist teilweise weggesplittert: ein typischer Parkschaden, verursacht durch die Stossstange eines unbekannten Autos.

Die junge Frau ist untröstlich, denn der Schaden ist durch ihre Teilkasko-Versicherung nicht gedeckt. Hätte sich Fräulein Köbeli anders schützen können als mit einer teuren Vollkasko-Versicherung?

---

**In der Tat bieten einige ganz wenige Versicherungsgesellschaften eine Parkschaden-Versicherung an, die sich jedoch nur in Verbindung mit einer Kasko- oder Teilkasko-Versicherung abschliessen lässt.** Die Prämien sind vergleichsweise gering. Für den Abschluss stellen die Versicherer eine Reihe einschränkender Bedingungen:

■ Pro Schadenfall gibt es nur eine Deckung bis Fr. 1000.–.

■ Es werden nur Neuwagen (Alter höchstens ein bis zwei Jahre) versichert.

■ Zusätzlich werden Wagen versichert, die drei Jahre alt sind, wenn ein Schadeninspektor festgestellt hat, dass keine Vorbeschädigungen (inkl. Rost etc.) existieren.

### WANN LOHNT SICH EINE VOLLKASKO-VERSICHERUNG?

Im Unterschied zur Teilkasko übernimmt die *Vollkasko* Kollisionsschäden am *eigenen* Fahrzeug. Wer also seinen Fahrkünsten nicht sonderlich traut und im Schadenfall die selbst verursachten Schäden am eigenen Fahrzeug nicht berappen will, muss eine Vollkasko-Versicherung abschliessen. Im Unterschied zur Teilkasko, die je nach Wert des Fahrzeuges zwischen etwa Fr. 100.– und Fr. 700.– kostet, ist die Vollkasko um ein Mehrfaches teurer: Hier liegen die Prämien etwa zwischen Fr. 500.– und Fr. 3000.–, je nach dem vom Halter gewählten Selbstbehalt. **Eine solche Versicherung lohnt sich nur bei teuren und relativ neuen Fahrzeugen.**

**Auf jeden Fall muss darauf geachtet werden, dass eine Vollkasko** *mit Zeitwertzusatz* **abgeschlossen wird.** **Fehlt dieser Zusatz, wird im Schadenfall nur der Verkehrswert des Wagens entschädigt.** Und dieser ist bekanntlich schon nach einigen Jahren praktisch null. (Dafür ist die Prämie billiger.) Wer eine über tausendfränkige Vollkaskoprämie zahlt, ist schlecht bedient, wenn er im Schadenfall nur den Verkehrswert von Fr. 1000.– oder 2000.– entschädigt bekommt. Wird demgegenüber ein Zeitwertzusatz vereinbart, kann der Autolenker damit rechnen, dass er beispielsweise im siebten Jahr bei einem Totalschaden immer noch 40 bis 50% des Katalogpreises entschädigt erhält. **Die Versicherungen sprechen in der Regel von einem Totalschaden dann, wenn die Reparaturkosten den Zeitwert des versicherten Fahrzeuges überschreiten.** Für die ersten zwei Betriebsjahre gilt eine spezielle Regelung:

In der Police wird zum Beispiel festgelegt, dass in diesen beiden Jahren ein Totalschaden nur dann vorliegt, wenn die Reparaturkosten 60% des Katalogpreises ausmachen. Die Instandstellung eines 12 000 Franken kostenden Fahrzeuges müsste demnach mehr als Fr. 7200.– kosten. Erst dann könnte der Versicherungsnehmer mit der vollen Entschädigung rechnen.

**Achtung:** Auch nach Abschluss einer Kasko-Versicherung ist man nicht immer gegen eigene Dummheit gefeit! In jeder Police findet sich eine Bestimmung, welche die nicht versicherten Schäden aufzählt. **Wer einfach drauflosfährt und wegen des fehlenden Kühlwassers oder infolge mangelnder Schmierung einen Motorschaden erleidet, kann die Versicherung nicht belangen.** In einigen Policen werden auch Schäden, die vom Lenker im Zustand der Trunkenheit verursacht worden sind, nicht übernommen. Gleich behandelt werden bei praktisch allen Versicherungen Schäden, die ein Lenker verursacht, der den gesetzlich erforderlichen Führerausweis nicht besitzt. Es handelt sich um Ereignisse wie beispielsweise Schäden als Folge von Veruntreuung oder Unterschlagung des Fahrzeuges, welche die meisten Gesellschaften nicht versichern.

■ Wer wenigstens bei Abschluss der Kasko-Versicherung Vorsicht walten lassen will, tut gut daran, abzuklären, in welchen Fällen *keine* Deckung gewährt wird. Vielleicht versichert eine andere Gesellschaft das ausdrücklich ausgeschlossene, bzw. nicht erwähnte Risiko.

Selbst wenn der Versicherungsnehmer sich davon überzeugt hat, dass in seinem Fall alle für ihn wichtigen Risiken versichert sind, heisst das noch lange nicht, dass er nun sämtliche Verkehrsvorschriften mit Füssen treten kann. **Wer nämlich rücksichtslos in der Weltge-**

schichte herumrast und grobfahrlässig Verkehrsunfälle baut, muss
nicht erstaunt sein, wenn ihm die Versicherung eine saftige Kürzung
der Leistungen verpasst.

Ist die Insassenversicherung nötig?

Diese Frage ist in der Tat nicht einfach zu beantworten. Fest
steht, dass die Meinungen unter den Fachleuten erheblich auseinan-
dergehen. Was muss der Autolenker wissen, wenn er die Frage für
sich zuverlässig entscheiden will?

■ **Mit der Insassenversicherung kann der Autohalter sich selber,
seine Mitfahrer und irgendeinen Lenker seines Fahrzeuges gegen die
Unfallfolgen versichern.** Konkret: Bei Tod und Invalidität einer der
obgenannten Personen werden Leistungen erbracht, die im Versicherungsvertrag genau festgelegt sind. Dazu kommen die Heilungskosten, ein Taggeld bei Arbeitsunfähigkeit und ein Spitaltaggeld. Unbestritten ist heute, dass diese Versicherung nach der Revision des
Strassenverkehrsgesetzes von 1976 weitgehend *überflüssig* geworden
ist. Denn seither sind alle Mitfahrer mit der obligatorischen Haftpflichtversicherung geschützt.

Der Touringclub der Schweiz (TCS) hat in einer Broschüre die
Frage untersucht, unter welchen Umständen diese Versicherung
doch noch einen Sinn hat. Dabei ergibt sich folgendes:

■ **Eine Insassenversicherung ist nicht dringend notwendig, wenn Sie
als Halter und Lenker selbst eine allgemeine Unfallversicherung abgeschlossen haben, welche bereits die Unfallrisiken des Lenkers eines
Motorfahrzeuges deckt.**

**Aufgepasst:** Es muss überprüft werden, ob der Lohnausfall mit
den gebotenen Leistungen genügend gedeckt ist. UVG-Versicherte
(alle Arbeitnehmer, die mehr als 12 Wochenstunden arbeiten) sind
ohnehin auch für Folgen aus Nichtbetriebsunfällen versichert. Der
UVG-Versicherer zahlt als *Taggeld* nur 80% des Verdienstausfalles
und dies bloss bis zu einem Jahresverdienst von Fr. 69 600.–. Im
Invaliditätsfall wird ebenfalls eine Rente von 80% ausgerichtet. **Wer
sich eine 100prozentige Rente sichern will, kann bei einer Unfallversicherung eine *Zusatzversicherung* abschliessen.**

**Der Abschluss einer Insassenversicherung kann auch Vorteile
bringen:**

■ Wenn beispielsweise ein Autolenker wegen grobfahrlässiger Verletzung von Verkehrsregeln einen Mitfahrer körperlich geschädigt
hat, muss er unter Umständen mit hohen Regressansprüchen der
Haftpflichtversicherung rechnen. Hat nun der Halter des Fahrzeuges
eine Insassenversicherung *ohne* Anrechnung auf die Leistungen aus
seiner Halterhaftpflicht abgeschlossen, werden dem Verunfallten

selbstverständlich die vollen Leistungen aus der Haftpflicht- und der Invalidenversicherung ausgerichtet, ohne dass der Lenker mit Rückgriffsansprüchen rechnen muss. Das funktioniert allerdings nur, wenn die Insassenversicherung beim Haftpflichtversicherer des Motorfahrzeuges abgeschlossen worden ist.

■ Wer, ohne Halter zu sein, regelmässig ein Auto lenkt, wird unter Umständen rechtlich faktisch als Halter betrachtet. Dann stellt sich wiederum die Frage, ob er als Halter gegen die Folgen eines Unfalls genügend versichert ist (siehe den 1. Punkt Seite 202). Mit einer Insassenversicherung, die bekanntlich kaum mehr als Fr. 100.– kostet, kann unter Umständen ein Bonusverlust bzw. eine Erhöhung des Malus bei der Haftpflichtversicherung vermieden werden. Wenn die Unfallfolgen vollständig über die Insassenversicherung erledigt werden können und die Haftpflichtversicherung keine Leistungen erbringen muss, braucht der fehlbare Lenker keinen Bonusverlust in Kauf zu nehmen. **Die Insassenversicherung kann jedoch nur bei Personenschaden von Insassen in Anspruch genommen werden. Muss der Unfallverursacher gegenüber einem aussenstehenden Dritten für Sach- und Personenschaden aufkommen, wird nur die Haftpflichtversicherung leistungspflichtig.**

## Die Versicherung nimmt Regress

Wann darf die Versicherung auf ihren Versicherten zurückgreifen — also, wie es im Fachjargon heisst, Regress nehmen? **Autolenker wähnen sich oft in der trügerischen Sicherheit, nach Abschluss einer Haftpflichtversicherung hätten sie bei einem Unfall mit Ausnahme des eigenen Schadens nichts zu bezahlen.** Man erinnert sich, dass die Versicherung im Schadenfall den fehlbaren Lenker mit einem Bonusverlust bestraft (siehe oben Seite 197), doch die wenigsten rechnen damit, dass unter Umständen erhebliche Forderungen seitens der Versicherung auf den Unfallverursacher zukommen können. Wie ist die Rechtslage?

> Wer grobfahrlässig gegen die Verkehrsregeln verstösst, muss kraft gesetzlicher Bestimmung mit Rückforderungsansprüchen der Versicherung rechnen, die in extremen Fällen von den Gerichten bis zu 100% zugelassen werden.

■ Damit kommt der Unterscheidung zwischen *fahrlässiger* und *grobfahrlässiger* Verletzung der Verkehrsregeln eine entscheidende Bedeutung zu. Das Bundesgericht versteht unter grobfahrlässig «ein rück-

203

sichtsloses oder sonst schwer regelwidriges Verhalten». Mit dieser Formel wird zum Ausdruck gebracht, dass nicht jede Unaufmerksamkeit, die ja immer auch eine Verletzung von Verkehrsregeln beinhaltet, als solche betrachtet werden darf. Das Strassenverkehrsgesetz selber unterscheidet in seinen Strafbestimmungen zwischen einer *einfachen* (Art. 90 Ziff. 1) und einer *groben* Verletzung der Verkehrsregeln (Art. 90 Ziff. 2 SVG). Wer wegen Verletzung der letztgenannten Bestimmung verurteilt wird, muss mit einem Rückgriff rechnen. Der Zivilrichter ist allerdings nicht verpflichtet, die Beurteilung des Strafrichters vollumfänglich zu übernehmen. In den meisten Fällen stellt er aber auf ihn ab.

**Als *grobfahrlässige* Verstösse gegen die Verkehrsregeln werden in der Praxis beispielsweise das**

■ Überfahren von Sicherheitslinien und Stoppstrassen, das
■ Fahren mit erheblich übersetzter Geschwindigkeit oder das
■ Fahren in angetrunkenem Zustand qualifiziert.

Der rücksichtslose Autolenker, der sich bei einem Unfall selbst verletzt, muss mit einer zusätzlichen Bestrafung rechnen: **Neben der Haftpflichtversicherung kann auch die Unfallversicherung aus dem gleichen Grund ihre Leistungen kürzen.** Wer von einem grobfahrlässig verursachten Unfall einen bleibenden Schaden davonträgt, kann deshalb für sein ganzes Leben nicht nur körperlich, sondern auch finanziell ruiniert sein.

## Zusammenfassung

*Unbeschränkten* **Rückgriff hat die Versicherung in folgenden Fällen:**
■ Fahren ohne gültigen Führerausweis.
■ Fahren mit Lernfahrausweis, aber ohne Begleitperson.
■ Fahren ohne gültige Haftpflichtversicherung.

**Die *SUVA* oder ein anderer *Unfallversicherer* (gemäss UVG) eines Verletzten hat gegenüber einem Haftpflichtigen, der den Unfall allein zu verantworten hat, ein unbeschränktes Rückgriffrecht.**

**Einen *Teilrückgriff* hat die *Haftpflichtversicherung:***
■ gegen den eigenen Versicherungsnehmer, bzw. den Führer von dessen Fahrzeug, wenn der Unfall von diesen Personen grobfahrlässig verschuldet wurde,
■ gegen einen Dritten, der für einen Unfall mitverantwortlich ist. Dies kann auch einen
■ Fussgänger treffen, der die Strasse unvorsichtig überquert und dadurch einen Unfall auslöst. Er kann sich gegen dieses Risiko nur mit einer *Privathaftpflichtversicherung* schützen (s. Seite 225).

Vgl. auch *Verkehrsrechtsschutz* (*Rechtsschutzversicherungen*, S. 252).

# Lebensversicherungen

Jeder zweite Prämienfranken, den Herr oder Frau Schweizer einzahlen, landet in der Kasse einer Lebensversicherungsgesellschaft. Sind diese Prämien richtig und sinnvoll angelegt? Nein, die meisten von uns sind nicht optimal, viele sogar geradezu falsch versichert. Gerade bei Lebensversicherungen lohnt sich eine gründliche, unparteiische Orientierung, bevor man einem Versicherungsvertreter zu Gefallen einen Vertrag unterschreibt.

## Was steckt überhaupt hinter dem Begriff «Lebensversicherung»?

«Was nützt meiner Familie das Geld, das sie in zwanzig oder dreissig Jahren bekommen soll, wenn mir schon morgen etwas passiert? Warum eigentlich eine Lebensversicherung?»

Diese Frage wird in einer Werbebroschüre der Informationsstelle der Lebensversicherer gestellt. Sie taucht sicherlich im Zusammenhang mit dem Abschluss von Lebensversicherungen immer wieder auf. Die Vereinigung privater Lebensversicherer beantwortet sie in der erwähnten Broschüre selbst wie folgt:

> «Die private Lebensversicherung ist die einzige Spar- und Vorsorgeform, welche bei vorzeitigem Tod des Versicherten ein im voraus vereinbartes Kapital oder eine Rente den begünstigten Personen auszahlt. Die Leistung erfolgt sofort, und zwar in der vollen Höhe, auch wenn erst wenige Beiträge einbezahlt worden sind. Darüber hinaus können die Leistungen aus einer privaten Lebensversicherung der Familie vom ersten Tag an Schutz und Sicherheit bei Erwerbsunfähigkeit oder Invalidität gewähren.»

Diese Selbstdarstellung zeigt, dass dem Kunden grundsätzlich zwei verschiedene Waren verkauft werden: Einerseits ist von einer *Spar-* und *Vorsorgeform* die Rede, anderseits von einer *Kapitalauszahlung* oder einer Rente beim vorzeitigen Tod oder bei Erwerbsunfähigkeit des Versicherten.

**Die Lebensversicherung vermischt also die Vorsorge durch Sparen mit der Versicherung der Risiken Tod oder Erwerbsunfähigkeit.**
Versicherungen im eigentlichen Sinne stellen die sogenannten *Risikoversicherungen* dar, die, wie erwähnt, im Invaliditäts- und Todesfall gewisse Leistungen erbringen. Bei den *Sparversicherungen,* die mit diesen Risikoversicherungen verbunden sind, erhält der Versicherte nach einer bestimmten Vertragsdauer eine vereinbarte Summe, wenn er den Ablauf der Versicherung erlebt (sogenannter *Erlebensfall).* Bei diesen Erlebensfallzahlungen handelt es sich eigentlich um die Rückzahlung von erspartem Kapital.

Weitaus die meisten Lebensversicherungen umfassen einen Risiko- und einen Spartteil, weswegen man auch von *gemischten Versicherungen* spricht. Die Tatsache, dass hauptsächlich gemischte Versicherungen im Umlauf sind, ist unter anderem dadurch zu erklären, dass die Versicherungsgesellschaften und die teilweise auf Provisionsbasis arbeitenden Versicherungsagenten vor allem am Verkauf dieser gemischten Police interessiert sind. Bieten diese gemischten Versicherungen aber auch für den Versicherten Vorteile?

## Was muss ich mir vor dem Abschluss einer Lebensversicherung überlegen?

Die Prämien für eine gemischte Lebensversicherung fallen bei den Auslagen eines durchschnittlichen Haushalts stark ins Gewicht. Es sollte deshalb selbstverständlich sein, dass ein Versicherungsantrag nicht bei laufendem Fernsehgerät oder allein auf den gut gemeinten Rat eines Bekannten hin unterschrieben wird. So plausibel die vielen Gründe auch sind, die ein Vertreter für den Abschluss einer Lebensversicherung vorbringen kann, so unumgänglich ist eine ganz *individuelle Bestandesaufnahme des bisherigen Versicherungsschutzes* des einzelnen oder der Familie. Seriöse Vertreter wollen denn auch nicht einfach eine Police mehr an den Mann bringen, sondern sind sich bewusst, dass eine Lebensversicherung auf sämtliche bereits abgeschlossenen anderen Versicherungen des Haushalts abgestimmt werden muss (Pensionskasse, Unfall, AHV, IV, Taggeld).

■ Man muss also aufschlüsseln, welche Einnahmen bei Erwerbsausfall oder Tod des Versicherten *ausbleiben.*

■ Ebenso wichtig ist auch die Überlegung, welchen Lebensstandard eine Familie im Alter, bei vorzeitigem Tod oder Invalidität des Ernährers weiterführen will.

Eine Analyse der Einkommenssituation der meisten Haushalte ergibt den grössten Einnahmenausfall bei Erwerbsunfähigkeit wegen einer *Krankheit*. Während die Unfallfolgen heute dank UVG (siehe S. 155) und Haftpflichtrecht in der Regel gut versichert sind, erhalten viele Arbeitnehmer im Fall einer längeren Krankheit den Lohn nur kurze Zeit weiter ausbezahlt.

Die Dauer dieser Lohnfortzahlung des Arbeitgebers ist regional unterschiedlich. **Vgl. die orientierenden Tabellen im Anhang!**

■ Wer für längere Zeit krank wird, ist auf eine Lohnausfallversicherung angewiesen.

Solange diese Versicherung nicht obligatorisch ist, klaffen für die Arbeitnehmer grosse Lücken im sozialen Schutzgefüge.

Wer durch Krankheit *invalid* wird und nicht mehr oder nur noch teilweise arbeiten kann, ist schliesslich allein auf die *Rente der Invalidenversicherung* und der *Pensionskasse* angewiesen. Diese Renten sind vom früheren Einkommen abhängig, erbringen aber oft nur gerade das Existenzminimum (siehe S. 9 + 57).

**In diesem Fall kann nun eine ergänzende Rente oder die Kapitalzahlung einer Lebensversicherung sinnvoll sein, besonders wenn der invalide Arbeitnehmer Ernährer einer Familie ist.**

Ebenso hat ein früher Tod des alleinigen Ernährers grosse finanzielle Konsequenzen für die Witwe und ihre Kinder. Auch diesbezüglich reichen die Leistungen der Sozialversicherungen nicht annähernd zur Aufrechterhaltung des gewohnten Lebensstandards.

**Junge Familienväter können für derartige Fälle mit dem Abschluss einer Todesfall-Kapitalversicherung der Familie immerhin einen gewissen finanziellen Schutz garantieren.**

Wie hoch die Versicherungssumme im Einzelfall angesetzt werden soll, hängt im wesentlichen vom errechneten Finanzbedarf nach einem Schicksalsschlag ab, aber auch von den finanziellen Möglichkeiten eines Versicherten.

## Welche Risikoversicherung ist für mich die richtige?

Die *Prämien* für eine reine Risikoversicherung allein werden oft überschätzt.

Prämienbeispiel für eine Familie:

Ein dreissigjähriger Familienvater hat errechnet, dass er — um seinen Lebensstandard beibehalten zu können — im Fall der Erwerbsunfähigkeit jährlich zusätzlich Fr. 18 000.– benötigt. Diese Rente will er sich bis zum Eintritt ins Pensionsalter sichern. Beginn der Rentenzahlung sollte nach seinen Wünschen das zweite Jahr einer möglichen Erwerbsunfähigkeit sein, da er bis dahin noch vom Arbeitgeber bezahlt würde. Zusätzlich will er für den Fall, dass er vor seinem Pensionsalter sterben würde, seine Familie mit Fr. 200 000.– absichern. Die Kosten dieses Versicherungsschutzes würden sich im ersten Jahr des Versicherungsvertrages auf rund Fr. 2100.–, ab dem zweiten Jahr auf knapp Fr. 1500.– belaufen, also auf etwas über 100.– Franken im Monat.

Noch billiger käme eine Variante mit *abnehmenden* Versicherungsleistungen. Sie würde häufig bereits genügen: Wenn die Kinder grösser werden und die Frau allenfalls wieder teilweise ins Erwerbsleben einsteigt, ist die Familie nicht mehr vom allein verdienenden Vater abhängig. Dann kann es durchaus sinnvoll sein, dass sich die Todesfallsumme jedes Jahr reduziert (bei einem dreissigjährigen Vater mit Pensionsgrenze 65 um $\frac{1}{35}$ pro Jahr) und sich auch die Rente gleichbleibend bis zum Eintritt ins AHV-Alter vermindert.

Bei einer solchen *abnehmenden Todesfall-Kapitalversicherung* in der Anfangshöhe von Fr. 200 000.– und einer abnehmenden jährlichen Rente mit Basis Fr. 18 000.–, würde die jährliche Risikoprämie bei einem Dreissigjährigen nur noch Fr. 1200.– im ersten Jahr und knapp Fr. 900.– vom zweiten Jahr an betragen. *Die Kosten einer Risikoversicherung sind also in der Regel tiefer als die Ausgaben für die Krankenversicherung einer ganzen Familie.*

Wesentlich bei der Einrichtung eines solchen Versicherungsschutzes: Es wird eine Vielzahl von Versicherungsvarianten angeboten, aus denen man individuell auswählen kann.

**Alleinstehende werden vor allem die Erwerbsunfähigkeit infolge von Krankheit und Unfall versichern.** Die Versicherung des Todesfallrisikos wird allenfalls dann sinnvoll sein, wenn man eingegangene Verpflichtungen absichern muss. Dabei können Sie wählen zwischen einer *gleichbleibenden* oder einer *abfallenden* Versicherungssumme, zwischen einer lebenslänglichen Police oder einer zeitlich begrenzten. Sie können von der Versicherung verlangen, dass die Renten- oder Kapitalzahlungssumme jährlich automatisch dem Lebenskostenindex angepasst wird. Eine Prämienbefreiung bei Erwerbsunfähigkeitsversicherungen ist in der Regel im Prämienpreis inbegriffen.

Auch das *Todesfallrisiko* allein lässt sich unter den verschiedensten Vertragsbedingungen versichern: Gleichbleibende oder jährlich abfallende Todesfallsumme, lebenslängliche oder zeitlich begrenzte Todesfallversicherung (zum Beispiel für die Dauer einer Auslandsreise), mit oder ohne Summenanpassung an den Lebenskostenindex usw.

## Welche Sicherheiten bieten die sogenannten «Heftli-Versicherungen?»

Zahlungen im Invaliditäts- und Todesfall bieten nicht nur die Risiko-Lebensversicherungen an, sondern auch einige Zeitungs- und Zeitschriftenverlage.

■ Wer sich nicht nur Lesestoff kaufen, sondern nebenher noch etwas versichern will, kann dies bei den grösseren Verlagen gegen einen Abonnements-Aufpreis tun.

Obwohl heute kaum mehr dafür geworben wird, sind diese Heftliversicherungen immer noch verbreitet. Wer «Das Gelbe Heft», die «Glückspost», die «Schweizer Illustrierte», das «Tele», den «Tages-Anzeiger» oder etwa die «Schweizer Familie» abonniert, hat die Möglichkeit, für zwei bis drei Franken pro Monat einen Versicherungsschutz für den Invaliditäts- oder Todesfall zu erwerben.

Für erwachsene Versicherte sehen die Leistungen beispielsweise so aus:

Bei Ganzinvalidität oder Teilinvalidität werden Fr. 9000.– ausbezahlt, bei Unfalltod Fr. 6000.–, das Sterbegeld beträgt Fr. 100.–, und bei Unfall gibt's zusätzlich ein Taggeld von Fr. 5.– täglich (maximal 50 Arbeitstage).

**Wer diese Leistungen näher betrachtet, wird unschwer erkennen, dass der angebotene Versicherungsschutz so *lächerlich klein* ist wie der Betrag, den das Ganze kostet** (Fr. 2.65 pro Monat). Ein Sterbegeld von Fr. 100.– beispielsweise reicht nicht einmal für eine anständige Todesanzeige. Ein Unfalltaggeld von Fr. 5.– ist nicht nur lächerlich wenig, sondern auch unnötig, seit alle erwerbstätigen Arbeitnehmer in der Schweiz obligatorisch versichert sind (UVG). Fr. 9000.– im Invaliditätsfall sind zwar nützlich, reichen aber auch nicht gerade weit.

ZUSAMMENGEFASST:

Bei einem Unfall deckt eine solche Versicherung *keine* Versicherungslücke ab. Für den Invaliditätsfall aufgrund einer Krankheit

wären die per Abonnentenversicherung angebotenen Fr. 9000.–
nicht einmal ein Tropfen auf einen heissen Stein. Erwerbstätige,
welche die Folgen einer Teil- oder Ganzinvalidität oder das Todesfallrisiko versichern wollen, *bleiben trotz Heftliversicherung auf den
Abschluss einer Risiko-Lebensversicherung angewiesen.*

## Soll man mit einer Lebensversicherung sparen?

Wer sich nur für den Invaliditäts- oder Todesfall versichern will,
kann dies mit einer *Risikopolice* tun. Alle schweizerischen Lebensversicherungsgesellschaften bieten diese Versicherungen auch separat an, man muss nur den Vertreter danach fragen. Ob man neben
der Versicherung der erwähnten Risiken *zusätzlich mit einer Lebensversicherung sparen soll,* dürfte erstens davon abhängen, ob genügend Geld vorhanden ist, um zu sparen, und zweitens, ob sich das
Sparen über die Versicherung überhaupt lohnt und das Versicherungssparen auch sonstige Vorteile bringt.

**Wer nicht sparen kann, weil die Haushaltseinnahmen gerade für
den Lebensunterhalt der Familie, die Ferien, die Wohnungseinrichtung
und vielleicht eine Risikoversicherung reichen, sollte keine Sparversicherung abschliessen.**

Trotzdem ist die gemischte Versicherung sogar in Familien
verbreitet, wo kein Rappen für ein Sparkonto übrigbleibt. Dement-
sprechend reicht's nur für eine kleine Versicherungssumme.

---

Ein Vater dreier Kinder hat ausgerechnet, dass ihm unter Be-
rücksichtigung der Leistungen aus AHV, IV und der Pensions-
kasse bei Erwerbsunfähigkeit infolge Krankheit jährlich
Fr. 18 000.– Einkommen fehlen und seine Familie im Todesfall
Fr. 12 000.– pro Jahr zu wenig hat. Aufgrund seiner finanziellen
Möglichkeiten hat er eine gemischte Versicherung über eine
Kapitalzahlung von Fr. 40 000.– im Todes- und Erlebensfall
abgeschlossen sowie eine Rente von jährlich Fr. 12 000.– bei
Erwerbsunfähigkeit vereinbart.

---

Wer diese Zahlen betrachtet, sieht ohne weiteres, dass das Pro-
blem des Familienvaters nicht gelöst ist, weder im Todes- noch im
Invaliditätsfall.
**Für die Hälfte der dafür bezahlten Prämien könnte er jedoch eine
*Risikoversicherung* abschliessen, die folgende Leistungen erbringen
würde:**

Fr. 200 000.– Kapital im Todesfall, abnehmend bis zum AHV-Alter sowie eine Erwerbsausfallrente von Fr. 18 000.– pro Jahr, jährlich vom eingetretenen Versicherungsfall an um 5% steigend.

## ZWANGSSPAREN: MEDIZIN GEGEN VERSCHWENDUNGSSUCHT?

Die Versicherer argumentieren oft, eine Sparversicherung eigne sich auch und gerade für jene, die sonst nicht sparen würden. Denn mit einer Lebensversicherung seien sie gezwungen, regelmässig einen bestimmten Betrag einzuzahlen. Das Zwangssparen sei ein grosser Vorteil für Leute, die es beispielsweise mit freiwilligem Banksparen zu keinem Vermögen bringen würden.

Trotzdem kauft jeder fünfte Versicherte seine Police zurück! Es darf jedoch nicht übersehen werden, dass das Modell des Zwangssparens per Lebensversicherung wirklich nur für denjenigen Vorteile bringt, der tatsächlich das Geld hat, regelmässig die Sparprämien einzuzahlen. Wer jedoch jeden Monat mit seinem Lohn gerade so über die Runden kommt, läuft Gefahr, dass er in wirtschaftlich schlechteren Zeiten, bei Arbeitslosigkeit oder Stellenwechsel und geringerem Lohn, das Geld für die Zahlungen nicht mehr aufbringen kann. Er hätte dann die Möglichkeit, die Versicherung zurückzukaufen oder sie in eine prämienfreie umzuwandeln. Beide Varianten aber machen das Lebensversicherungs-Sparen sehr unvorteilhaft (siehe S. 221).

■ Wer sich für das Versicherungssparen entschliesst, sollte deshalb sicher sein, dass er die nötigen Mittel hat, den Vertrag auch langfristig zu erfüllen.

Noch unbeantwortet ist die Frage, ob sich das *Sparen* mit einer gemischten Versicherung überhaupt *lohnt*. Ob der Sparbatzen bei einer Lebensversicherung renditemässig gut angelegt ist, zeigt sich einerseits beim Vergleich mit dem Zins eines Sparbuches, andererseits aber auch beim Vergleich mit den Erträgen aus langfristigen Anlagen *(Obligationen* etc.).

Wie hoch sind die Sparzinsen der Lebensversicherungen? Die Antwort darauf ist nicht einfach. Während der Banksparer weiss, wie hoch der Zins auf seiner Anlage (Bankbuch, Obligationen) gegenwärtig ist, und entsprechend reagieren kann, lässt sich die Rendite einer Kapitalversicherung nur rückwirkend berechnen.

Grund dafür: Die Rendite setzt sich zusammen aus einem *technischen Zinsfuss* (heute 3%) und der sogenannten *Überschuss*- oder *Gewinnbeteiligung*. Beim technischen Zinsfuss handelt es sich um

211

einen festen Zins, der meistens so hoch ist wie die von der Versicherungsgesellschaft geschätzten Mindestzinseinnahmen für die Deckungsrücklagen. Die Gewinnbeteiligung bei den Lebensversicherungsbeträgen ergibt sich daraus, dass es sehr schwierig ist, den Verlauf der Sterblichkeit für längere Zeiträume vorauszusagen, und auch die Einschätzung des Kapitalmarktes für einige Jahrzehnte nur in engen Grenzen möglich ist. Hat nun die Versicherungsgesellschaft die Sterblichkeit zu vorsichtig eingeschätzt und dazu auf dem Kapitalmarkt mehr als erwartet eingesammelt, gibt sie die Ergebnisse dieses positiven Geschäftsergebnisses in Form der Gewinnbeteiligung weiter an die Versicherten. Dies erklärt, warum die effektive Rendite einer Kapitalversicherung nie zum voraus angegeben werden kann.

In Einzelversicherungen ist gemäss einer bundesrätlichen Verordnung ein Vermerk auf die zur Zeit des Versicherungsabschlusses geltenden künftigen Gewinnsätze zwar gestattet, gleichzeitig muss aber auf die Unsicherheit dieser Gewinne für die Zukunft hingewiesen werden. Bei einem Sparvergleich ist allerdings zu beachten, dass beim Versicherungssparen in der Regel auch ein Versicherungsschutz miteingeschlossen ist (Prämienbefreiung bei Erwerbsunfähigkeit, Leistungen bei vorzeitigem Tod).

Die folgenden Beispiele mögen Anhaltspunkte über die tatsächliche Rendite bei den gebräuchlichsten Sparformen geben.

> Vergleicht man die Auszahlung eines Sparbuches, das am 1.1.64 eröffnet worden war und seither während insgesamt 15 Jahren mit einer jährlichen Einlage von 10 000.– Franken gespiesen wurde, mit einer Sparversicherung (gleiche Einzahlung, gleiche Laufzeit), ergibt sich nach Abzug der Verrechnungssteuer ein Banksaldo von 185 806.– Franken. Die bei der Kapitalversicherung auszuzahlende Summe würde sich auf 185 600.– Franken belaufen.

(Quelle: J. Lattmann/D. Scharpf: Versicherungen in Schweizer Franken aus Kapitalanlage, Fortuna-Finanz-Verlag, Niederglatt ZH)

> Die Anlage in Eidgenössischen Obligationen würde für die gleiche Zeitspanne und die selben Sparkapitalien einen Nettosaldo von 199 233.– Franken ergeben, wobei beim Verkauf der Obligationen noch 32 154.– Franken zusätzlich in die Kasse des Sparers fliessen würden.

(Quelle: Lattmann/Scharpf)

■ Die vergleichsweise *höchste* Sparrendite ist bei einer Sparversicherung mit Einmalprämie (Einzahlung in voller Höhe beim Abschluss des Vertrages) zu erzielen.

■ Die *kleinste* prozentuale Rendite dürfte eine reine Erlebensfallversicherung aufweisen. Ein Beispiel (ohne allfällige Überschussbeteiligung):

> Bei einer Versicherungssumme von 10 000.– Franken, einer Laufzeit von 25 Jahren, einer jährlichen Prämie von 336.– Franken erzielt der Versicherungssparer magere 1,3% Rendite.

Zu erklären ist diese niedrige Rendite mit den hohen Verwaltungskosten von gegen 25%. Zum technischen Zinsfuss von 3% verzinst wird nur die jährliche Prämie abzüglich Verwaltungskosten.

Damit dürfte klar werden:

■ Der Sparerfolg kann nicht ein Grund für das Versicherungssparen sein, da die sehr langfristige Anlage in der Lebensversicherung nicht einmal eine grössere Netto-Rendite bringt als ein Sparheft, über das immerhin kurzfristig verfügt werden kann. Die Versicherungen weisen allerdings darauf hin, der Sparerfolg sei nicht der alleinige Grund für das Versicherungssparen. Versicherungssparen sei in erster Linie mittel- und langfristiges Vorsorgesparen mit der Akzentsetzung auf der Sicherheit.

Übrigens gelten diese Zahlen natürlich nur für schweizerische Lebensversicherungen. Überlegungen, ob es sich für einen Schweizer lohnt, sein Geld in Form von Lebensversicherungen beispielsweise in Deutschland anzulegen, haben weitgehend spekulativen Charakter. Das Zinsniveau und die Überschussbeteiligung mögen zwar im Einzelfall höher sein; doch angesichts der Währungsschwankungen sollte man sich durch allenfalls höhere Zinssätze nicht blenden lassen. Es sei denn, man wolle mit Lebensversicherungen auch noch etwas spekulieren. Dafür aber gibt es gewinnträchtigere Methoden.

Wo aber liegen die besonderen Vorteile der Sparversicherung, wenn nicht in der Rendite? Die Eigenwerbung der Lebensversicherungsgesellschaften nennt hier gleich drei Argumente: Die Lebensversicherungsanlagen seien steuerlich begünstigt und würden erbrechtliche sowie betreibungsrechtliche Vorteile mit sich bringen. Es lohnt sich, diese drei Argumente etwas genauer zu betrachten.

### STEUERLICHE VORTEILE DANK SPARVERSICHERUNGEN?

Zu diesem Aspekt ist zu sagen, dass die Kantone und der Bund tatsächlich Möglichkeiten einräumen, Versicherungsprämien von den Steuern abzusetzen. Allerdings sind diesen Abzügen feste Grenzen gesetzt.

Eine besondere Regelung gilt für sogenannte Vorsorge-Policen im Rahmen der dritten Säule (siehe S. 13). Diesen steuerlichen Erleichterungen stehen jedoch einschränkende Vorschriften bezüglich Versicherungsabschluss und Verfügungsmöglichkeiten gegenüber. Die Abzugsberechtigung ist an die Bedingung geknüpft, dass die Leistungen ausschliesslich und unwiderruflich der Vorsorge dienen. Policen-Darlehen sind ausgeschlossen. Die Ansprüche aus der Vorsorge dürfen nur zum Erwerb von Wohneigentum für den eigenen Bedarf sowie zum Aufschub der Amortisation von Hypothekardarlehen abgetreten oder verpfändet werden. Ein vorzeitiger Bezug von Altersleistungen ist nur in Ausnahmefällen möglich, nämlich

■ beim Bezug einer IV-Rente, sofern das Invaliditätsrisiko nicht versichert ist
■ beim Einkauf in eine steuerbefreite Vorsorgeeinrichtung
■ bei der Aufnahme einer selbständigen Erwerbstätigkeit
■ beim endgültigen Verlassen der Schweiz
■ wenn eine verheiratete oder vor der Heirat stehende Vorsorgenehmerin die Erwerbstätigkeit aufgibt
■ bei der Aufgabe einer bisher selbständigen und Aufnahme einer andersartigen selbständigen Erwerbstätigkeit.

ERBRECHTLICHE VORTEILE BEI LEBENSVERSICHERUNGEN?

Es trifft zu, dass bestimmte Personen dank einer Lebensversicherung erbrechtlich besser gestellt werden können.

■ Wird beispielsweise eine Ehefrau per Versicherungsvertrag im Todesfall ihres Gatten als Begünstigte bezeichnet, fallen die Versicherungsleistungen nicht in die Erbmasse, sondern werden unter Berücksichtigung der erbrechtlichen Pflichtteilsregelung der Witwe direkt ausbezahlt.

Dies bedeutet, dass die verwitwete Frau die Gelder selbst dann behalten kann, wenn der Nachlass ihres Ehemannes überschuldet ist und sie daher die Erbschaft ausschlagen müsste.

Dieses Vorrecht kann mit der sogenannten «Begünstigungsklausel» erzielt werden. In seinen Sparversicherungs-Vertrag trägt der Versicherte ein, wem die Versicherungssumme im Falle seines Ablebens zukommen soll. Diese Begünstigung ist jederzeit abänderbar, und sie kann auch später in einem Testament oder in einem Erbvertrag formuliert werden.

■ Die Begünstigung ist nur dann nicht (oder nur teilweise) wirksam, wenn die Auszahlung der Versicherungssumme an den Begünstigten den Pflichtteil eines Erben des Verstorbenen schmälern würde.

Wer nämlich in seinem Pflichtteilsrecht verletzt ist, kann mit einer gerichtlichen Klage die Herausgabe eines Teils der Versicherungssumme verlangen. Bei der Beurteilung der Frage, ob der Pflichtteil eines Erben durch die Auszahlung der Lebensversicherung an den Begünstigten verletzt ist, wird der Rückkaufswert der Versicherung zum Nachlass gerechnet (siehe auch Beobachter-Ratgeber *Testament − Erbfolge − Erbschaft*).

---

Ein 45jähriger Familienvater verunfallt tödlich. Sieben Jahre vor seinem Tod schloss er zugunsten seiner Frau eine gemischte Lebensversicherung auf die Dauer von dreissig Jahren ab. Die Versicherungssumme betrug Fr. 50 000.–. Der Nachlass des Verstorbenen beträgt 10 000.–. Davon nimmt sich die Witwe einen Viertel (gesetzlicher Erbteil) und beansprucht die Auszahlung der Versicherung in voller Höhe. Damit ist allerdings die 21jährige Tochter nicht einverstanden. Sie akzeptiert nicht, dass das Todesfallkapital von Fr. 50 000.– vollumfänglich ihrer Mutter zukommt.

Würde sie nun ihre Mutter einklagen, erhielte sie von der ausbezahlten Versicherungssumme noch den Betrag von Fr. 2062.50 zusätzlich zu den Dreivierteln des Barvermögens ihres Vaters, weil ihr Pflichtteil durch die Begünstigungsklausel der Lebensversicherung verletzt wurde. Der Pflichtteil, den die Tochter gemäss Zivilgesetzbuch vom Erbe ihres Vaters zugut hat, berechnet sich nämlich so:

¾ des Nachlasses ist ihr gesetzlicher Erbteil, ¾ davon ist Pflichtteil (¾ von ¾ sind 9/16). 9/16 des Nachlasses des Vaters (10 000.– Barvermögen und 7000.– Rückkaufswert der Lebensversicherung) machen den Betrag von Fr. 9562.50 aus − also Fr. 2062.50 mehr, als ihr die Mutter freiwillig überliess. Nach dem neuen Ehe- und Erbrecht wird der Pflichtteil der Tochter nur noch ⅜ betragen.

## SCHUTZ DER FAMILIE IM BETREIBUNGSVERFAHREN

Einen echten Vorteil bringt die Begünstigungsklausel auch in betreibungsrechtlicher Hinsicht. Hat nämlich ein Ehegatte seine Frau oder die Kinder versicherungsmässig begünstigt, so besteht keine Gefahr, dass er sein Lebensversicherungsvermögen im Falle einer Pfändung oder eines gegen ihn verhängten Konkurses an die Gläubiger herausgeben muss. Beim Versicherungsvertrag gehen in einem solchen Fall von Gesetzes wegen sämtliche Rechte und Pflichten aus der Versicherung auf die Gattin oder die Nachkommen über.

**Interessant dürfte dieser Aspekt vor allem für Selbständigerwerbende sein, die relativ hohe wirtschaftliche Risiken tragen.**

## WANN EINE SPARVERSICHERUNG?

*Fazit aus diesen verschiedenen Aspekten:* Mit einer Sparversicherung liebäugeln sollte man nur dann, wenn
- genügend Geld vorhanden ist, um überhaupt ans Sparen denken zu können
- langfristiges Sparen erwünscht ist und auch langfristig keine Liquiditätsprobleme bestehen
- ein gewisser Zwang zum Sparen gewollt ist, weil das Sparen sonst zu kurz kommen würde und
- die hohen Risiken wie Invalidität und allenfalls Todesfall bereits ausreichend versichert sind.

*Unsinnig ist es dagegen, wenn versierte Vertreter selbst Unmündigen Sparversicherungen aufschwatzen.* Es sind Fälle bekannt, in denen sogar Lehrlinge mit monatlichen Lohnbezügen von lediglich einigen hundert Franken Lebensversicherungsverträge abgeschlossen haben. Es handelte sich dabei um geringe Versicherungssummen von beispielsweise Fr. 20 000.–, die aber immerhin monatliche Prämienbelastungen von gut Fr. 100.– ausmachten. Grundsätzlich sind solche Verträge gültig, denn auch Unmündige können über ihren Arbeitserwerb selbständig verfügen.

## SPARVERSICHERUNG ALS ALTERSVORSORGE?

Ausgeklammert wurde bei den bisherigen Überlegungen die Fragwürdigkeit *langfristigen Geldsparens* allgemein. Das Hauptargument der Skeptiker, das die Versicherungsgesellschaften immer wieder hören, heisst denn auch: die Teuerung werde durch die Rendite nie erreicht.

Wer 1964 eine Lebensversicherung in Höhe von Fr. 100 000.–
abschloss, zahlte damals Fr. 65 000.– Prämie bei einer Laufzeit
von 20 Jahren (Einmalprämie). Der Teuerungsindex für die letzten 20 Jahre betrug laut BIGA (Bundesamt für Industrie, Gewerbe und Arbeit) 140,5%. Die 1964 einbezahlte Prämie von
65 000.– Franken entspricht also 20 Jahre später einem Gegenwert von Fr. 156 000.–. Von seiner Lebensversicherung erhält
der Versicherte jedoch 1984 lediglich Fr. 100 000.– zuzüglich
Gewinnanteil (ca. Fr. 25 000) ausbezahlt.

VERSICHERUNGSSCHUTZ NACH MASS!

Auch *Sparversicherungen* sind für den individuellen Bedarf *an-
passbar:* Versicherungen in jeder beliebigen Höhe, Versicherungen
auf ein oder zwei Leben, Versicherungen mit steigendem Todesfallkapital (Sinn: Ausgleichung der Geldentwertung), besser: individuelle Erhöhung des Kapitals nach Bedarf, Versicherungen mit gestaf-
felter Auszahlung im Erlebensfall (z. B. drei Auszahlungen nach je
einem Drittel der Laufdauer, Nachteil: ungünstige Rendite), Ausbil-
dungsversicherungen für Kinder etc. Diese verschiedenen Policen
können mit Zusatzversicherungen versehen werden. Die wichtigste
davon: **Prämienbefreiung bei Erwerbsunfähigkeit.**

■ Unnötig sind Zusatzversicherungen, die nicht auf den Bedarf des
Versicherten oder der Nachkommen gerichtet sind, sondern auf die
Todesursache abstellen, beispielsweise ein Zusatz auf Doppelzah-
lung bei Unfall- oder Krebstod des Versicherten.

RENTENVERSICHERUNG ALS ALTERSVORSORGE

Neben diesen Versicherungsarten sind die *Rentenversicherungen*
relativ verbreitet: Sie wollen den Bedürfnissen jener Betagten Rechnung tragen, die noch ein bestimmtes Kapital besitzen, jedoch aufgrund der unbestimmten Lebenserwartung im Ungewissen darüber
sind, ob das Vermögen bis zum Lebensende reicht. Ihnen steht die
Möglichkeit offen, mit einem Teil oder dem ganzen Kapital eine
lebenslängliche *Leibrente* zu kaufen. Damit sind sie immerhin sicher,
jederzeit über ein gesichertes Einkommen, nämlich die Altersrenten
der Sozialversicherungen sowie die Leibrente, zu verfügen.

■ Nicht ratsam ist es allerdings, den letzten Batzen für eine Rente
auszugeben, weil dann neben dem Grundeinkommen keine finanzielle Bewegungsfreiheit mehr bleibt.

■ Zu empfehlen ist eine Leibrente nur Leuten, die mit einer überdurchschnittlichen Lebenserwartung rechnen. Überdurchschnitt-
lich, das heisst für 65jährige Männer über 15 Jahre und für 62jährige

Frauen über 21 Jahre. Abgeschlossen werden können Rentenversicherungen mit aufgeschobenem oder sofortigem Beginn.

## Was muss bei Vertragsabschluss beachtet werden?

AUSKUNFTSPFLICHT GEGENÜBER DER VERSICHERUNG!

**Wichtig ist das genaue und wahrheitsgetreue Ausfüllen des Antragsformulares.** Auch derjenige, der ärztlich untersucht wird, muss die *bisherigen Erkrankungen* sowie allfällige erbliche Belastungen der Familie wahrheitsgemäss angeben.

■ Wer bestimmte Angaben «vergisst», läuft Gefahr, dass die Versicherung vom Vertrag zurücktritt, wenn sie von unterschlagenen Tatsachen Kenntnis erhält.

Bei ihrem Rücktritt müsste die Versicherungsgesellschaft lediglich den Rückkaufswert der Versicherung vergüten.

In einem kürzlich gefällten Entscheid präzisierte das *Bundesgericht* die Auskunftspflicht des Versicherten dahingehend, dass es unwesentlich sei, ob unrichtige Angaben schuldhaft gemacht worden seien. Die Versicherung kann also auch in Fällen vom Vertrag zurücktreten, in denen die falsche Angabe unverschuldet erfolgte. Begründet wurde dieser Entscheid mit den entgegengesetzten Interessen der Vertragsparteien: Um das Risiko einigermassen abschätzen zu können, müssten sich die Versicherungsgesellschaften auf die exakte Bekanntgabe von Risikofaktoren verlassen können.

Anders urteilte das selbe Gericht in einem ähnlichen Fall: Ein Italiener, der kein Deutsch verstand, hatte sein Antragsformular von einem selbstgewählten Vertrauensarzt ausfüllen lassen. Im Antragsformular fehlte eine wesentliche Tatsache, nämlich ein früherer Klinikaufenthalt des Italieners. Die höchsten Richter kamen in diesem Fall zum Schluss, dass der Arzt aufgrund der konkreten Umstände als Vertrauensarzt der Versicherungsgesellschaft betrachtet werden müsse, so dass ein allfälliger Fehler nicht dem Italiener, sondern der Gesellschaft anzulasten sei.

WER EINEN VERSICHERUNGSANTRAG UNTERSCHREIBT, VERPFLICHTET SICH!

**Ist der Versicherungsantrag einmal unterschrieben, ist der Interessent für die Dauer von vierzehn Tagen gebunden.** Er kann also nicht mehr zurücktreten. Im Fall eines Antrags, bei dem die Gesellschaft eine ärztliche Untersuchung verlangt, beträgt diese Frist in der Regel vier Wochen. *Wenn die Gesellschaft innerhalb dieser Fristen den Antrag nicht annimmt, ist der Interessent wieder frei. Neu überlegen kann er sich die Versicherung auch dann, wenn ihn die Gesellschaft nur zu erschwerten Bedingungen aufnehmen will,* wenn also bestimmte Risiken ausgeschlossen werden sollen.

■ Wer von einer Versicherung nicht zu den üblichen Bedingungen aufgenommen wird, sollte zuerst Offerten bei anderen Versicherungen einholen, bevor er sich schriftlich bereit erklärt, die ihm auferlegten Erschwernisse zu übernehmen.

■ *Verträge auf fremdes Leben* bedürfen zu ihrer Gültigkeit der Unterschrift der Drittperson. Dies ist gesetzlich vorgeschrieben. Der Grund dafür dürfte wohl sein, dass sich die Versicherung durch die Unterschrift des Betroffenen vergewissern kann, dass dieser im Abschluss der Versicherung keine Gefährdung seines eigenen Lebens sieht.

■ Keine Zustimmung des Dritten oder des Versicherers braucht, wer in seiner persönlichen Lebensversicherung *einen Dritten als Begünstigten* bezeichnet.

Wie bereits oben angedeutet wurde, muss diese Begünstigung nicht unbedingt in der Versicherungspolice festgelegt sein. Sie ist auch gültig, wenn sie in einem Erbvertrag oder einem Testament als solche erwähnt ist. Die Begünstigung kann im übrigen vom Versicherungsnehmer jederzeit widerrufen werden. Auch ist er trotz Begünstigung eines Dritten jederzeit frei, ob er die Versicherung umwandeln, zurückkaufen oder etwa verpfänden will.

Sollten im Vertrag keine Begünstigten bezeichnet sein (meist sehen Normverträge Begünstigungen vor), so fällt die Versicherungssumme in den Nachlass des verstorbenen Versicherten.

*Nachteil:* Falls die Erbschaft überschuldet ist, fällt die Versicherungssumme ganz oder teilweise an die Gläubiger, und die Erben erhalten nur den Überschuss.

## Wie und wann müssen die Prämien bezahlt werden?

Ein Vergleich der in der Schweiz verlangten Lebensversicherungsprämien zeigt, dass die Unterschiede zwischen den einzelnen Gesellschaften nur gering sind: Die Differenz beträgt um die fünf Prozent. Eine übersichtliche Aufstellung der Kosten ist im Buchhandel erhältlich (siehe Anhang).

■ **Die erste Prämie ist fällig mit dem Abschluss des Vertrages. In der Regel werden die Prämien jährlich im voraus entrichtet.** Unterjährige Zahlung und Teilzahlung ist auch möglich, allerdings nur gegen einen Zuschlag. Neben der periodischen Prämienzahlung existieren andere Zahlungsmöglichkeiten: **Bei einer Lebensversicherung mit Einmalprämie bezahlt der Versicherungsnehmer die Kosten der Police bei Abschluss des Vertrages in einem Mal.** Eine solche Einmalprämie ist dank Verzinsung billiger als die zusammengerechneten, stufenweise einbezahlten Prämien.

■ Eine weitere Einzahlungsweise besteht in dem sogenannten **Prämiendepot: Dabei übergibt der Versicherungsnehmer der Versicherungsgesellschaft bei Abschluss des Vertrages eine bestimmte Summe, aus der die Gesellschaft jährlich die vereinbarte Prämie buchhalterisch abbucht.** Solche Prämiendepots dienen teilweise dazu, unversteuertes Vermögen zu legalisieren und «weisszuwaschen».

■ Wer die geforderten Prämien nicht bezahlt, erhält wie bei allen anderen Geschäften auch zuerst eine Mahnung. Wird auch diese Mahnung nicht berücksichtigt und bleibt die Zahlung aus, so ruht die Leistungspflicht der Versicherung. Besteht die Lebensversicherung bereits drei Jahre und unterbleibt die Prämienzahlung, wird die Versicherung von Gesetzes wegen automatisch in eine prämienfreie umgewandelt. Die Gesellschaft hat dann den Umwandlungswert und allenfalls den Rückkaufswert festzustellen und ihn dem Versicherten auf dessen Begehren mitzuteilen. Für den Fall, dass es sich um eine rückkauffähige Lebensversicherung handelt, kann der Versicherte sechs Wochen vom Empfang der Mitteilung an gerechnet die Versicherung zurückkaufen.

Wesentlich ist also:

■ **Bei Nichtbezahlung der Prämie wird der Versicherte nicht betrieben. Auch wird der Vertrag von der Gesellschaft nicht gekündigt, sondern einfach umgewandelt oder auf Verlangen des Versicherten ausbezahlt.** Auf dem Betreibungsweg eingefordert werden können lediglich die ersten drei Jahresprämien.

■ Bereits nach Bezahlung der ersten Jahresprämie ist allerdings ein Rücktritt des Versicherten möglich, jedoch nur dann, wenn er der Versicherung vor Beginn eines neuen Versicherungsjahres vom Rücktritt Kenntnis gibt. **Wer in den ersten drei Jahren der Versicherungsdauer zurücktritt, muss sich allerdings im klaren sein, dass sämtliche geleisteten Zahlungen für ihn verloren sind.**

## Was tun, wenn für die Prämienzahlungen kein Geld mehr vorhanden ist?

**Wer kein Geld mehr hat, um die regelmässigen Prämien für die Lebensversicherung zu bezahlen, aber das Geld, das er bereits einbezahlt hat, stehen lassen will, kann** *nach mehr als drei Jahren* **seine Versicherung wie gesagt in eine prämienfreie umwandeln lassen.** Dazu genügt die Einstellung der Zahlungen. *Folge:* Die Leistung der Versicherung wird reduziert.

> Eine Frau, die 1952 eine Sparversicherung abschloss, konnte die Prämien von jährlich Fr. 547.– nur gerade fünf Jahre lang aufbringen. Nach dieser Zeit wurde die auf die Versicherungssumme von Fr. 15 000.– und eine Laufdauer von 30 Jahren abgeschlossene Versicherung in eine prämienfreie umgewandelt. Nach Ablauf der Laufzeit des Vertrages im Jahre 1982 erhielt sie lediglich noch Fr. 500.– ausbezahlt, obschon sie in den ersten fünf Jahren insgesamt 2500.– Franken einbezahlt hatte.

Dieses äusserst magere Ergebnis ist dadurch zu erklären, dass ein grosser Teil der Prämien für die Deckung des Todesfallrisikos angerechnet wurde. *Von der Rendite her gesehen sind solche umgewandelten Versicherungen immer unvorteilhaft für den Versicherten.*

### BELEIHUNG ODER RÜCKKAUF DER VERSICHERUNGSPOLICE

Wer finanziell so schlecht steht, dass er weder die Kosten für die jährlichen Prämien aufbringen kann noch sonst genügend Geld für den Lebensunterhalt zur Verfügung hat und deshalb auf das Geld der Lebensversicherung angewiesen ist, soll mit der Lebensversicherung Kontakt aufnehmen, damit er über die für ihn günstigste Lösung beraten werden kann. Grundsätzlich stehen mehrere Möglichkeiten offen:

■ Er kann die Versicherung erstens einmal als *Kreditmittel* brauchen und sie bei der Gesellschaft selbst beleihen. Er bezahlt für dieses Darlehen allerdings einen Zins, der sich nach der Marktlage richtet und nicht in den Vertragsbedingungen geregelt ist. Zur Zeit beträgt dieser Zins 5%.

Damit ist klar:

■ Wer nicht genügend Geld hat, um regelmässig einzuzahlen, und wer darüber hinaus noch über einen Teil der gesparten Summe verfügen muss, fährt schlecht mit einer Sparversicherung.

Im Falle einer Beleihung muss er der Versicherungsgesellschaft einen höheren Zins bezahlen, als er für sein eigenes Geld von eben dieser Gesellschaft bekommt!

Ungünstig stellen sich auch alle jene, die im Lauf der Vertragsdauer von der Versicherung nichts mehr wissen wollen und ihr erspartes Geld zurückverlangen: *Ein Rückkauf ergibt immer eine schlechte, weit unter dem Sparzins einer Bank liegende Rendite.* Besonders tief ist die Rückkaufssumme in der ersten Hälfte der Laufdauer. Denn zurückbezahlt wird das *Deckungskapital,* vermindert um einen Rückkaufsabzug, der um so kleiner ist, je näher der Rückkaufstermin dem Datum des Vertragsablaufs ist. (Das *Deckungskapital* ist diejenige Summe, zu welcher die Sparprämien mit Zins und Zinseszins aufgelaufen sind. Als Sparprämie wird jener Teil der Prämie bezeichnet, welcher nicht für die Verwaltungskosten oder für die Risikoabdeckung gebraucht wird.)

**Wer während dreier Jahre die Prämien bezahlt hat, kann jederzeit den Rückkauf seiner Versicherung verlangen.** Drei Monate nach Eingang des Rückkaufbegehrens ist die Summe fällig. Wie hoch der Rückkaufswert einer Versicherung ist, kann übrigens jederzeit von der Versicherung erfragt werden. Diese ist dann verpflichtet, innerhalb von vier Wochen nach Anfrage diesen Wert zu berechnen und ihn dem Versicherten mitzuteilen. Beim Bundesamt für Privatversicherungswesen in Bern kann jeder Bürger diese Berechnung kostenlos überprüfen lassen. Eine für alle Versicherungen gültige Rückkaufstabelle existiert nicht. Als Anhaltspunkt mag die Tabelle auf der folgenden Seite dienen:

Ungefährer Rückkaufswert in % der Versicherungssumme

Bezahlte Jahresprämien / Primes annuelles payées

| Dauer (Jahr) | 3 | 4 | 5 | 6 | 7 | 8 | 9 | 10 | 11 | 12 | 13 | 14 | 15 | 16 | 17 | 18 | 19 | 20 | 21 | 22 | 23 | 24 | 25 | 26 | 27 | 28 | 29 | 30 |
|---|---|---|---|---|---|---|---|---|---|---|---|---|---|---|---|---|---|---|---|---|---|---|---|---|---|---|---|---|
| 10 | 24 | 34 | 44 | 55 | 65 | 77 | 88 | 100 | | | | | | | | | | | | | | | | | | | | |
| 11 | 21 | 30 | 39 | 48 | 58 | 68 | 78 | 89 | 100 | | | | | | | | | | | | | | | | | | | |
| 12 | 19 | 27 | 35 | 43 | 52 | 61 | 70 | 80 | 90 | 100 | | | | | | | | | | | | | | | | | | |
| 13 | 16 | 24 | 31 | 39 | 47 | 55 | 63 | 72 | 81 | 90 | 100 | | | | | | | | | | | | | | | | | |
| 14 | 15 | 21 | 28 | 35 | 42 | 50 | 58 | 66 | 74 | 82 | 91 | 100 | | | | | | | | | | | | | | | | |
| 15 | 13 | 19 | 26 | 32 | 39 | 46 | 53 | 60 | 67 | 75 | 83 | 91 | 100 | | | | | | | | | | | | | | | |
| 16 | 12 | 17 | 23 | 29 | 35 | 42 | 48 | 55 | 62 | 69 | 76 | 84 | 92 | 100 | | | | | | | | | | | | | | |
| 17 | 11 | 16 | 21 | 27 | 32 | 38 | 44 | 51 | 57 | 64 | 70 | 77 | 85 | 92 | 100 | | | | | | | | | | | | | |
| 18 | 10 | 14 | 19 | 25 | 30 | 35 | 41 | 47 | 53 | 59 | 65 | 72 | 78 | 85 | 93 | 100 | | | | | | | | | | | | |
| 19 | 9 | 13 | 18 | 23 | 28 | 33 | 38 | 43 | 49 | 55 | 60 | 67 | 73 | 79 | 86 | 93 | 100 | | | | | | | | | | | |
| 20 | 8 | 12 | 16 | 21 | 25 | 30 | 35 | 40 | 45 | 51 | 56 | 62 | 68 | 74 | 80 | 86 | 93 | 100 | | | | | | | | | | |
| 21 | 7 | 11 | 15 | 19 | 24 | 28 | 33 | 37 | 42 | 47 | 52 | 58 | 63 | 69 | 75 | 81 | 87 | 93 | 100 | | | | | | | | | |
| 22 | 7 | 10 | 14 | 18 | 22 | 26 | 30 | 35 | 39 | 44 | 49 | 54 | 59 | 64 | 70 | 76 | 81 | 87 | 94 | 100 | | | | | | | | |
| 23 | 6 | 9 | 13 | 17 | 20 | 24 | 28 | 32 | 37 | 41 | 46 | 50 | 55 | 60 | 65 | 71 | 76 | 82 | 88 | 94 | 100 | | | | | | | |
| 24 | 6 | 8 | 12 | 15 | 19 | 23 | 26 | 30 | 34 | 39 | 43 | 47 | 52 | 57 | 61 | 66 | 72 | 77 | 82 | 88 | 94 | 100 | | | | | | |
| 25 | 6 | 8 | 11 | 14 | 18 | 21 | 25 | 28 | 32 | 36 | 40 | 44 | 49 | 53 | 58 | 63 | 67 | 72 | 78 | 83 | 88 | 94 | 100 | | | | | |
| 26 | 5 | 7 | 10 | 13 | 16 | 20 | 23 | 27 | 30 | 34 | 38 | 42 | 46 | 50 | 54 | 59 | 63 | 68 | 73 | 78 | 83 | 89 | 94 | 100 | | | | |
| 27 | 5 | 7 | 9 | 12 | 15 | 19 | 22 | 25 | 28 | 32 | 36 | 39 | 43 | 47 | 51 | 56 | 60 | 64 | 69 | 74 | 79 | 84 | 89 | 94 | 100 | | | |
| 28 | 5 | 6 | 9 | 11 | 14 | 17 | 20 | 24 | 27 | 30 | 34 | 37 | 41 | 45 | 48 | 52 | 57 | 61 | 65 | 70 | 74 | 79 | 84 | 89 | 95 | 100 | | |
| 29 | 5 | 6 | 8 | 11 | 13 | 16 | 19 | 22 | 25 | 28 | 32 | 35 | 39 | 42 | 46 | 50 | 54 | 58 | 62 | 66 | 70 | 75 | 80 | 84 | 89 | 95 | 100 | |
| 30 | 4 | 6 | 7 | 10 | 13 | 15 | 18 | 21 | 24 | 27 | 30 | 33 | 36 | 40 | 43 | 47 | 51 | 55 | 58 | 63 | 67 | 71 | 75 | 80 | 85 | 90 | 95 | 100 |

# Privathaftpflichtversicherungen

**Wer jemandem Schaden zufügt, muss für die Folgen aufkommen. Er wird schadenersatzpflichtig.** Die Privathaftpflicht ist eine der wichtigsten Versicherungen und sollte in jedem Haushalt selbstverständlich sein.

Fachleute messen ihr sogar grössere Bedeutung zu als beispielsweise der Krankenversicherung. Grund dafür: Das Risiko, durch eigenes Verschulden das ganze Vermögen zu verlieren, ist weit grösser als etwa bei Krankheit. Teuer ist eine Privathaftpflichtversicherung deswegen nicht. Bei ihr kommt der ursprüngliche Versicherungsgedanke voll zum Tragen:

*Versichert wird ein grosses, aber seltenes Risiko.* Deshalb sind die Prämien gering. Für eine Zwei-Millionen-Deckung muss der Versicherte in der Regel kaum mehr als Fr. 100.– pro Jahr bezahlen.

## Wozu brauche ich eine Haftpflichtversicherung?

Schaden bedeutet im versicherungstechnischen Sinn immer finanzieller Schaden. Die Juristen definieren ihn so: Schaden ist der Vermögensunterschied vor und nach dem schädigenden Ereignis.

Die Pflicht, den angerichteten Schaden wiedergutzumachen, trägt man laut Gesetz immer dann, wenn man ihn verschuldet hat. Dabei ist es gleichgültig, ob die schädigende Handlung fahrlässig oder vorsätzlich erfolgte. Auch eine Unachtsamkeit kann Verschulden bedeuten. Allerdings gibt es Ausnahmen: Ein Automobilist beispielsweise haftet gemäss Strassenverkehrsgesetz für den angerichteten Schaden selbst dann, wenn ihn *kein* Verschulden trifft. Dabei spricht man von sogenannter Kausalhaftung. Diese Überlegungen spielen an dieser Stelle keine Rolle (siehe Kapitel: *Autoversicherungen*).

**Die Privathaftpflichtversicherung kommt für den Schaden auf, den einer nicht als Lenker oder Halter eines Wagens, sondern beispielsweise als Sportler, Mieter, Eigentümer, Fussgänger angerichtet hat.**

Dazu als Illustration einige exemplarische Unglücksfälle, die ins grosse Geld gehen können:

■ Ein Pistenrowdy bringt aus Übermut und Unachtsamkeit einen unberechenbaren Ski-Anfänger zu Fall.

■ Ein eiliger Fussgänger stösst einen betagten Passanten um.

Wer Kinder hat, kann auch die Folgen unüberlegten Spiels etwa abschätzen: Pfeilspiele haben schon oft mit lebenslänglichen Folgen für die Beteiligten geendet. Wenn in solchen Fällen zu den Heilungskosten noch Erwerbsausfallentschädigungen bezahlt werden müssen, kann der Schaden leicht in die Hunderttausende von Franken gehen.

## Kleine Streiche — grosse Folgen

Kinderstreiche können nicht nur für den unmittelbar Geschädigten schwere Folgen haben, sondern auch für die Familie des «Täters». Denn das Kind selbst ist häufig urteilsunfähig und damit auch unfähig, etwas im rechtlichen Sinne zu verschulden. In diesen Fällen der Schuldunfähigkeit ist die Haftpflichtversicherung gesetzlich nicht unbedingt zu Zahlungen verpflichtet, anerkennt aber oft freiwillig zumindest eine Teilhaftung. Auch stellt sich die Frage, ob nicht die Eltern (Familienvorstand) wegen Vernachlässigung der Aufsichtspflicht haftpflichtig werden, was dann natürlich wieder durch die Versicherung abgedeckt ist.

■ **Laut Gesetz ist der Familienvorstand für die angerichteten Schäden dann haftbar, wenn er nicht beweisen kann, dass er die übliche Sorgfalt bei der Beaufsichtigung der Kinder beachtet hat.**

Ähnliche Überlegungen gelten für Schäden, die Haustiere anrichten. Da Tiere nicht zur Rechenschaft gezogen werden können, ist laut Gesetz der Tierhalter haftbar. Auch diese Haftung ist durch die Haftpflichtpolice gedeckt. (Siehe auch: *Unfall, was nun?* Beobachter Buchverlag 1984, S. 95 ff.)

## Mieterschäden: Abnützung oder Beschädigung?

Am häufigsten kommt die Privathaftpflichtversicherung aber bei *Mieterschäden* zum Tragen. Bekanntlich sind die Schweizer ein Volk von Mietern, und das Gesetz sieht vor, dass der Mieter beim Verlassen einer Wohnung für die während der Benützung entstandenen Schäden haftbar ist. Dabei springt die Haftpflichtversicherung ein, wenn z. B.

■ die Kinder Wände und Tapeten zerrissen haben,

■ der Vater bei der Montage einer Lampe die Decke oder bei einer Reparatur im Badezimmer die Badewanne beschädigt hat.

Was die Versicherung nicht übernimmt, sind die Abnützungs-
folgen. Aber dafür muss der Mieter auch nicht aufkommen. Als
Mieter bezahlt er ja regelmässig den Zins für den Gebrauch der
Wohnung; eine normale Abnützung ist also im Mietzins inbegriffen.
*Wer hingegen so stark geraucht und damit Wände und Decken dermas-
sen geschwärzt hat, dass es nicht mehr als normale Abnützung gelten
kann, muss für die Renovation selbst aufkommen!* Keine Haftpflichtversicherung deckt nämlich die allmähliche Beschädigung von Tapeten, Wänden, Decken und Böden. Allerdings ist häufig fraglich, was
noch normale Abnützung ist und was bereits als übermässige Abnützung und somit als Beschädigung gilt. Die Grenzen sind fliessend.
■ Bei Unklarheiten hilft in der Regel eine Beratung durch den
örtlichen Mieterverband weiter.

## Bei Schäden: Lebensdauer beachten!

Selbst wenn feststeht, dass ein Teil der Wohnung mehr als
abgenützt worden ist und renoviert werden muss, hat der Mieter
nicht die vollen Kosten zu tragen. Er muss nur für jenen Betrag
geradestehen, den die beschädigte Sache unter Berücksichtigung der
Abnützung überhaupt noch wert ist.

> Wenn ein Spannteppich nach siebenjähriger Benutzung Zigaret-
> tenlöcher aufweist und beim Auszug des Mieters ausgewechselt
> werden muss, hat der Mieter nicht den vollen Betrag für den
> neuen Teppich zu bezahlen. Sieben Jahre wurde der Spanntep-
> pich ja abgenützt und hat demzufolge stark an Wert eingebüsst.
> Bei der Berechnung der Schadenshöhe muss somit von der
> Lebensdauer des Teppichs ausgegangen werden. Einem Spann-
> teppich wird — je nach Qualität — eine Lebensdauer von sechs
> bis fünfzehn Jahren gegeben. Bei Annahme einer mittleren Qua-
> lität, einer Lebensdauer von zehn Jahren, muss unser Mieter nur
> noch 30% des Neupreises des beschädigten Spannteppiches
> bezahlen.

■ Als Lebensdauer weiterer, häufig beschädigter Wohnungs-
einrichtungs-Gegenstände gelten für:

| | |
|---|---|
| Tapeten | 10 Jahre |
| Anstrich: Kunstharzfarben | 10 – 15 Jahre |
| Dispersion | 10 Jahre |

| | |
|---|---|
| Linoleumböden | 25 Jahre |
| Parkettböden | 40 Jahre |
| Spannteppich je nach Qualität | 6 – 16 Jahre |
| Versiegelung des Parketts | 10 – 15 Jahre |
| Kühlschrank | 10 Jahre |
| Geschirrwaschmaschine | 10 – 15 Jahre |
| Tiefkühler | 15 Jahre |
| Badewanne | 50 Jahre |
| Glasur der Badewanne | 15 Jahre |
| Lavabo oder Klosett | 50 Jahre |

(Quelle: Mietrecht im Alltag, hrsg. vom Schweizerischen Mieterverband, S. 193.)

## Haftpflichtzusatzversicherungen

**Einige Haftpflichtpolicen versichern die Sachschäden, welche Besucher von Versicherungsnehmern erleiden.** Dabei handelt es sich nicht um eigentliche Haftpflichttatbestände. Nicht vorausgesetzt wird, dass der Versicherte tatsächlich für das Schadenereignis haften muss. Die Haftpflichtversicherung bezahlt schon dann, wenn Dinge, die Besucher auf sich tragen, unfreiwillig durch eine plötzliche gewaltsame äussere Einwirkung beschädigt werden. Diese Leistungen sind beschränkt (auf 1000 bis 2000 Franken pro Besucher und Schadenfall).

Überdies bieten die Privathaftpflichtversicherer eine Deckung für Schäden an, die der Versicherte als Benützer von *fremden (gemieteten, ausgeliehenen) Wagen* anrichtet. Diese Versicherungsleistungen werden jedoch nur dann zugestanden, wenn die Benützung des fremden Autos nur gelegentlich erfolgt und der benutzte Wagen nicht einem berufsmässigen Autovermieter gehört. Für solche Zusatzversicherungen wird in der Regel ein Selbstbehalt von Fr. 500.– pro Schadenfall vereinbart. Bei den meisten Gesellschaften ist diese Motorfahrzeug-Deckung als Zusatzversicherung möglich, bei dreien ist sie obligatorisch mitversichert.

## Keine Policen für die Schadenersatzpflicht eines Arbeitnehmers!

Nicht versichert sind in den Privathaftpflichtpolicen die Schadenersatzpflichten des Arbeitnehmers. *Wenn ein Tankwart nach Arbeitsschluss ein Manko in der Kasse feststellt, kann er nicht auf seine*

227

*Privathaftpflichtversicherung zurückgreifen.* Allerdings sind Fälle, in denen ein Arbeitnehmer gegenüber dem Chef schadenersatzpflichtig wird, auch sehr selten. Denn diesbezüglich gilt die Faustregel: **Nur wenn ein Angestellter den Schaden vorsätzlich oder grobfahrlässig anrichtet, muss er ihn ersetzen.** Wer mit dem Firmenwagen wegen einer kleinen Unachtsamkeit einen Unfall verursacht, muss den Schaden somit nicht, bei einem grösseren Selbstverschulden jedoch teilweise (oder eben ganz), berappen. Leichte Fahrlässigkeit fällt unter das Betriebsrisiko des Arbeitgebers.

## Gibt es Unterschiede im Kleingedruckten?

Auch wenn die Allgemeinen Vertragsbedingungen (AVB) der verschiedenen Privathaftpflichtversicherungen recht unterschiedlich aufgebaut und formuliert sind: **Der Versicherungsschutz ist in seiner Substanz im wesentlichen gleich. Unterschiede ergeben sich vor allem in folgenden Punkten:**

■ *Selbstbehalt:* Die meisten Gesellschaften bieten Policen mit und ohne Selbstbehalt an. Grundsätzlich ist ein Selbstbehalt für Bagatellschäden sicher sinnvoll, da er die Prämie reduziert (um Fr. 10.– bis 30.–) und Beträge von Fr. 100.– oder 200.– ohne Schwierigkeit aus dem eigenen Sack bezahlt werden können.

■ *Prämien:* Es lohnt sich auf jeden Fall, die Prämien verschiedener Gesellschaften zu vergleichen. Sie differieren bis zu 30 Prozent.

■ *Kreis der Versicherten:* Die Gesellschaften bieten Haftpflichtversicherungen für Einzelpersonen wie für Familien an. Bei den Familienpolicen sind der Versicherungsnehmer, seine Frau und die Kinder erfasst, manchmal sogar auch wenn diese über 25jährig, noch ledig und im gleichen Haushalt wohnhaft sind. Bei einigen Gesellschaften sind zudem alle im Haushalt lebenden Personen mitversichert.

**Einzelversicherungen sollten in Familienversicherungen umgewandelt werden, wenn weitere Personen in den gleichen Haushalt** (Konkubinat, Wohngemeinschaft) **eintreten.** Die Prämie ist auf jeden Fall günstiger, als wenn mehrere voneinander unabhängige Einzelversicherungen bestehen.

■ *Nebenberufliche Tätigkeit:* Schäden, die bei der Arbeit angerichtet werden, sind *nie* versichert, Schäden aus nebenberuflicher Tätigkeit immerhin bei einigen Gesellschaften.

■ *Deckungsumfang:* Er beträgt in der Regel zwei bis drei Millionen Franken pro Schadenereignis. Die Versicherung kommt nicht nur für den Schadenersatz auf, sondern auch für alle damit in Zusam-

menhang stehenden Gerichts- und Anwaltskosten. Die Privathaftpflichtversicherung kommt übrigens auch dann zum Tragen, wenn
der Versicherte zu Unrecht belangt und eingeklagt wird. **Die Versicherungsleistungen erstrecken sich somit auch auf die Prozess- und
Anwaltskosten zur Abwehr von unbegründeten Schadenersatz-
ansprüchen.**

## Nie selbst mit der Gegenpartei verhandeln!

Unbedingt beachtet werden müssen im Schadenfall die Pflichten des Versicherungsnehmers, die in der Police unter «Obliegenhei-
ten» aufgeführt sind.

■ Sehr wichtig ist dabei die sofortige Benachrichtigung der Versicherung vom Schadenfall. «Sofort» heisst in der Regel nach zwei bis
drei Tagen, bei Tod einer Person wird aber teilweise auch eine
Benachrichtigung innerhalb der ersten vierundzwanzig Stunden gefordert. Nach Eingang der Schadenanzeige wird die Versicherung
dann meist mit der Gegenpartei Kontakt aufnehmen und über eine
Regelung verhandeln.

■ *Wichtig:* Nie selbst über den Schaden und seine Wiedergutma-
chung verhandeln! **Überdies ist es äusserst ungünstig, als Mieter die
Handwerker mit der Reparatur der Wohnung selbst zu beauftragen.**
In diesem Fall kann es nämlich passieren, dass der Versicherte
plötzlich zwischen zwei Stühlen sitzt: Einerseits ist er gegenüber den
Handwerkern verpflichtet, die Rechnungen zu bezahlen, andererseits behauptet seine Haftpflichtversicherung, der Schaden am Miet-
objekt sei nicht so gross gewesen wie die Rechnung der Handwerker.
In einem solchen Fall muss der Mieter die Rechnungen der Handwerker vollumfänglich begleichen, erhält aber von der Versicherung
nur einen Teil zurückerstattet. Je nach Lebensdauer der renovierten
Einrichtung wird die Versicherung nämlich auch noch einen Abzug
infolge Abnützung machen, für den eigentlich der Vermieter aufkommen muss.

## Laufzeit der Policen

Die Vertragsdauer der Haftpflicht-Versicherungsverträge ist unterschiedlich.

■ Es lohnt sich, gegenüber dem Agenten auf einem einjährigen
Vertrag zu bestehen. Der Versicherte ist dann flexibler bei Eintritt
unvorhergesehener persönlicher Veränderungen (Auslandaufent-

halt, Auflösung des Haushalts, Heirat etc.). Im übrigen läuft der Vertrag ohnehin nur aus, wenn er spätestens drei Monate vor Ablauf der abgemachten Dauer durch eingeschriebenen Brief gekündigt wird. Sonst verlängert sich die Dauer automatisch um ein Jahr. Eine ausserordentliche Kündigungsmöglichkeit haben die Parteien wie bei allen andern Versicherungsverträgen im Schadenfall, wenn also die Versicherung für einen Schaden ganz oder teilweise aufkommen musste.

# Hausratversicherungen

«Es kommt nicht darauf an, *ob* man versichert ist, sondern *wie* man versichert ist», hört man oft von Versicherungsvertretern. In besonderem Masse gilt dieser Grundsatz für die Hausratversicherung: Zwar gehört eine Hausratversicherung heute so selbstverständlich zu jedem Haushalt wie eine Polstergruppe, doch ist die Police meistens älteren Jahrgangs.

## Welche Sachen sind wie versichert?

Gegenstand der Hausratversicherung ist einmal − wie der Name sagt −

■ der gesamte Hausrat des Versicherungsnehmers und der im Haushalt lebenden Familienangehörigen.

■ Darüber hinaus ist das Eigentum von Gästen, das im Besitz des Versicherungsnehmers ist, bis zu einer Höhe von Fr. 3000.− ebenfalls versichert.

■ Nicht versichert sind Schmucksachen über Fr. 25 000.− (in neueren Policen 10 000.−) Gesamtwert, sofern sie nicht in einem eingebauten Tresor mit über 100 kg Gewicht aufbewahrt werden und die speziellen Bestimmungen über die Schlüsselaufbewahrung berücksichtigt worden sind.

Allerdings ist über die Hausratversicherung hinaus eine spezielle *Schmuckversicherung* (siehe auch S. 236) möglich.

**Nur teilweise versichert ist Bargeld (inkl. Wertpapiere und Sparhefte):**

■ Ist Bargeld durch einen Brand zerstört worden, werden höchstens Fr. 3000.− zurückerstattet. Derselbe Betrag ist bei einem Verlust infolge eines Einbruchs gedeckt. Ebenfalls Fr. 3000.− erhält der Versicherte, wenn er das Geld durch einen Raub verlor.

Versichert sind also praktisch sämtliche *Sachwerte,* die dem Versicherungsnehmer gehören, sowie ein kleiner Teil seines Bargeldes, der aber in der Regel genügt, da kaum jemand mehr als Fr. 3000.− zu Hause aufbewahrt. Zusammenfassend darf man wohl feststellen, dass das Risiko des Hausratverlusts gedeckt ist. Es kann sogar behauptet werden, damit sei zuviel des Guten getan: Schon kleinste Sachen mit geringem Wert, wie Regenschirme oder Handtaschen, werden nach einem Diebstahl durch eine Versicherung ersetzt. Jedes Jahr werden denn auch Tausende von Schirmdiebstählen den Gesellschaften gemeldet. Mit der Deckung des Kleinstrisikos ist aber wohl der ursprüngliche Versicherungsgedanke in den Hintergrund getreten: Eigentlich sollten ja nur Risiken versichert werden, die der Einzelne nicht mehr selbst tragen kann. Das ist beim Schirmdiebstahl kaum der Fall . . .

## SELBSTBEHALTE

Aus diesem Grund gingen die Versicherer dazu über, auch beim Hausrat *Selbstbehalte* einzuführen. Der Bagatellschaden nämlich ist es, der laut Information der Gesellschaften die Prämien verteuert. **Deshalb operieren nun die Versicherer bei Diebstählen mit Selbstbehalten von 200 bis 5000 Franken.**

## SONDERFALL: SKI-VERSICHERUNG

Zum Hausrat gehören auch die Skier. Auch sie sind also grundsätzlich in der Hausratversicherung mitgedeckt. Trotzdem werden jedes Jahr Tausende von separaten Ski-Versicherungen abgeschlossen. Kann eine solche Zusatzversicherung empfohlen werden?

Entscheidungsgrundlage wird folgende Überlegung sein: Die Hausratversicherung deckt nur den Ski-Diebstahl, die Ski-Versicherung den Diebstahl und den Skibruch. Im Vergleich zu früheren Jahren sind Skibrüche allerdings weniger häufig, weil die neueren Materialien (Kunststoffe) weniger leicht brechen. Zudem kann jeder Skifahrer durch seine Fahrweise die Gefahr von Skibrüchen weiter reduzieren. Wie weit die Skier bereits aufgrund der Hausratversicherung gegen Diebstahl versichert sind, hängt von der geltenden Hausrat-Police ab. Policen, die vor 1984 ausgestellt wurden, decken die Skier gegen Diebstahl nicht nur zu Hause, sondern auch am Ferienort. Aufgrund neuerer Versicherungsbedingungen muss das Diebstahlsrisiko für Gegenstände, die sich ausserhalb der Wohnung befinden, separat versichert werden. Zudem gilt neu in der Regel ein Selbstbehalt von Fr. 200.– pro Schadenfall, den man nur gegen eine Erhöhung der Prämie wegbedingen kann.

*Fazit:* Vor dem Abschluss einer separaten Ski-Versicherung ist die Hausrat-Police bezüglich der Aussenversicherung und der Höhe des Selbstbehalts durchzusehen. Schliesslich ist zu bedenken, dass die Risiken des Ski-Diebstahls oder -Bruchs zu den Kleinstrisiken zählen, die die meisten Haushalte auch ohne spezielle Versicherung finanziell verkraften können.

## Gegen welche Gefahren ist der Hausrat nicht versichert?

Nicht immer werden verlorene oder zerstörte Sachen durch die Versicherung ersetzt. Zwar ist eine Hausratversicherung eine Kombination verschiedener Sachversicherungen (Feuer, Wasser, Diebstahl, Glasbruch). Doch sind trotzdem nicht alle erdenklichen Risiken gedeckt.

■ **Die *Feuerversicherung* übernimmt zwar die Folgen eines Brandes, des Blitzschlages, einer Explosion, abstürzender Flugzeuge und bestimmter Elementarereignisse wie Hochwasser, Sturm, Lawinen und Steinschlag.**

*Nicht* **gedeckt sind durch die Feuerversicherung jedoch Schäden durch allmähliche Raucheinwirkungen, beispielsweise bei einem defekten Kamin. Auch Sengschäden (Löcher im Teppich) sind nicht versichert.** Eine Implosion des Fernsehgerätes ist ebenfalls nicht versicherbar. Ausgeschlossen sind zudem Schäden durch Stürme, die mit weniger als 75 Stundenkilometer übers Land brausen.

■ **Die *Wasserversicherung* trägt in der Regel Schäden, die durch Leitungswasser, Regen und Schneewasser sowie durch Frost verursacht wurden.**

*Nicht* **versichert sind Schäden an Kälteanlagen oder Wasserschäden, die durch schlechten Baugrund, fehlerhafte bauliche Konstruktionen oder mangelhaften Gebäudeunterhalt verursacht wurden.** Bei einem auf solche Weise verursachten Schaden kann der Mieter jedoch auf den Vermieter zurückgreifen *(Hauseigentümer-Haftpflicht)*.

**Die ab 1. Oktober 1984 sukzessive eingeführten Policen begrenzen die Versicherungssumme des geschützten Hausrats ausserhalb der Wohnung auf 10 000 Franken.** Nicht mehr automatisch versichert, sondern nur noch gegen Aufpreis, werden neuerdings Verluste, die durch einen einfachen Diebstahl (also ohne Einbruch) entstanden. (Schon vorher nicht versichert waren Geldwerte zu Hause bei einfachem Diebstahl oder Geldwerte über Fr. 3000.— bei Einbruchdiebstahl, Ausnahme: Raub Fr. 5000.—).

Als *Einbruchdiebstahl* gilt einerseits das Aufbrechen und gewaltsame Eindringen, das Einsteigen auf ungewöhnlichem Weg über ein Hindernis in die Wohnung, sowie das Aufschliessen mit falschen Schlüsseln oder Werkzeugen. Ein Einbruchdiebstahl im versicherungstechnischen Sinn liegt überdies auch dann vor, wenn die Wohnung zwar mit den richtigen Schlüsseln geöffnet wird, diese aber durch Aufbrechen oder Eindringen oder Beraubung in die Hände der Diebe kamen.

*Beraubung* ist ein Diebstahl unter Androhung oder Anwendung von Gewalt. List ist aber *keine* Gewalt, deshalb fällt ein Trickdiebstahl beispielsweise nicht unter den Raubtatbestand.

■ **Wichtig: Im Bereich der Diebstahlversicherung wechseln gegenwärtig die Bestimmungen in den Policen.** Sämtliche Sachversicherer — mit einer Ausnahme — erhöhten seit 1. Oktober 1984 die Prämien bis 40%, oder sie stellen die Kunden vor die Wahl, andere Versicherungsbestimmungen zu akzeptieren (Selbstbehalt Fr. 200.— pro Schadenfall; Verzicht auf Versicherung des einfachen Diebstahls — ohne Einbruch — und Verzicht auf Aussenversicherung).

Deshalb in jedem Schadenfall die Police genau studieren!

## Verzicht auf Glasversicherung?

**In der kombinierten Hausratversicherung ist auch *Glasbruch* enthalten.** Nicht gedeckt sind zerkratzte oder aufgesplitterte Gläser. Auch bezüglich der Glasversicherung gilt, was bereits über das Diebstahlrisiko bei Schirmen gesagt wurde: Sie ist verzichtbar. **Wer Mieter ist, kann den Glasbruch-Anteil kündigen und damit die Prämie reduzieren. Für selbstverschuldeten Glasbruch am Gebäude, für defekte Fensterscheiben, Lavabos oder Klosetts kommt bereits die Haftpflichtversicherung auf.** Der Anwendungsbereich der Glasbruchversicherung des Mieters reduziert sich somit auf die *Glasteile am Mobiliar.* Hier sind Beschädigungen eher selten und ausserdem kaum kostspielig. Wer Mobiliar mit speziellen, teuren Gläsern besitzt, kann diese einzeln versichern. Auch wer zu Hause Schmuck, Bilder oder andere Wertgegenstände aufbewahrt, kann diese separat versichern. Diese zusätzliche Wertsachenversicherung deckt dann nicht nur Diebstahls- und Beraubungsschäden, sondern auch etwa den Verlust von Schmuck.

**Die *Wertsachen* sind in der Wohnung *und* auf Reisen versichert, mit Ausnahme von Gemälden, die nur im Hause des Versicherungsnehmers gedeckt sind.** Für Schmuck über Fr. 100 000.— haftet die Gesellschaft übrigens nur, wenn er auf sich getragen oder zu Hause in einem eingebauten Tresor aufbewahrt wird. Auch sonst werden die Sorgfaltspflichten bei der Wertsachenversicherung ausdrücklich betont. So müssen beispielsweise alle Schmucksachen, die nicht getragen werden, selbst im Hotel im Safe aufbewahrt werden. Ansonsten läuft der Versicherte Gefahr, dass die Schadensumme wegen Grobfahrlässigkeit gekürzt wird.

## Wieviel zahlt die Versicherung im Schadenfall?

**Hausrat wird zum Neuwert versichert.**

■ Das heisst: Im Schadenfall hat der Versicherte Anspruch auf die Rückerstattung desjenigen Betrages, der dafür aufgewendet werden muss, um die gestohlenen oder zerstörten Sachen in gleicher Qualität am Ort und zur Zeit des Schadenfalles wieder zu beschaffen.

Dieser *Neuwert* steht im Gegensatz zum *Zeitwert,* bei dem die Versicherungsgesellschaft nur denjenigen Wert zurückerstattet, den eine Sache im Zeitpunkt der Zerstörung unter Berücksichtigung der Abnützung und des Gebrauchs noch wert ist (z. B. Autovollkasko).

■ Bei der Hausratversicherung sind nur jene Sachen *nicht* zum Neuwert, sondern zum Zeitwert versichert, die vom Versicherungsnehmer nicht mehr gebraucht wurden, beispielsweise alte Kleider auf dem Estrich sowie neuerdings Fahrräder und Skier.

BEI LIEBHABEROBJEKTEN?

Viel Diskussionsstoff ergibt immer wieder die Höhe von Rückerstattungen bei *zerstörten Liebhaberobjekten,* obwohl dieses Thema versicherungsrechtlich geregelt ist. Dabei wird unterschieden zwischen Sachen mit *persönlichem* und *objektivem* Liebhaberwert. Einem Ring der verstorbenen Grossmutter beispielsweise, der nur für eine Einzelperson einen höheren Wert hat, wird ein persönlicher Liebhaberwert zugeschrieben. Er ist deshalb nur auf spezielle Absprache hin versicherbar. Anders hingegen ist die Regelung bei Sachen mit objektivem Liebhaberwert: Wenn nicht nur eine Einzelperson, sondern ein Kreis von Sammlern einer bestimmten Sache einen bestimmten Wert zumisst (Briefmarken-, Spielzeugsammlungen), dann handelt es sich um einen Liebhaberwert, der auf einem freien Markt eruierbar ist und deshalb auch von der Versicherung in dieser Höhe zurückerstattet werden muss.

## Vorsicht vor ungewollter Unterversicherung!

Eine Unterversicherung liegt vor, wenn die im Versicherungsfall zu bezahlende Summe niedriger ist als der Ersatzwert (Neuwert) des gesamten Hausrats. Wer also im Schadenfall den vollen Ersatzwert für die zerstörten oder gestohlenen Sachen erhalten will, muss die Versicherungssumme so hoch ansetzen, wie sein gesamter Hausrat im Laden neu kosten würde. Wer unterversichert ist, erhält sonst auch bei einem Teilschaden nicht den vollen Neuwert des versicherten Gutes. Dazu ein Beispiel:

X. hat seinen Hausrat für Fr. 70 000. – versichert. Der effektive Wert des Haushalts vor dem Schadenereignis beträgt aber Fr. 100 000. –. In diesem Fall ist X. zu 30% unterversichert. Erwächst ihm nun ein Schaden von Fr. 20 000. –, so *reduziert* der Versicherer seine Leistung auch um 30%, so dass X. nur noch Fr. 14 000. – erhält.

**Keine Reduktion erfolgt bei Unterversicherung nur, wenn der gesamte Hausrat zerstört wird. In diesem Fall wird dem Versicherten einfach die volle Versicherungssumme ausbezahlt.**

## Vor dem Abschluss einer Hausratversicherung

Vermeiden lässt sich eine Unterversicherung, wenn folgende Punkte beachtet werden:

■ den Hausrat *realistisch* einschätzen: Ein einfacher Dreizimmerhaushalt ist neuwertmässig schnell einmal Fr. 70 000. –, eine Familienwohnung Fr. 100 000. – wert.

■ Detailliertes Hausrat-Inventar erstellen.

■ Neuanschaffungen, die fest vorgesehen sind, bereits beim Versicherungsabschluss einberechnen.

■ Bei späteren grösseren Neuanschaffungen die Versicherungssumme entsprechend erhöhen.

■ Den Hausrat mit der sogenannten *Summenanpassungsklausel* versichern: Damit wird alljährlich bei Fälligkeit der Prämie die Hausratversicherungssumme um soviel Prozent erhöht, wie der Hausratsindex denjenigen des Vorjahres überschritten hat. So wird der Teuerung und den Marktverhältnissen Rechnung getragen. Die Prämie wird ebenfalls entsprechend erhöht.

## Unterversicherung kann auch sinnvoll sein

Bei allen Überlegungen in Sachen Unterversicherung darf nicht übersehen werden, dass man sich auch ganz bewusst unterversichern kann. **Wer bereit ist, im Schadenfall einen bestimmten Teil selbst zu tragen und deshalb nur einen Teil des Neuwerts des gesamten Hausrats versichert, kann damit einiges an Prämien sparen.** Denn die Prämien der Hausratversicherungen bemessen sich linear nach der Höhe der Versicherungssumme (also z. B. doppelte Versicherungssumme = doppelte Prämie).

Wer sich unterversichert, trägt also einen Teil des Risikos selbst. Sowohl beim Total- wie beim Teilschaden wird ihn die Versicherung nur teilweise entschädigen (siehe S. 236). Die Versicherungen wenden gegen eine bewusste Unterversicherung ein, dass die eingesparte Prämie in keinem Verhältnis zur Kürzung im Schadenfall stehe.

## Unnütz: Überversicherung!

**Für die überhöhten Prämien erhält ein Versicherter keine Gegenleistung von der Versicherung. Sie zahlt in jedem Fall höchstens den Ersatzwert der zerstörten oder gestohlenen Sachen.**

■ Bei der Auflösung eines gemeinsamen Haushaltes, etwa bei Trennung oder Scheidung, ist es deshalb ratsam, die Police unverzüglich herabsetzen zu lassen. Die Gesellschaften verhalten sich häufig entgegenkommend.

■ Auch bei der Heirat wird in der Regel die Hausratversicherung eines Partners überflüssig.

Obwohl die Ehe kein Grund für die sofortige Auflösung eines Vertrages ist, bestehen unter den Versicherern Absprachen, wonach in solchen Fällen die Verträge der Frau ohne Rücksicht auf die Laufzeit des Vertrages aufgehoben werden. Das gleiche gilt für Konkubinatspartner, sofern das Konkubinat ein oder zwei Jahre gedauert hat. Im Hinblick auf eine spätere Heirat verzichtet meist die Versicherung der Frau auf die Weiterführung.

## Wie unterschiedlich sind die Vertragsbedingungen bei Hausratversicherungen?

**Grundsätzlich sind die Policen der Hausratversicherungen heute standardisiert und deshalb einander recht ähnlich.** Unterschiede ergeben sich im wesentlichen bei der Regulierung der *Selbstbehalte.* (Neuerdings Fr. 200.– Mindestselbstbehalt bei Diebstahl und Elementarereignissen.) Am besten überlegt man sich vor Vertragsabschluss, welches Risiko man selbst tragen will, und legt dann den Selbstbehalt fest. **Je höher der vereinbarte Selbstbehalt, desto kleiner die Prämien.**

Nicht nur die Vertragsbestimmungen sind sich praktisch gleich — auch die Tarife sind abgesprochen. So verlangen alle im Schweizerischen Sachversicherungsverband zusammengeschlossenen Gesellschaften (siehe Anhang) dieselben Prämien. Eine einzige (nichtorganisierte) Gesellschaft ist bis zu 40% billiger.

## Laufdauer und Kündigung

Die meisten neuen Verträge werden auf fünf oder zehn Jahre abgeschlossen. Auf Anfrage schliessen die meisten Vertreter auch für kürzere Fristen ab. Wie bei den meisten anderen Versicherungsverträgen verlängert sich die Laufzeit der Hausratpolicen jeweils automatisch um ein Jahr, wenn nicht drei Monate vor Ablauf der vereinbarten Vertragsdauer durch eingeschriebenen Brief gekündigt wird. Erhöht die Gesellschaft während der Laufzeit des Vertrages die Prämien, so kann der Versicherungsnehmer den Vertrag vorzeitig auflösen.

Eine weitere Kündigungsmöglichkeit besteht für Versicherungsnehmer und Versicherung nach einem *Schadenfall*. Der Versicherte kann spätestens 14 Tage, nachdem er von der Auszahlung der Versicherungsleistung Kenntnis erhalten hat, kündigen.

Eine Kündigung nach einem Schadenfall, etwa wegen Unzufriedenheit mit der Schadenregulierung, hat für den Versicherungsnehmer Konsequenzen, die es zu berücksichtigen gilt: Die Sachversicherungsgesellschaften haben eine Absprache getroffen, wonach jenen Vertretern keine Provisionen mehr bezahlt werden, die Hausratversicherungen mit Kunden abschliessen, welche vorher bei einer andern Gesellschaft versichert waren und ihre Police nach einem Schadenfall gekündigt haben. Die Absprache unter den Gesellschaften geht sogar noch weiter: Eine Gesellschaft, die einen solchen Kunden neu aufnimmt, wird vom Verband gebüsst — in der Höhe einer Jahresprämie. Diese Busse dürfte normalerweise auf den Abschlussagenten abgewälzt werden. Fazit: Kein Versicherungsvertreter ist mehr daran interessiert, eine Hausratversicherung mit einem Kunden abzuschliessen, der einer anderen Versicherung nach einem Schadenfall gekündigt hat. Er erhält nicht nur keine Provisionen für diesen Vertrag, sondern muss sogar noch eine Busse in der Höhe einer Jahresprämie bezahlen. Ein betroffener Versicherungsnehmer, der dann trotzdem eine Hausratversicherung abschliessen will, hat nur noch die Wahl, reumütig die alte Versicherung um Wiederaufnahme anzugehen oder sich eine Versicherungsgesellschaft zu suchen, die nicht im Verband der schweizerischen Sachversicherer organisiert ist (siehe Anhang). Zudem kann er seinen neuen Vertrag selbstverständlich mit einer ausländischen Gesellschaft abschliessen.

## Wie muss ich mich im Schadenfall verhalten?

**Laut Vertrag muss sich der Versicherte im Schadenfall sofort bei der Versicherung melden. Darüber hinaus hat er Auskunft zu geben**

238

**über die Ursache und die Umstände des Ereignisses sowie über die Höhe des Schadens.** Er muss auch jede Untersuchung des Sachverhalts durch die Versicherung gestatten. Gewisse Gesellschaften legen diese Auskunftspflicht allerdings sehr weit aus und betrachten sich im Schadenfall sogar für befugt, Nachforschungen über persönliche Verhältnisse des Versicherungsnehmers anzustellen. Dazu ein Beispiel aus der Praxis:

> Einem Versicherten, der eine spezielle Schmuckversicherung abgeschlossen hatte, wurden in den Ferien zwei Ringe gestohlen. Die Versicherung bezahlte nur zwei Drittel der Schadensumme mit der offiziellen Begründung, der Versicherte habe grobfahrlässig gehandelt, indem er die Ringe nicht auf sich getragen, sondern während einiger Stunden im Hotelzimmer aufbewahrt hatte, weil der für den Safe zuständige Angestellte gerade nicht anwesend war.
>
> Nach Einschaltung eines Anwaltes zeigte sich, dass die Versicherungsgesellschaft dem Lebensaufwand und den Steuerverhältnissen des Versicherten nachgegangen war. Inoffiziell wurde dann nämlich der Abzug plötzlich auch damit begründet, dass es sich beim Versicherten um eine dubiose Person handle, um einen Unternehmer nämlich, der zwar einen Porsche fahre, aber trotzdem nur wenig Einkommen und Vermögen versteuere.

■ **Laut Vertrag steht der Versicherungsnehmer unter einer *Schadenminderungspflicht*.**

**Er muss alles tun, um den Schaden gering zu halten. Auslagen, die dazu dienten, teilweise zerstörte Sachen zu retten oder zu reinigen, muss ihm die Versicherung dabei aber ersetzen.**

Zu beachten ist auch das sogenannte Veränderungsverbot:

■ Ein Versicherungsnehmer verpflichtet sich laut Vertrag, die Situation am Ort des Ereignisses möglichst nicht zu verändern, damit die Schadenursache festgestellt werden kann. Versicherungsexperten und Polizei sollten *vor* den Aufräumarbeiten einen Augenschein nehmen können. Im Falle eines Diebstahls ist zudem *immer* die Polizei zu benachrichtigen, wenn es die Umstände erlauben.

## Wie setze ich meine Ansprüche gegenüber der Versicherung durch?

**Den Schadennachweis muss der Versicherte erbringen.** Kommt es über die Schadenhöhe zu keiner Einigung und müssen die Gerichte

angerufen werden, so ist der Versicherungsnehmer voll beweispflichtig für jeden einzelnen Schadenfranken. Die Situation im Schadenfall sieht also so aus: Auf der einen Seite steht ein einzelner, der
Versicherte, der aufgrund seines Versicherungsvertrages glaubt, eine
Entschädigung fordern zu können; ihm gegenüber eine Versicherungsgesellschaft, dotiert mit Juristen und andern Spezialisten, die
das Begehren prüft und schliesslich eine bestimmte Summe zur
Regulierung des finanziellen Schadens anbietet. Der Versicherte ist
dabei verfahrensrechtlich handicapiert: Er ist Kläger, und wer etwas
will, muss es auch beweisen können. Misslingt der Beweis, vielleicht
aus Gründen, für die er nicht einzustehen hat, weil beispielsweise die
Unfallspuren von der Polizei ungenügend gesichert oder oberfläch-
lich protokolliert wurden, geht er möglicherweise leer aus. Schon aus
diesem Grund hat der Versicherte bei einem Schadenereignis allen
Grund, den oben genannten Pflichten nachzuleben und insbesondere das Veränderungsverbot und die sofortige Anzeigepflicht zu
beachten — selbst in Fällen, wo er noch nicht weiss, ob die Versicherung für den Schaden tatsächlich aufkommen wird. Sodann sollte
man **sobald wie möglich eine detaillierte** *Schadenliste* **erstellen** — und
nicht erst dann, wenn man nicht mehr weiss, was sich im gestohlenen
Koffer oder im ausgebrannten Zimmer befunden hat. Auch sollten
die nötigen Beweismittel so sorgfältig und vollständig wie möglich
zusammengetragen werden; denn **über die Höhe des Schadens lässt
sich weniger streiten, wenn die Quittungen für gestohlene oder zerstörte Gegenstände sowie allfällige Reparaturrechnungen vorhanden
sind.** Umgekehrt kann die Versicherung aber nicht verlangen, dass
jeder Einkaufscoupon aufbewahrt wird. **Schadenexperten raten in
der Regel, Belege für jene Gegenstände aufzubewahren, die nicht
lediglich dem normalen Gebrauchsbedarf dienen: Stereoanlagen, kost-
bare Einrichtungsgegenstände wie Teppiche oder Lederpolstergrup-
pen, aber auch teure Kameras, Musikinstrumente usw.** Allerdings hilft
dieser Rat auch nur bedingt: Wenn es nämlich brennt, brennen auch
die Belege . . .

Ist der Schaden einmal angemeldet, liegt der Ball bei den Scha-
deninspektoren der Versicherungen, die sich zur Erledigung recht
unterschiedlich lange Zeit lassen. Auch in einfachen Fällen muss
man bis zu zwei Monaten warten, bis die Versicherung eine Entschä-
digungsregelung vorschlägt.

**Die** *Entschädigungsvereinbarung,* **die nach Prüfung der Leistungspflicht durch die Versicherung zugestellt wird, ist nicht etwa
verbindlich, sondern rechtlich eine Offerte, ein Angebot also.** Es steht
jedem offen, sich die Sache zu überlegen und sich im Zweifelsfall an

einen Berater zu wenden. Dem Interesse der Versicherungsgesellschaft entspricht es selbstverständlich, die Leistungen so niedrig wie möglich zu halten. Je nach Schadeninspektor, mit dem man es gerade zu tun hat, sind die Abzüge berechtigt oder auch völlig aus der Luft gegriffen. Einige Beispiele:

> Nach einer Diebstahlsanzeige stellte sich ein Schadenexperte auf den Standpunkt, für eine mit dem Wert von Fr. 400.– veranschlagte Damenlederjacke müsse eine Quittung vorgelegt werden, ansonsten die Versicherung nicht bezahle.

Ein solcher Einwand ist natürlich nicht haltbar: Zwar muss der Versicherte beweisen, dass eine bestimmte Sache gestohlen wurde, und allenfalls ihren Wert begründen, er kann dies aber nicht nur mit einer Quittung, sondern beispielsweise auch mit Zeugen (Ehemann, Freundin, Verkäufer) tun.

> Nach dem Diebstahl einer Reisetasche wird in der Schadensaufstellung ein Betrag von Fr. 100.– für gestohlene Kosmetika geltend gemacht. Der Sachbearbeiter der Versicherung kürzte diesen Betrag um die Hälfte mit der Begründung, die Kosmetikpackungen seien sicherlich angebraucht gewesen.

Auch diese Überlegung ist falsch: Die Diebstahlversicherung ist eine **Neuwertversicherung.** Es spielt also keine Rolle, ob eine bestimmte gestohlene Sache gebraucht wurde oder nicht. Ersatzwert ist jener Preis, zu dem der gestohlene Artikel auf dem Markt neu gekauft werden kann. Diese Regelung gilt auch für sehr kleinliche Schadenbearbeiter ... Allerdings sollen solche Beispiele nicht darüber hinwegtäuschen, dass wohl die meisten der jährlich angemeldeten Schadenfälle durch die Versicherungsgesellschaften korrekt erledigt werden.

**Im Zweifelsfall ist es von Vorteil, sich vor der Unterschrift unter die von der Versicherung vorgelegte Entschädigungsvereinbarung bei einem Rechtsberater oder einem spezialisierten Anwalt über die Angemessenheit der Versicherungsleistungen beraten zu lassen.**

## Auszahlung der Entschädigung

**Die Auszahlung der Entschädigung ist laut Vertrag vier Wochen nach jenem Zeitpunkt fällig, an dem die Versicherung sämtliche Unterlagen zur Feststellung der Höhe des Schadens erhalten hat.**

## Eventuell Teilzahlung verlangen!

Vier Wochen nach Eintritt des Schadens kann auf jeden Fall eine Teilzahlung in Höhe des Betrags gefordert werden, der nach dem Stand der Ermittlungen mindestens geschuldet ist.

■ Zahlt die Versicherung auch bei Fälligkeit noch nicht, wird die Schuld verzinst.

## Es gilt eine Verjährungsfrist!

**Wichtig: Der *Anspruch* gegenüber einer Versicherungsgesellschaft *verjährt* nach zwei Jahren.** Diese Frist beginnt mit dem Eintritt der Tatsache, welche die Leistungspflicht begründet (schädigendes Ereignis).

Wird eine Entschädigungsforderung eines Versicherten von der Versicherung teilweise oder ganz abgelehnt, so erlischt sie gänzlich, wenn sie nicht **innerhalb von zwei Jahren nach der Ablehnung auf dem Betreibungsweg oder gerichtlich geltend gemacht wird.**

# Reiseversicherungen

Reisen ist immer mit gewissen Risiken verbunden, befinden wir uns doch in fremden, uns ungewohnten Situationen. Im Ausland tritt uns eine andere Mentalität entgegen, herrschen andere Gewohnheiten; wir Besucher gelten automatisch als Reiche und werden folglich auch viel eher bestohlen.

## Vor Reiseantritt kontrollieren:

■ ob im gebuchten Arrangement die *Annullierungskosten* gedeckt sind. Wenn nicht, sollten Sie sich auf freiwilliger Basis versichern.
■ ob eine *Reisegepäckversicherung* eingeschlossen ist. Achtung: Die persönliche Hausratversicherung genügt für diese Zwecke nicht und deckt auch keine Beschädigung des Gepäcks!

*Reiseversicherungen* bestehen aus einer Sachversicherung (Gepäck) sowie einer Versicherung für Unfall, Flugunfall, Krankheit, Annullierungskosten und Nottransport.

---

Wichtigstes Versicherungspaket für Schweizer auf Reisen:
■ Annullierungskosten-,
■ Reisegepäck- und
■ Nottransportversicherung

---

## Annullierungskostenversicherung

Sie deckt anfallende Annullierungskosten bei Unfall, Krankheit oder Tod.

Bei Pauschalarrangements kann der Reiseveranstalter bei Annullierung vor Reiseantritt eine Entschädigung verlangen, weil der reservierte Platz kurzfristig nicht verkäuflich ist. Über die Rücktrittsentschädigungen informieren die allgemeinen Bedingungen der Reisekataloge. Sie sind mehrheitlich wie folgt geregelt:

| | |
|---|---|
| 21–15 Tage vor Abreise | 10% |
| 14– 8 Tage vor Abreise | 30% |
| 7 und weniger Tage vor Abreise | 75% |

Bei Kreuzfahrten, bei grösseren Rund- und Abenteuerreisen gelten noch strengere Regeln (meist bis 100% bei Annullierung des gebuchten Arrangements 30 Tage vor Reiseantritt), da sich diese Angebote praktisch nicht mehr verkaufen lassen.

**Versicherungskosten: Bei allen Gesellschaften normalerweise 4% des Reisepreises.**

■ **Achtung:** Annullierungskosten werden von den Versicherungen nicht oder nur teilweise gedeckt, wenn der Reiseverzicht auf eine Erkrankung oder einen Unfall zurückzuführen ist, die nachweislich bereits bei der Buchung bestanden haben. Wenn sich eine bei der Buchung bereits vorhandene Krankheit, die eine Reise nicht ausschliesst, plötzlich und unerwartet verschlimmert, werden je nach Police 50 oder 100 Prozent der Annullationskosten bezahlt. Die gleichen Einschränkungen gelten auch bei verschiedenen Reiseversicherungen. Verlangen Sie deshalb rechtzeitig die Versicherungs-Police und überprüfen Sie die Bestimmungen.

---

Verunfallt, bevor die Buchung bestätigt wurde

Käti R. erkundigte sich telefonisch bei einem Reiseveranstalter, ob bei einer in zwei Wochen stattfindenden Tunesienreise noch zwei Plätze frei seien. Zwei Tage später erhielt sie — wiederum telefonisch — positiven Bescheid. Die Buchungsbestätigung samt allen Informationen folge in den nächsten Tagen. Diese Dokumente waren noch nicht eingetroffen, als Käti drei Tage später am Arbeitsplatz verunfallte und ins Spital musste. Sofort wurde das Reisebüro orientiert, das unter Berufung auf die allgemeinen Bedingungen 75 Prozent des Arrangements für beide Personen (2015 Franken) verlangte und sogar drohte, die Eltern der beiden unmündigen Mädchen zu belangen.

---

Beides ist rechtlich *unhaltbar:* Die allgemeinen Bedingungen haben für den Kunden erst verbindlichen Charakter, wenn er ausdrücklich darauf verwiesen wird (in der Buchungsbestätigung), und die Eltern haften nicht für Verträge, welche Jugendliche im Rahmen ihres eigenen Einkommens abgeschlossen haben.

---

Wegen Erkrankung musste das Ehepaar Z. seine gebuchte Donaufahrt kurzfristig absagen und erhielt vom Reisebüro eine Rechnung für fast 2000 Franken Annullierungskosten (75 Prozent des Arrangementpreises). Xaver Z. machte sich keine Sorgen, hatte er doch separat eine Annullierungskostenversiche-

---

rung abgeschlossen. Doch o weh, er hatte die einschränkende Bestimmung nicht beachtet, wonach die Kosten nur übernommen werden, «sofern der Versicherte wegen der Krankheit oder Körperverletzung, die zur Annullierung führt, nicht innerhalb der letzten 6 Monate vor der definitiven Buchung von einem Arzt behandelt wurde». Xaver Z. war tatsächlich 10 Tage vor der Buchung wegen Knieschmerzen beim Hausarzt gewesen, der aber keinen Hinderungsgrund für die Reise sah. Dass sich der Zustand des Gelenkes zwei Monate später so stark verschlechtern und ein beigezogener Spezialist von der Reise abraten würde, konnte Xaver Z. nicht ahnen. Trotzdem weigerte sich die Versicherungsgesellschaft, den Schaden zu decken. Erst aufgrund der Intervention des Beobachters erklärte sie sich bereit, wenigstens die Hälfte zu übernehmen. Doch 1000 Franken musste Xaver Z. selbst bezahlen.

■ Neuerdings gibt es eine Versicherung, die die Kosten bei vorzeitiger Rückreise aus den Ferien (z. B. zufolge Erkrankung) und zusätzlich die Kosten einer Wiederholungsreise abdeckt.

## Unfallversicherung

In der Schweiz sind die meisten Leute privat − oder als Arbeitnehmer − auch durch die obligatorische Unfallversicherung (UVG) versichert. Nach diesem Gesetz sind Arbeitnehmer, die wöchentlich *12 Stunden oder mehr arbeiten,* auch gegen *Nichtbetriebsunfälle* versichert (s. auch Seite 155).

Bei einem Unfall im *Ausland* muss die Versicherung nach diesem Gesetz für eine *notwendige Heilbehandlung im Ausland* dem Versicherten höchstens den doppelten Betrag der Kosten vergüten, die bei der Behandlung in der Schweiz ebenfalls entstanden wären. Zudem werden im Ausland entstehende Rettungs-, Bergungs-, Reise- und Transportkosten bis zu 20% des Höchstbetrages des versicherten Jahresverdienstes vergütet. Diese Leistungen decken in den meisten Ländern die Spitalkosten ab. In jenen Ländern, in denen das Spitalwesen privatwirtschaftlich organisiert ist − wie in den USA − ist es denkbar, dass diese Deckung nicht genügt. Vor allem für Reisen in aussereuropäische Länder empfiehlt es sich deshalb, vorher abzuklären, ob im Reiseland die Spitalkosten mehr als doppelt so viel kosten können wie in der Schweiz.

■ *Ist dies der Fall, so ist eine Zusatzversicherung dringend geboten. Das gleiche gilt für Arbeitgeber und Arbeitnehmer, die in der Woche weniger als 12 Stunden arbeiten.*

■ Bei einem *Flugunfall* haftet die Fluggesellschaft im Todesfall, zahlt aber nur bei eigenem Verschulden (zum Beispiel die Swissair mit Fr. 200 000.–, einige amerikanische Gesellschaften mit Fr. 140 000.–, andere europäische mit etwa Fr. 70 000.–). Liegt die Unfallursache jedoch am Triebwerk oder am Fahrgestell, haftet der Flugzeughersteller, was einen langwierigen Prozess nach sich ziehen kann. Privat abgeschlossene Versicherungen werden dagegen rasch ausbezahlt.

■ 90% der Schweizer sind privat oder bei einer Krankenkasse versichert. Wegen möglicher *Erkrankung auf Reisen* sollten sie sich über den Geltungsbereich erkundigen und gegebenenfalls eine Ausdehnung der Deckung (Reiseland) beantragen. Die Höhe der Leistungen ist zu überprüfen (z. B. USA: hohe Spital- und Arztkosten!).

■ Eine *Nottransportversicherung* für 20 Franken Jahresprämie (Fr. 50.– für Familien) deckt bei der Schweizerischen Rettungsflugwacht (REGA) folgende Leistungen: Kranken- und Verletztentransporte mit Flugzeug oder Helikopter, Rettungs- und Suchaktionen, krankheitsbedingten, vorzeitigen Rückflug.

## Reisegepäckversicherung

**deckt Gepäckschäden, verursacht durch unsachgemässe Behandlung durch Drittpersonen und Diebstahl.** Es können einfacher Diebstahl sowie Aufschneide-, Entreiss-, Taschen-, Zimmer- und Autoeinbruchdiebstähle versichert werden.

Silvia G. hatte Pech in einem Hotel in Mexico. Die Klimaanlage war defekt, das Kondenswasser floss in den Schrank, die Kleider wurden durchnässt und teilweise verfärbt. Nach langem Hin und Her notierte die Hotelleitung den Schaden von ca. 1100 Franken — die Reiseleiterin unterschrieb das Protokoll ebenfalls — und versprach, die Versicherung würde den Schaden übernehmen. Doch Silvia G. musste die Heimreise ohne Entschädigung antreten. Der schweizerische Veranstalter haftete nicht für derartige Ereignisse, setzte sich aber beim Hotel ein und bekam die Antwort, die Versicherung würde 200 Franken vergüten. Da Silvia G. nicht mehr in Mexico sei, könne der Schaden nicht genau überprüft werden. Dabei war eine detaillierte Liste erstellt und von vier Personen unterschrieben worden. Da Silvia G. ja nicht in Mexico prozessieren konnte, musste sie sich mit den 200 Franken zufriedengeben. Durch eine in der Schweiz für die Ferien abgeschlossene Reisegepäckversicherung wäre sie besser geschützt gewesen.

**Leichtsinniges Verhalten und ungenügende Sorgfalt können zur Ablehnung des Schadens durch die Versicherungsgesellschaft führen.**

■ Bei den meisten Hausratversicherungen ist der Hausrat auch gegen *Diebstahl* versichert (siehe S. 231).

Viele Hausratversicherer bauen jedoch seit 1. Oktober 1984 den einfachen Diebstahl in der normalen Versicherung nicht mehr ein. Versichert sind nur noch die sogenannten *Aufschneide-, Entreiss-, Taschen-, Zimmer- und Autoeinbruchdiebstähle.*

Der einfache Diebstahl müsste mit einer Zusatzversicherung abgedeckt werden, was aber die Grundprämie bedeutend in die Höhe treibt. Um einiges günstiger sind da speziell für die Ferienzeit abgeschlossene Reisegepäckversicherungen, die neben allen Diebstählen auch Gepäckschäden decken, welche durch unsachgemässe Behandlung durch Drittpersonen verursacht werden. Leichtsinniges Verhalten und mangelnde Sorgfalt können allerdings zur Ablehnung einer Schadenregulierung durch die Versicherungsgesellschaft führen. **Bei Diebstahl muss immer ein Polizeirapport eingeholt werden, wenn man bei der Versicherung Leistungen geltend machen will.**

FÜR AUTOFAHRER:

■ Je nach Destination und Art der Ferienreise empfiehlt sich der Abschluss einer kurzfristigen *Vollkasko-Versicherung.* In etlichen Ländern deckt die Haftpflichtversicherung nur Personen-, jedoch keine Sachschäden.

■ Wer bestohlen worden ist, sollte sich umgehend von offizieller Seite (Polizei, Reiseagentur, Bahn oder Schiffahrtsgesellschaft) den Diebstahl bestätigen lassen. Sammeln Sie in jedem Fall alle Belege und gehen Sie gemäss den Wegleitungen Ihrer Versicherung vor.

■ **Der *Reiseschutzbrief* leistet sehr gute Dienste, wenn es zu Autopannen und damit zu finanziellen Auslagen kommt.**

■ **Geraten Sie im Ferienland mit unbekannten Gesetzen in Konflikt, leistet die *Rechtsschutz-Versicherung* wertvolle Dienste** (Rechtsbeistand, Stellen von Kautionen, s. Seite 248).

# Rechtsschutzversicherungen

Das Versprechen kann sich hören lassen: «Wie Sie bei Ihrem nächsten Rechtsfall ganz sicher sind, dass jemand für Ihr gutes Recht streitet», wirbt für sich einer der zehn in der Schweiz tätigen Rechtsschutzversicherer in einem kürzlich weitherum verbreiteten Prospekt. «Es wird schnell etwas zum Streitfall», heisst es dort weiter. Und wenn aus einem Streitfall ein Rechtsfall werde, sei dies nicht nur unangenehm, sondern vor allem auch kostspielig.

Kostspielig? Gewiss sind einige Rechtsstreite recht teuer, insbesondere Haftpflichtfälle, Bauprozesse oder langjährige Scheidungen. Nur: Das sind nicht jene Verfahren, deren Kosten man versichern kann. Richtigerweise darf sich keine Rechtsschutzversicherung als Versicherer aller Streitfälle anbieten.

## Wie gross ist das Risiko, das es zu decken gilt?

Was grundsätzlich für alle Versicherungen zutrifft, ist bei Rechtsschutzversicherungen besonders wichtig:

■ Vor dem Abschluss eines solchen Vertrages sollte man sich genau Rechenschaft darüber ablegen, ob die Absicherung gegen das Risiko bestimmter Prozesskosten überhaupt sinnvoll ist.

Das mit einer Rechtsschutzversicherung abgedeckte Risiko gehört zu den relativ kleinen Risiken des Lebens.

Im Vergleich mit Spital- und Arztkosten, mit dem Erwerbsausfall infolge Invalidität, der Zerstörung des gesamten Hausrates oder der Haftung für anderen Personen zugefügte Schäden fallen Prozesskosten kaum ins Gewicht. Fragt man einen unabhängigen Versicherungsberater, welche Versicherungen man sich am ehesten schenken kann, antwortet er mit Bestimmtheit: die Reisegepäck- oder eben die Rechtsschutzversicherung.

Man kann darüber geteilter Meinung sein. Feststeht, dass von einer Rechtsschutzversicherung solange abgesehen werden sollte, als zu wenig Geld vorhanden ist, um die höheren Risiken zu versichern.

Immerhin könnte für die Prämien einer Rechtsschutzversicherung (Privat und Auto) der gesamte Hausrat versichert werden.

Grundsätzliche Erwägungen über Sinn und Zweck einer Rechtsschutzversicherung scheitern im allgemeinen bereits daran, dass sich die wenigsten überhaupt eine Vorstellung davon machen können, wie hoch das zu versichernde Risiko überhaupt ist. Anhand einiger alltäglicher Streitigkeiten soll deshalb im folgenden gezeigt werden, welche Kosten entstehen — und wann sie von der Versicherung übernommen werden:

## Was übernimmt die Versicherung?

■ KONFLIKTE AM ARBEITSPLATZ: JA!

> Ein Arbeitnehmer hat seine Stelle auf Ende Oktober gekündigt. Weil er im Laufe des Jahres austritt, will ihm sein Chef den 13. Monatslohn nicht bezahlen, auch nicht anteilmässig.

**Aus einem solchen Verfahren entstehen einem *Arbeitnehmer keine Gerichtskosten*, da arbeitsrechtliche Streitigkeiten bis Fr. 5000.– kostenlos sind.** Die Beiziehung eines eigenen Anwalts erübrigt sich, weil eine einfache Rechtsfrage zu beantworten ist. In einigen Kantonen werden zudem Anwälte von arbeitsrechtlichen Prozessen mit geringerem Streitwert ausgeschlossen.

Anders sieht die Sache beispielsweise bei einer *fristlosen Entlassung* aus. Wenig ins Gewicht fallen zwar auch hier die Gerichtskosten, die in der Regel auch bei Forderungen über Fr. 5000.– nur einige hundert Franken ausmachen. Allerdings können Anwaltskosten von mehreren tausend Franken entstehen, wenn ein längeres Beweisverfahren durchgeführt werden muss. Dazu kommt im Falle des Unterliegens noch eine Entschädigung an die Gegenpartei in etwa der gleichen Höhe. Wird ein solches Verfahren nicht durch einen Vergleich abgeschlossen, sondern erst per Urteil des Gerichts, so können die Gesamtkosten der ersten Instanz ohne weiteres Fr. 5000.– bis 10 000.– erreichen.

**Die Kosten solcher arbeitsrechtlichen Streitigkeiten sind in der Regel durch die Rechtsschutzversicherungen gedeckt.**

Bei einzelnen Gesellschaften ist dies allerdings nur über eine *Zusatzversicherung* der Fall.

**Da Arbeitskonflikte zu den häufigeren gerichtlichen Auseinandersetzungen gehören — wie beispielsweise auch Mieterstreitigkeiten — sollte man dafür sorgen, dass dieses Risiko auf jeden Fall gedeckt ist.**

### ■ HAFTPFLICHTPROZESSE: NEIN!

Sei es ein Ski- oder sonstiger Unfall mit Körperverletzung: Die Höhe der Gerichts- und Anwaltskosten sowie der Entschädigung an die Gegenpartei bemessen sich auch hier nach dem Streitwert. Da die Schadenersatz-Forderungen aufgrund von Körperverletzungen ohne weiteres einige hunderttausend Franken betragen können, stehen hier Prozess- und Anwaltskosten ins Haus, die mehrere zehntausend Franken ausmachen.

So hoch diese Kosten auch sind — **wer aus einer Haftpflichtsache belangt wird, kann von den Rechtsschutzversicherungen keine Hilfe erwarten.**

Wer in einem solchen Fall auf die Bezahlung eines Schadenersatzes oder einer Genugtuung verklagt wird, sollte eine *Haftpflichtversicherung* abgeschlossen haben, da nur diese solche Gerichts- und Anwaltskosten übernimmt. Von den Rechtsschutzversicherungen gedeckt wären nur die Kosten einer Klage des Versicherungsnehmers selbst gegen eine schuldige Drittperson. Hier aber ist eine Rechtsschutzversicherung nicht in jedem Fall notwendig, da die dem Kläger entstehenden Anwaltskosten ein *Teil des Schadens* sind und deshalb selbst dann vom Schadenersatzpflichtigen oder von seiner Versicherungsgesellschaft übernommen werden müssen, wenn die Klage erfolgreich ist.

### ■ SCHEIDUNGSPROZESSE: NEIN!

Von Beträgen in Höhe von einigen hundert Franken (Scheidung im gegenseitigen Einvernehmen der Gatten) bis zu Zehntausenden von Franken Gerichts-, Anwalts- und Gutachterkosten (Kampfscheidung über mehrere Instanzen) ist alles möglich.

Auch hier gilt: **Scheidungsstreitigkeiten — wie andere familienrechtliche Angelegenheiten — übernimmt keine Rechtsschutzversicherung.**

Dasselbe gilt für sämtliche erbrechtlichen Streitigkeiten. Immerhin sieht ein Teil der Rechtsschutzversicherungen eine einmalige Beratung pro Jahr vor durch ihren Juristen oder einen Anwalt.

### ■ STRAFVERFAHREN:

Wer mit einer Busse infolge eines Selbstunfalles (z. B. Nichtbeherrschen des Fahrzeuges) einig geht, bezahlt nur geringe Schreibkosten. Falls die Angelegenheit vor den Richter kommt und allenfalls auch ein Anwalt beigezogen werden muss, können hier Kosten von einigen hundert bis wenigen tausend Franken entstehen.

Teurer wird die Sache bei *Vergehen* oder *Verbrechen,* da hier in der Regel eine aufwendige Untersuchung stattfindet, bevor der Fall durch den Richter bearbeitet wird. Wie hoch diese Kosten werden können, hängt im wesentlichen vom Beizug und vom Aufwand eines Anwalts ab sowie von den Rechtsmitteln, die benützt werden.

Ob hier eine Versicherung die Kosten übernimmt, hängt von der Rechtslage ab (siehe unten: Privatrechtsschutz).

Anhand dieser Beispiele dürfte klar geworden sein, dass die Auffassung, sämtliche rechtlichen Kosten könnten versichert werden, unrichtig ist. Falsch wäre aber auch der Eindruck, die Rechtsschutzversicherungen wollten sich von allen Risiken drücken. Um falsche Vorstellungen zu vermeiden, soll im folgenden deshalb detailliert aufgezählt werden, wie weit der Versicherungsschutz in den einzelnen Sparten reicht.

■ Grundsätzlich ist zu unterscheiden zwischen einer
— *Verkehrsrechtsschutzpolice,* die Verfahrenskosten im Zusammenhang mit verkehrsrechtlichen Streitigkeiten deckt, und dem
— *Privatrechtsschutz,* der die Kostenübernahme aller übrigen rechtlichen Auseinandersetzungen regelt.

## Privatrechtsschutz

■ **Wichtigster Teil der Privatrechtsschutzpolicen ist die Deckung von Streitkosten aus *Verträgen*. Gerade auf diesem Gebiet aber ist der Versicherungsschutz recht unterschiedlich. Vor der Unterschrift unter einen Versicherungsantrag soll auf jeden Fall überprüft werden, ob die wichtigsten Verträge aufgeführt sind (Kauf, Miete, Arbeitsvertrag, Werkvertrag, Auftrag), noch besser, wenn weitere Verträge wie Leasing, Darlehen, Hinterlegung etc. erwähnt sind.**

Der Umfang der übrigen versicherten Rechtsgebiete ist in praktisch allen Rechtsschutzpolicen einheitlich geregelt.
■ **Nirgends versichert werden können Streitigkeiten aus *Gesellschaftsrecht*** (Vereinsrecht, Genossenschaftsrecht etc.).
■ Wie bereits erwähnt, wird dem Versicherten im *Haftpflichtrecht* lediglich der Aufwand der Geltendmachung von Ansprüchen finanziert, nicht aber die Prozesskosten, falls er selbst von einer anderen Person eingeklagt wird.
■ Im Bereich des *Strafrechts* werden von den Versicherungen nur jene Prozesse übernommen, die infolge eines fahrlässigen Deliktes des Versicherten und teilweise einer Notwehrhandlung angelaufen sind. Ausgenommen sind also sämtliche Verfahren wegen vorsätzli-

cher Vergehen oder Verbrechen sowie Ehrverletzungsklagen. Ebenfalls ausgenommen sind im Privatrechtsschutz selbstverständlich alle verkehrsrechtlichen Verfahren.

■ Ebenfalls nur nach fahrlässiger Verletzung von Strafvorschriften kommt der Versicherungsschutz im *Verwaltungsverfahren* in Anwendung. Da fahrlässige Delikte, die nicht auf der Strasse begangen wurden, im Strafrecht und im Verwaltungsverfahren äusserst selten sind, ist der Rechtsschutz in diesen beiden Kategorien eher unbedeutend.

■ Keine grosse Hilfe bietet eine Rechtsschutzversicherung bei Problemen des *Personen-, Ehe-* und *Vormundschaftsrechts.* Es wird durch keine Versicherung Rechtsschutz für gerichtliche Verfahrenskosten gewährt. Einige Rechtsschutzversicherungen gewähren den Versicherten immerhin eine Beratung durch einen ihrer angestellten Juristen, andere auch bei Bedarf durch einen Anwalt freier Wahl. Einige Versicherungen bieten eine begrenzte Kostengutsprache pro Jahr oder pro Fall.

■ Ähnlich sind die Bestimmungen des Privatrechtsschutzes auch hinsichtlich rechtlicher Fragen, die mit *Besitz* oder *Eigentum* in Zusammenhang stehen. Allerdings sind Prozesse um den Kauf oder die Bebauung von Grundstücken immer ausgenommen. Durchwegs versichert sind nachbarrechtliche Streitigkeiten (z. B. Grenzprobleme, Immissionsschutz).

■ Übereinstimmend sind die Vertragsbedingungen auch, insofern sie *Versicherungsstreitigkeiten* zum Inhalt haben: Streitigkeiten mit privaten und öffentlichen Versicherungen, Krankenkassen und Pensionskassen werden vom Privatrechtsschutz gedeckt.

**Die meisten Versicherungspolicen versichern die genannten Rechtsgebiete zusammen in einem *Kombipack*.** (Lediglich eine Gesellschaft lässt dem Versicherten die Möglichkeit, sich einen Versicherungsschutz nach Bedarf im Baukastensystem zusammenzustellen, z. B. Arbeits- und Mietrecht, aber ohne Eigentumsrecht.)

## Verkehrsrechtsschutz: Notwendige Nebenkosten der Automobilisten?

Historisch betrachtet ist der ganze Rechtsschutzversicherungszweig aus dem Verkehrsrechtsschutz entstanden. Deshalb können bei allen Rechtsschutzversicherungen anbietenden Gesellschaften sowohl Privat- wie Verkehrsrechtsschutzversicherungen abgeschlossen werden (mit Ausnahme eines Versicherers, der Privatrechtsschutz nur für TCS-Mitglieder anbietet).

Gedeckt sind im Bereich des Verkehrsrechtsschutzes die Prozesskosten eines Verkehrsteilnehmers (Automobilist, Motorradfahrer etc.), insofern es sich um
■ die Geltendmachung eines Schadens
■ eine Auseinandersetzung mit Versicherungsgesellschaften
■ Streitigkeiten aus dem Kauf, dem Verkauf oder der Miete von Motorfahrzeugen
■ Verfahren gegen den Versicherten vor Straf- oder Verwaltungsbehörden für Delikte, die mit dem Strassenverkehrsgesetz zusammenhängen sowie
■ allfällige weitere fahrlässig begangene Vergehen handelt.

**Gedeckt sind damit also nicht nur straf- und zivilrechtliche Gerichtskosten, sondern auch Gebühren, die mit einem Verwaltungsverfahren um den Führerausweisentzug zusammenhängen.**
■ Übrigens: Weder im Privat- noch im Verkehrsrechtsschutz inbegriffen sind die Kosten von Streitigkeiten gegen die Rechtsschutzversicherung selbst ...

## Was zahlt die Versicherung im Schadenfall?

Unter der Voraussetzung, dass der Versicherer gemäss Police tatsächlich für den hängigen Rechtsstreit aufkommen muss, hat er folgende Leistungen zu erbringen:
■ *Gerichtskosten:* Gerichtsgebühren, inklusive Vorschüsse ans Gericht und Gutachterkosten.
■ *Anwaltskosten:* Dies ist der grösste Posten unter allen Verfahrenskosten. Die Höhe der Anwaltshonorare richtet sich nach kantonalen Richtlinien. Grundsätzlich gilt: Je höher der Streitwert, desto höher der Honoraransatz. Nicht bezahlen muss derjenige seine Anwaltskosten, der in einem Prozess obsiegt. In diesem Fall werden sie nämlich von der Gegenpartei getragen. Falls die Rechtsschutzversicherung den Anwalt bezahlt hat, hat selbstverständlich sie Anspruch auf Entschädigung durch die Gegenpartei.
■ *Parteientschädigung:* Wer im Zivilprozess unterliegt oder im Strafprozess verurteilt wird, hat umgekehrt eine Parteientschädigung an die Gegenpartei zu bezahlen. Die Höhe wird vom Gericht festgesetzt.
■ *Kautionen:* In Strafsachen besteht grundsätzlich die Möglichkeit, einen Untersuchungsgefangenen gegen eine Kaution auf freien Fuss zu setzen. In der Schweiz wird dies äusserst selten praktiziert. Hauptanwendungsfall eines derartigen Versicherungsschutzes dürfte eine Verhaftung im Ausland sein.

Teilweise sind die erwähnten Leistungen eingeschränkt. So wird beispielsweise in der Police erwähnt, dass nur die Kosten einer ersten Bussenverfügung (oder nicht einmal diese vollständig) von der Versicherung übernommen werden. In diesem Fall wären die Kosten für eine gerichtliche Beurteilung der Bussenverfügung durch eine weitere Instanz nicht mehr gedeckt. Andere Versicherungen operieren mit Selbstbehalten für Bagatellfälle (z. B. Streitwert Fr. 50.– bis 300.–).

## Prozessieren auf eigenes Risiko

Wichtig für alle Rechtsschutzversicherten: **Die Versicherung führt und bezahlt nicht jeden Prozess um jeden Preis durch alle Instanzen.**

**Bei allen Angelegenheiten, bei denen es um Geld geht, behalten es sich die Versicherungen nämlich vor, zuerst mit der Gegenpartei zu verhandeln.** Sie versuchen also, auf diesem aussergerichtlichen Weg zu einem Kompromiss zu kommen. **Erreichen sie auf diesem Weg eine Einigung und ist der Versicherungsnehmer damit nicht einverstanden, so muss er auf eigenes Risiko (weiter-)prozessieren.** *Eine Passage in den Policen besagt nämlich, dass jede Rechtsschutzversicherung bestimmte Rechtsschutzmassnahmen ablehnen kann, wenn sie diese als von vornherein aussichtslos erachtet.* Wenn der Versicherte in solchen Fällen selbst — auf eigene Kosten — prozessiert und auf diesem Weg ein besseres Ergebnis erzielt als die Versicherung mit gütlichen Verhandlungen, übernimmt der Rechtsschutz auch noch die zusätzlich entstandenen prozessualen Kosten. Erreicht der Versicherte nicht mehr, bezahlt er die Gerichts- und Anwaltskosten aus dem eigenen Sack.

Dieselbe Regelung gilt, wenn die Rechtsschutzversicherung zwar mit der Einleitung einer Klage einverstanden war, aber im Laufe des Prozesses den vom Gericht vorgeschlagenen Vergleich akzeptiert, ohne dass der Versicherte damit einiggehen kann. Ebenso verhält sich die Versicherung im Fall einer Weiterziehung eines erstinstanzlichen Urteils.

Man muss sich bewusst sein, dass eine Rechtsschutzversicherung nicht verpflichtet sein kann, alle erdenklichen, vom Versicherten gewünschten Bemühungen zu bezahlen. Hier ist die Interessenlage der Versicherung und des Versicherten denn auch unterschiedlich: Die Rechtsschutzversicherung ist versucht, die Kosten einer gerichtlichen oder aussergerichtlichen Auseinandersetzung so tief wie möglich zu halten, der Versicherte will auf dem gerichtlichen Weg das Maximum herausholen.

## Prozessieren muss nicht teuer sein!

Was für die Rechtsschutzversicherung gilt, gilt natürlich für jede Prozesspartei: **Durch Vergleichsbereitschaft können die Kosten des Rechtswegs tief gehalten werden.** Ausserdem werden nicht in allen Verfahren Gerichtskosten erhoben. Erwähnt worden sind bereits arbeitsrechtliche Streitigkeiten bis zu einem Streitwert von Fr. 5000.–, die kostenlos sind. Der Beizug eines Anwalts, der die Sache erst richtig verteuert, ist nicht in allen Fällen nötig.

■ **Faustregel: Wenn die Gegenpartei durch einen Anwalt vertreten ist, sollte man selbst auch einen Anwalt beiziehen.** Ebenfalls von Vorteil ist die Beiziehung eines Prozessvertreters bei Zivilprozessen, bei denen der Sachverhalt unklar und das Beweisverfahren deshalb aufwendig ist.

## Was überdies ebenfalls in die Überlegungen über den Abschluss einer Versicherung hineingehört:

**Die kantonalen Gesetze über den Zivilprozess sehen vor, dass jene Bürger kostenlos prozessieren können, denen die Mittel fehlen, um neben dem Lebensunterhalt für sich und die Familie noch Gerichtskosten aufzubringen.** Diese unentgeltliche Prozessführung (sogenanntes *Armenrecht*) wird allerdings nur dann gewährt, wenn der Prozess nicht von vornherein als aussichtslos erscheint. Zusätzlich hat eine mittellose Partei Anspruch auf einen unentgeltlichen Anwalt nach freier Wahl, wenn ein rechtskundiger Vertreter infolge eines komplizierten Prozessstoffes nötig ist.

Die Voraussetzungen für die Bestellung eines unentgeltlichen Anwalts oder die Gewährung der unentgeltlichen Prozessführung sind von Kanton zu Kanton verschieden. Grob gesagt gilt:

**Wer auf oder knapp über dem Existenzminimum lebt, braucht praktisch keine Rechtsschutzversicherung, wenigstens nicht für Zivilprozesse, da er vom Armenrecht profitieren kann. Auch in Strafverfahren wird dem Angeschuldigten unter Umständen ein Anwalt zugeteilt (im Kanton Zürich beispielsweise bei beantragten Strafen, die über einem Jahr Gefängnis liegen).**

Wie hoch das Existenzminimum einer Person oder einer Familie genau liegt, ist kantonal unterschiedlich und abhängig von den Ausgaben für Wohnung plus Nebenkosten, Krankenkasse, Berufsauslagen sowie von der Kinderzahl.

255

## Wie soll man sich im Schadenfall verhalten?

**Sämtliche Rechtsschutzversicherungen verlangen vom Versicherten, dass er sich nach Eintritt eines Schadenfalles *sofort* an sie wendet.** Wer diese Mitteilungspflicht missachtet, verliert jedoch nicht jeden Anspruch auf Versicherungsleistungen. Er muss sich höchstens jenen Betrag anrechnen lassen, um den die Rechtskosten durch die verspätete Anzeige des Falles vergrössert worden sind.

Nach der Anmeldung des Schadenfalles wird die Rechtsschutzversicherung die *Deckung* prüfen. Durch die Unterschrift des Versicherten unter die «Allgemeinen Vertragsbedingungen» ist sie bei Vertragsabschluss meist durch den Versicherungsnehmer bevollmächtigt worden, die «nötigen Rechtsvorkehren» zu treffen und Vergleichsverhandlungen mit der Gegenpartei zu führen. Teilweise geht die im Kleingedruckten erteilte Vollmacht sogar einiges weiter:

> «Zur aussergerichtlichen oder gerichtlichen Vertretung des Versicherten vor allen Instanzen sind allein wir berechtigt, es sei denn, der Versicherte müsse persönlich erscheinen. Wir sind befugt, in amtliche oder medizinische Akten Einsicht zu nehmen, Vergleiche abzuschliessen, Entschädigungen zu kassieren und Substitutionsvollmachten zu erteilen. Wir entscheiden nach Anhören des Versicherten über das zweckmässigste Vorgehen. Der Versicherte muss direkte Massnahmen unterlassen.»

Wer eine solche Vollmacht per Versicherungsantrag unterschrieben hat, muss sich also im klaren darüber sein, dass er im Schadenfall keinerlei Mitwirkungsmöglichkeiten hat, sondern höchstens angehört wird. Will er trotzdem die ihm richtig scheinenden Massnahmen ergreifen, so tut er dies auf eigenes Risiko.

Problematisch ist eine solche Blankovollmacht auch nicht zuletzt deshalb, weil die Versicherung damit sogar Einsicht in die Krankenunterlagen nehmen kann, ohne etwa dem Arzt- oder Anwaltsgeheimnis unterstellt zu sein. Die meisten anderen Rechtsschutzgesellschaften gehen nicht so weit, sondern verlangen vom Versicherten lediglich, dass er ohne ihr Einverständnis keine Vergleiche abschliesst, keine Mandate erteilt und keine gerichtlichen Verfahren einleitet.

Die Achillesferse bei Rechtsschutzversicherungen liegt in der ungünstigen Regelung der Anwaltswahl. Obwohl in der Werbung praktisch alle Versicherungen offiziell die freie Anwaltswahl offerieren, sieht es beim Kleingedruckten anders aus.

**Die meisten Versicherer verstehen unter «freier Anwaltswahl», dass der Versicherungsnehmer drei Anwälte vorschlägt und die Versicherung dann einen auswählt.** Diese Regelung ist wohl auf einen Bundesratsbeschluss des Jahres 1945 zurückzuführen, der den Rechtsschutzversicherungen verbietet, den Anwalt «einseitig zu bezeichnen», wenn es darum geht, für die gerichtliche Vertretung eines Versicherten zu sorgen.

Wie wichtig der Grundsatz der freien Anwaltswahl ist, zeigt sich nicht zuletzt bei Streitigkeiten des Versicherten gegen eine Versicherung, die wirtschaftlich mit seiner Rechtsschutzgesellschaft verbunden ist. In solchen Fällen ist eine Interessenkollision nie ganz auszuschliessen. Denn nur wenige Rechtsschutzversicherungen arbeiten nicht mit einer Versicherungsgruppe zusammen.

## Wie findet man einen guten Anwalt?

Ein Klient muss zu dem ihn vertretenden Anwalt ein Vertrauensverhältnis haben. Aus diesem Grund sollte er nicht unbesehen einen Anwalt nehmen, den die Rechtsschutzversicherung vorschlägt, sondern einen **Prozessvertreter, mit dem man selbst oder Bekannte bereits gute Erfahrungen gemacht haben und der in keiner Weise mit der Rechtsschutzversicherung liiert ist.**

Denn wenn ein Anwalt öfters mit einer Rechtsschutzversicherung zusammenarbeitet, besteht die Gefahr einer Interessenkollision: Das Interesse der Versicherung und des Versicherten kann in bestimmten Situationen unterschiedlich sein. Dies gilt etwa, wenn zu entscheiden ist, ob ein Urteil an eine nächste Instanz weitergezogen werden soll oder ob ein vom Gericht oder von der Gegenpartei vorgeschlagener Vergleich zu akzeptieren sei. **Ohne einen Rechtsbeistand seines Vertrauens kann ein Laie unmöglich die Prozessrisiken abwägen.**

## Was man sonst noch über die Vertragsbedingungen wissen sollte

Unsere Rechtsschutzversicherungen sind sich über den internationalen Geltungsbereich der Policen fast einig: Sie erfassen ganz Europa sowie die Mittelmeerstaaten, teilweise ohne Oststaaten.

■ **Laufdauer:** Die Laufdauer ist oft recht unterschiedlich. Teilweise wird ein Mindestabschluss für fünf Jahre verlangt, teilweise sind acht Jahre Versicherungsdauer vorgesehen. Die meisten Vertreter akzeptieren jedoch auch Verträge mit einer Mindestlaufdauer von lediglich einem Jahr. Diesbezüglich sollte der Verhandlungsspielraum vom Kunden ausgenützt werden.

■ **Kündigung:** Der Vertrag läuft nie einfach nach der vereinbarten Versicherungsdauer automatisch ab, sondern muss innerhalb einer bestimmten Frist vor Ablauf (meistens sind es drei Monate) per eingeschriebenem Brief gekündigt werden. Sonst verlängert sich die Vertragsdauer jedesmal um ein Jahr.

**Gekündigt werden kann nicht nur nach Ablauf der Vertragsdauer, sondern auch nach jedem Schadenfall, in dem die Rechtsschutzversicherung Leistungen erbringen musste.** In den Allgemeinen Vertragsbedingungen kann man nachlesen, wann nach der Erledigung des Schadenfalls man kündigen kann. Dasselbe Kündigungsrecht nach einem Schadenfall hat übrigens auch die Versicherungsgesellschaft.

■ **Unterschied für den Versicherungsnehmer: Kündigt er selbst, verfällt der Rest der Jahresprämie, kündigt aber die Versicherung, erhält er die restliche Prämie anteilmässig zurück.**

■ **Leistungen:** Die Maximalleistungen der Rechtsschutzversicherungen sind in ihrer Höhe alle gleich.

> Pro Schadenfall wird maximal ein Betrag von Fr. 250 000.– ausbezahlt. Strafkautionen sind in der Regel auf Fr. 100 000.– beschränkt. Die im Vertrag aufgeführte Höchstsumme von Fr. 250 000.– pro Schadenfall dürfte kaum je auch nur annähernd ausgeschöpft werden. Es dürfte sich dabei um eine Fantasiesumme handeln.

■ **Prämien:** Die Prämien werden in der Regel jährlich in Rechnung gestellt. Die Beträge sind erstaunlich unterschiedlich: Für eine *Verkehrs-Rechtsschutzversicherung* werden von Fr. 65.– bis Fr. 176.– verlangt, für den Privatrechtsschutz Fr. 63.– bis Fr. 190.–, wobei der Umfang der versicherten Leistungen nie den Preisunterschied rechtfertigt.

■ Wer bei einer Gesellschaft eine Privat- *und* Verkehrs-Rechtsschutzversicherung abschliesst, erhält in der Regel einen Rabatt von 5.– bis 10.– Franken.

Günstiger sind diese Versicherungen, wenn sie über einen Verband abgeschlossen werden (VCS, TCS, Gewerkschaftsbund).

## Welche Personen werden versichert?

**Bei den Privat-Rechtsschutzversicherungen sind in der Regel der Versicherungsnehmer, sein Ehegatte — oft auch der Konkubinatspart-**

ner — sowie die minderjährigen Kinder und teilweise die im gleichen Haushalt lebenden älteren Kinder enthalten.

Beim *Verkehrsrechtsschutz* sind zwei verschiedene Systeme gebräuchlich: Das eine versichert

■ den *Versicherungsnehmer* als Lenker jedes beliebigen Fahrzeugs im Strassenverkehr,

das andere versichert

■ ein *bestimmtes Fahrzeug* des Versicherungsnehmers sowie sämtliche mit diesem Fahrzeug fahrenden, ermächtigten Lenker und Mitfahrer.

**Es ist demnach sinnvoll, sich vor Vertragsabschluss zu überlegen, ob man praktisch nur immer mit dem gleichen Auto fährt oder ab und zu auch Wagen ausleiht oder mietet.**

## Rechtsschutz-Zusatzversicherungen

Eine grosse Versicherungsgesellschaft führt eine Police speziell für *Landwirte,* verschiedene Gesellschaften bieten *Betriebs*-Rechtsschutzversicherungen an.

**Eine Versicherung erbringt — in der Grundprämie inbegriffen — Leistungen an Opfer von Verbrechen.** Gedeckt sind dabei die Heilungskosten aufgrund von Körperverletzungen, ein Todesfallkapital von Fr. 150 000.– und ein Invaliditätskapital von Fr. 200 000.–. Dass sich die Prämie durch diesen Zusatz nicht erhöht, dürfte damit in Zusammenhang stehen, dass das Risiko, Opfer eines Verbrechens zu werden, äusserst gering ist.

## Checkliste: Was spricht für — was gegen eine Rechtsschutzversicherung?

**An eine Rechtsschutzversicherung sollte nur derjenige denken, der die wichtigeren Risiken bereits versichert hat.** Ausserdem sollte man sich bewusst sein, dass richtiges Vorgehen bei gerichtlichen Auseinandersetzungen die Auslagen in der Regel relativ gering hält. Die unvermeidbaren Kosten könnten die meisten Haushalte im Notfall aufbringen. Grosse Prozessrisiken (passive Haftpflicht, Bauprozesse) werden zudem von der Rechtsschutzversicherung nicht gedeckt. Auch besteht die Dienstleistung der Rechtsschutzversicherer in erster Linie darin, dass die Mitarbeiter der Gesellschaften die von den Versicherten angemeldeten Streitfälle selbst bearbeiten und möglichst gütlich und im Rahmen eines Vergleichs mit der Gegenpartei erledigen wollen.

Selbst bei jenen Fällen, in denen die Rechtsschutzversicherungen grundsätzlich zum Zuge kommen, sollten die Leistungen somit nicht überschätzt werden, denn die Versicherungen selbst entscheiden, wie weit der Aufwand sinnvoll ist.

Andererseits sind jedoch die Prämien relativ gering: Fr. 200.– pro Jahr sind für jede Familie ohne weiteres zu verkraften.

**In einem Satz: Rechtsschutzversicherungen — nicht notwendig, aber oft nützlich.**

## Wer sich für einen Vertragsabschluss entscheidet, sollte sich folgende *Tips* merken:

■ Abklären, ob nicht schon Rechtsschutzversicherungen für Teilgebiete bestehen (z. B. für das Arbeitsrecht über eine Gewerkschaft, für das Mietrecht über einen Mieterverband). In diesem Fall entweder die bestehenden Rechtsschutzversicherungen auflösen und alles bei der gleichen Gesellschaft versichern oder nur den Rest neu versichern.

■ Möglichst eine Rechtsschutzversicherung kaufen, die in den Allgemeinen Vertragsbedingungen klar macht, dass der Anwalt im Schadenfall allein vom *Versicherungsnehmer* beauftragt werden kann — und nicht durch die Versicherung.

■ Bei der *Verkehrs-Rechtsschutzversicherung* darauf achten, dass auch Streitigkeiten aus dem Kauf, dem Verkauf, der Miete oder der Reparatur des Wagens oder des Motorrades gedeckt sind.

■ Beim Abschluss von *Privat-Rechtsschutzversicherungen* darauf achten, dass alle wichtigen Verträge gedeckt sind: Kauf, Miete, Werkvertrag, Arbeitsvertrag, Darlehen, einfacher Auftrag.

■ Keine Versicherung unterschreiben, die ihre Leistungen aufgrund grobfahrlässiger Herbeiführung des Schadenereignisses kürzen kann. Gemäss Versicherungsvertrags-Gesetz wären nämlich die Gesellschaften grundsätzlich dazu befugt, bei Grobfahrlässigkeit die Leistungen anteilmässig zu verringern. Ein Teil der Rechtsschutzversicherungen verzichtet in den Vertragsbedingungen aber ausdrücklich auf diese Klausel.

# Anhang

## BVG-Aufsichtsbehörden der Kantone

AG  Amt für berufliche Vorsorge
des Kantons Aargau
Frey-Herosé-Strasse 12
5001 Aarau
Telefon 064/21 11 21

AI  Standeskommission des
Kantons Appenzell
Innerrhoden
Ratskanzlei
9050 Appenzell
Telefon 071/87 13 73

AR  Aufsichtsbehörde und Register
für berufliche Vorsorge
Kasernenstrasse 17
9100 Herisau
Telefon 071/53 11 11
(intern 258)

BE  Amt für berufliche Vorsorge
und Stiftungsaufsicht
des Kantons Bern
Gerechtigkeitsgasse 12
3011 Bern
Telefon 031/64 52 52

Office de la prévoyance
professionnelle et de la
surveillance des fondations du
canton de Berne
Gerechtigkeitsgasse 12
3011 Berne
Telefon 031/64 52 52

BL  Direktionssekretariat
der Justiz-, Polizei- und
Militärdirektion
Abteilung Stiftungen und
berufliche Vorsorge
Rathausstrasse 2
4410 Liestal
Telefon 061/96 57 19
oder    061/96 57 02

BS  Justizdepartement Basel-Stadt
Aufsichtsbehörde BVG
Rheinsprung 16
4001 Basel
Telefon 061/21 81 81

FR  Gesundheits- und
Sozialfürsorgedirektion
Stiftungsaufsicht
Klinikstrasse 17
1700 Freiburg
Telefon 037/21 12 91
oder    037/21 19 65

Direction de la santé publique
et des affaires sociales
Surveillance des fondations
Route des Cliniques 17
1700 Fribourg
Telefon 037/21 12 91
ou    037/21 19 65

GE  Service de surveillance des
fondations
Rue du Stand 26
1211 Genève 3
Telefon 022/27 55 23

GL  Direktion des Innern
des Kantons Glarus
Kant. BVG-Aufsichtsbehörde
Rathaus
8750 Glarus
Telefon 058/63 61 11

GR  Justiz- und Polizeidepartement
des Kantons Graubünden
7000 Chur
Telefon 081/21 33 06
oder    081/21 37 39

JU  Autorité de surveillance des
fondations
Service juridique
Rue du 24-Septembre 2
2800 Delémont
Telefon 066/21 52 96

LU  Amt für das Handels- und
Güterrechtsregister und die
berufliche Vorsorge
Habsburgerstrasse 26
6002 Luzern
Telefon 041/21 94 52

NE Département de Justice
Secrétariat
Château
2001 Neuchâtel
Telefon 038/22 32 02

NW Finanzdirektion des
Kantons Nidwalden
Kant. BVG-Aufsichtsbehörde
Postgebäude
6370 Stans
Telefon 041/63 11 22

OW Justizdepartement des
Kantons Obwalden
Brünigstrasse 160
6060 Sarnen
Telefon 041/66 92 20

SG Departement des Innern
Regierungsgebäude
9001 St.Gallen
Telefon 071/21 38 16

SH Gemeindedirektion des
Kantons Schaffhausen
BVG-Aufsicht
Postfach 65
8201 Schaffhausen
Telefon 053/8 03 81

SO Justizdepartement des
Kantons Solothurn
Abt. Berufliche Vorsorge und
Stiftungsaufsicht
Ambassadorenhof
4502 Solothurn
Telefon 065/21 21 21

SZ Amt für berufliche Vorsorge
Regierungsgebäude
6430 Schwyz
Telefon 043/24 12 77

TG Finanz-, Forst- und
Militärdepartement des
Kantons Thurgau
Aufsicht für berufliche
Vorsorge und Stiftungen
8500 Frauenfeld
Telefon 054/24 11 11

TI Dipartimento di giustizia
Autorità di vigilanza sulle
fondazioni e sugli istituti di
previdence professionale
6500 Bellinzona
Telefon 092/25 32 36/5

UR Volkswirtschaftsdirektion des
Kantons Uri
Kant. BVG-Aufsichtsbehörde
Rathausplatz 5
6460 Altdorf
Telefon 044/2 17 46

VD Département de l'intérieur et
de la santé publique
Service de l'intérieur
Château cantonal
La Cité
1014 Lausanne
Telefon 021/44 41 12

VS Justiz- und Polizeidepartement
des Kantons Wallis
Rechts- und Verwaltungs-
abteilung
Bahnhofstrasse 39
1950 Sitten
Telefon 027/21 63 93

Département de justice et police
Service juridique
et administratif
Avenue de la gare 39
1950 Sion
Telefon 027/21 63 93

ZG Direktion des Innern des
Kantons Zug
Poststrasse 10
6300 Zug
Telefon 042/25 31 79

ZH Amt für berufliche Vorsorge
des Kantons Zürich
Postfach
8090 Zürich
Telefon 01/259 25 04

## Soziale Sicherheit

Bei den kantonalen Ausgleichskassen (Adressen siehe letzte Seite im Telefonbuch) können eine ganze Reihe von Merkblättern bezogen werden. Wichtig sind vor allem:
— Merkblatt über die AHV/IV/EO-Beiträge
— AHV-Merkblatt für Nichterwerbstätige (besonders wichtig für die geschiedene nichterwerbstätige Frau)

- Merkblatt über die Leistungen der AHV
- Merkblatt über die Leistungen der IV
- Merkblatt über die Ergänzungsleistungen der AHV/IV
    Teilweise existieren Merkblätter über kantonale und kommunale Zusatzleistungen; erkundigen Sie sich bei der Gemeindeverwaltung.

Bundesamt für Sozialversicherung
- Hauptabteilung Alters-, Hinterlassenen- und Invalidenvorsorge, Effingerstrasse 33
- Hauptabteilung Kranken- und Unfallversicherung, Effingerstrasse 43
- Sektion Familienschutz, Effingerstrasse 31
Alle: 3003 Bern

Die AHV/IV-Rekursbehörden Ihres Kantons nennen Ihnen die kantonalen Ausgleichskassen

Für Auskünfte im Zusammenhang mit zwischenstaatlichen Abkommen über soziale Sicherheit:
Schweizerische Ausgleichskasse
Av. Edmond-Vaucher 18
1211 Genf 28
Telefon 022/97 21 21

AHV/IV-Rekursbehörde für Personen im Ausland:
Rekurskommission
Chemin des Délices 9
1006 Lausanne
Telefon 021/26 44 44

Schweizerischer AHV-Rentner-Verband
Schaffhauserstrasse 308
Postfach
8050 Zürich
Telefon 01/312 03 00

Eidgenössische Militärversicherung
Laupenstrasse 1
3008 Bern
Telefon 031/61 91 11

Bund Schweizer Militärpatienten
Christoffelgasse 3
3011 Bern
Telefon 031/22 58 30
(regionale Kontakt-Adressen können hier erfragt werden)

SUVA
Fluhmattstrasse 1
Postfach
6002 Luzern
Telefon 041/21 51 11

Bundesamt für Gesundheitswesen
Bollwerk 27
3001 Bern
Telefon 031/61 91 11

Ersatzkasse UVG
Bleicherweg 19
Postfach 4889
8022 Zürich
Telefon 01/201 34 88

Die Ersatzkasse erbringt die gesetzlich vorgeschriebenen Versicherungsleistungen an verunfallte Arbeitnehmer, für deren Versicherung nicht die SUVA zuständig ist und die von ihrem Arbeitgeber nicht versichert worden sind.

## Die Sozialdienste der Kantone

AG Kantonaler Sozialdienst
Telli-Hochhaus
5004 Aarau
Telefon 064/21 25 30

AI Fürsorgeamt
Kanzleigebäude
9050 Appenzell
Telefon 071/87 13 73

AR Gemeindedirektion
Kasernenstrasse 17b
9100 Herisau
Telefon 071/53 11 11

BE Fürsorgedirektion
Rathausgasse 1
3011 Bern
Telefon 031/64 46 29

BL   Fürsorgeamt
Gestadeckplatz 8
4410 Liestal
Telefon 061/96 51 11

BS   Familien- und Erziehungs-
beratung Basel
Missionsstrasse 7
4003 Basel
Telefon 061/25 64 70

FR   Direction de la santé publique
et des affaires sociales
Route des Cliniques 17
1700 Fribourg
Telefon 037/21 12 91

GE   Bureau centrale d'aide sociale
Place de la Taconnerie 3−5
1204 Genève
Telefon 022/28 55 11

GL   Sanitäts- und Fürsorgedirektion
Hauptstrasse 14
8750 Glarus
Telefon 058/63 61 11

GR   Kantonales Fürsorgeamt
Quaderstrasse 17
7001 Chur
Telefon 081/21 31 01

JU   Service de l'aide sociale
Route de Moutier 93
2800 Delémont
Telefon 066/21 51 11

LU   Sanitäts- und Fürsorgedepartement
Bahnhofstrasse 15
6002 Luzern
Telefon 041/24 51 11

NE   Service de l'aide sociale
Faubourg 2
2000 Neuchâtel
Telefon 038/22 11 11

NW   Sanitäts- und Fürsorgedirektion
Bahnhofplatz 3
6730 Stans
Telefon 041/63 11 22

OW   Fürsorgedepartement des
Kantons Obwalden
Dorfplatz 9
6060 Sarnen
Telefon 041/66 92 22

SG   Soziale Dienste des
Kantons St.Gallen
Spiessergasse 41
9001 St.Gallen
Telefon 071/21 31 11

SH   Sekretariat der
Fürsorgedirektion
Schaffhausen
Bahnhofstrasse 54
8200 Schaffhausen
Telefon 053/8 01 11

SO   Kantonales Fürsorgeamt
Baselstrasse 40
4500 Solothurn
Telefon 065/21 21 21

SZ   Fürsorgesekretariat des
Kantons Schwyz
Bahnhofstrasse 15
6430 Schwyz
Telefon 043/24 11 24

TG   Auskunfts- und Koordinations-
stelle für Sozialdienste
Schulstrasse 3
8500 Frauenfeld
Telefon 054/24 26 86

TI   Dipartimento delle opere sociali
v. Orico 5
6500 Bellinzona
Telefon 092/24 11 11

UR   Fürsorgedirektion des Kantons
Uri
Sekretariat
Rathausplatz 5
6460 Altdorf
Telefon 044/2 44 26

VD   Service de prévoyance et d'aide
sociales
Rue St-Martin 26
1000 Lausanne
Telefon 021/44 11 11

VS   Departement der Sozialdienste
Avenue du Nord
1951 Sion
Telefon 027/21 51 11

ZG   Kant. Stelle für Sozialberatung
und Sozialhilfe
Poststrasse 10
6300 Zug
Telefon 042/25 31 74

ZH   Informationsstelle des Zürcher
Sozialwesens
Gasometerstrasse 9
8005 Zürich

# Behörden für öffentliche Fürsorgeleistungen:

AG    Fürsorgebehörde der
Wohnsitzgemeinde

BE    Fürsorgebehörde der
Wohnsitzgemeinde

BL    Fürsorgebehörde der
Wohnsitzgemeinde

BS    Bürgerliches Fürsorgeamt,
Schönbeinstrasse 34
4056 Basel (nur für Basler
Bürger)
Telefon 061/25 48 00
Allgemeine Sozialhilfe
Leonhardsgraben 40
4051 Basel (Nicht-Basler und
Ausländer)
Telefon 061/25 50 99

FR    Gemeinderat am Wohnsitz

GE    Fürsorgebehörde der
Wohnsitzgemeinde

GL    Fürsorgerat am Wohnsitz

GR    Vorstand der Wohnsitzgemeinde oder Bezirks-
fürsorgestelle oder
in grösseren Gemeinden:
Gemeindefürsorgeamt bzw.
Sozialamt

JU    Fürsorgebehörde der
Wohnsitzgemeinde

LU    Sozialvorsteher des Wohnortes

NE    Fürsorgebehörde der
Wohnsitzgemeinde

NW    Gemeinderat der
Wohnsitzgemeinde

OW    Bürgergemeinderat

SG    Fürsorgebehörde am Wohnsitz

SH    Fürsorgebehörde am Wohnsitz

SO    Fürsorgebehörde am Wohnsitz

SZ    Fürsorgekommission

TG    Fürsorgekommission

TI    Fürsorgebehörde der
Wohnsitzgemeinde

UR    Armenpflege der
Wohnsitzgemeinde

VD    Fürsorgebehörde der
Wohnsitzgemeinde

VS    Fürsorgebehörde der
Wohnsitzgemeinde

ZG    Sozialdienst der
Wohnsitzgemeinde

ZH    Stadt: Fürsorgeamt der Stadt
Zürich
Selnaustrasse 17
8039 Zürich
Telefon 01/201 04 10
Land: Fürsorgebehörde der
jeweiligen Gemeinde (auf der
Gemeindeverwaltung zu
erfahren)

# Kontakt- und Beratungsstellen für Arbeitslose (kirchliche, private, städtische Anschriften)

Weitere Stellen können nennen: Sozialdienste der Kantone/
Arbeitsamt/Gewerkschaften

BE    Sozial- und Beratungsdienst
der katholischen Gesamtkirch-
gemeinde
Service de l'église catholique
Victor Bührer, Murten-
strasse 48
2502 Biel-Bienne
Telefon 032/22 30 64

Informations- und
Beratungsstelle für Arbeitslose
Unterer Quai 45
2502 Biel
Telefon 032/22 11 71

BS    Treffpunkt für Stellenlose
«Glaibasel» der OEGA
Grenzacherstrasse 30
4058 Basel
Telefon 061/26 92 52

Arbeitslosenhilfe der Ökumeni-
schen Genossenschaft (OEGA)
(Arbeitsgruppe für Jugendliche)
Nonnenweg 36
4000 Basel
Telefon 061/25 14 15

Wägwyser der GGG
Hebelstrasse 2
4056 Basel
Telefon 061/25 99 11

FR   Arbeitslosentreff
Postfach 759
1701 Fribourg

GE   Eglise nationale protestante
Route des Acacies 5
1227 Genève
Telefon 022/42 99 52
mit lokalen Beratungsstellen in

1250 Nyon
2740 Moutier
2710 Tavannes
2800 Delémont
Telefon 066/66 25 30 /21 52 78
2725 Le Noirmont
Telefon 039/53 13 38
1701 Fribourg
2000 Neuchâtel
2301 La Chaux-de-Fonds
1401 Yverdon
1002 Lausanne
1211 Genève

LU   Reissverschluss
Kontakt- und Arbeitsgruppe
für Probleme der Arbeitslosen
Postfach 1331
6002 Luzern

ZH   Joblos
Kontakt- und Beratungsstelle
für Arbeitslose im Limmattal
Zürcherstrasse 13a
8952 Schlieren
Telefon 01/730 79 50
Mo–Di 10–12 Uhr,
13.30–16 Uhr
Mi: nach Vereinbarung

Kontaktstelle für Stellenlose
Altes Schulhaus
8610 Uster
Telefon 01/940 20 98
Di 9–12 Uhr

Kirchliche Projektstelle für
Arbeitslose
Blaufahnenstrasse 10
8001 Zürich
Telefon 01/258 91 11

Impuls
Treffpunkt für Arbeitslose
Quartierzentrum Kanzlei
Kanzleistrasse 56
8004 Zürich
Telefon 01/242 79 34

Pro Fünfzig Plus
Hardgutstrasse 24
8048 Zürich
Telefon 01/492 02 61
(Selbsthilfeorganisation für
Stellensuchende über 45 Jahre)

# Selbsthilfe

ASKIO Arbeitsgemeinschaft
schweizerischer Kranken- und
Invalidenselbsthilfe-Organisationen
Effingerstrasse 55
3008 Bern
Telefon 031/25 65 57

Anonyme Alkoholiker (AA)
Kontakt- und Informationsstelle
Cramerstrasse 7
8004 Zürich
Telefon 01/241 30 30
14–21 Uhr

Pro-Infirmis-Beratungsstelle
Hohlstrasse 52
8026 Zürich
Telefon 01/241 44 11

Team Selbsthilfe
Freiestrasse 16
8006 Zürich
Telefon 01/55 86 78

Koordinations- und Informationsstelle
für Drogenfragen
Bollwerk 27
3001 Bern
(Auskunfts- und Dokumentations-
stelle)
Telefon 031/61 91 11

## Lohnfortzahlung bei Krankheit und Unfall

### «Basler Skala»

| Dienstdauer: | Lohnzahlung: |
|---|---|
| im 1. Jahr | 3 Wochen |
| über 1 bis 3 Jahre | 2 Monate |
| über 3 bis 10 Jahre | 3 Monate |
| über 10 bis 15 Jahre | 4 Monate |
| über 15 bis 20 Jahre | 5 Monate |
| über 20 Jahre | 6 Monate |

### «Berner Skala»

| Dienstdauer: | Lohnzahlung: |
|---|---|
| im 1. Jahr | 3 Wochen |
| im 2. Jahr | 1 Monat |
| im 3. und 4. Jahr | 2 Monate |
| im 5. bis 9. Jahr | 3 Monate |
| im 10. bis 14. Jahr | 4 Monate |
| im 15. bis 19. Jahr | 5 Monate |
| im 20. bis 24. Jahr | 6 Monate |
| im 25. bis 29. Jahr | 7 Monate |
| im 30. bis 34. Jahr | 8 Monate |
| im 35. bis 39. Jahr | 9 Monate |

### «Zürcher Skala»

| Dienstdauer: | Lohnzahlung: |
|---|---|
| während des 1. Jahres | 3 Wochen |
| während des 2. Jahres | 4 Wochen |
| während des 3. Jahres | 5 Wochen |
| während des 4. Jahres | 6 Wochen |
| während des 5. Jahres | 7 Wochen |
| während des 6. Jahres | 8 Wochen |
| während des 7. Jahres | 9 Wochen |
| während des 8. Jahres | 10 Wochen |
| während des 9. Jahres | 11 Wochen |
| während des 10. Jahres | 12 Wochen |
| während des 11. Jahres | 13 Wochen |
| während des 12. Jahres | 14 Wochen |
| während des 13. Jahres | 15 Wochen |
| während des 14. Jahres | 16 Wochen |
| während des 15. Jahres | 17 Wochen |

## Einreichungsstellen für Gesuche um kantonale Ergänzungsleistungen

Kantonale Ausgleichskassen
Adressen siehe Telefonbuch, letzte Seite

## Versicherungen

Versicherungs-Information
Bubenbergplatz 10
Postfach 2455
3001 Bern
Telefon 031/22 26 93

Vereinigung Schweizerischer Lebens-
versicherungs-Gesellschaften
Bubenbergplatz 10
3001 Bern
Telefon 031/22 70 06

Ombudsmann der Privat-
versicherungen
Kappelengasse 15
Postfach 4414
8022 Zürich
Telefon 01/211 30 90

Konkordat der Schweizerischen
Krankenkassen
Römerstrasse 20
4502 Solothurn
Telefon 065/23 15 31

Schweiz. Vereinigung der
Haftpflicht- und Motor-
fahrzeug-Versicherer
Genferstrasse 23
8002 Zürich
Telefon 01/201 40 66

Schweiz. Vereinigung
privater Kranken- und
Unfallversicherer
Genferstrasse 23
8002 Zürich
Telefon 01/201 40 67

Schweiz. Vereinigung
privater Lebensversicherer
Genferstrasse 23
8002 Zürich
Telefon 01/202 17 07

### Direktion oder Hauptsitz der Schweizerischen Versicherungsgesellschaften

Alba Allgemeine
Versicherungsgesellschaft
St.-Alban-Anlage 56
4006 Basel
Telefon 061/23 90 00

Alpina Versicherungs AG
Seefeldstrasse 123
8034 Zürich
Telefon 01/259 51 51

Altstadt Versicherungs AG
Albisriederstrasse 164
8040 Zürich
Telefon 01/491 06 54

Appenzellische
Feuerversicherungs-Gesellschaft
9050 Appenzell
Telefon 071/87 25 26

ARAG Allgemeine
Rechtsschutz-Versicherungs AG
Gartenhofstrasse 17
8036 Zürich
Telefon 01/241 44 46

Assista AG
Rechtsschutz-Versicherungs-Gesell-
schaft des TCS
Rue Pierre-Fatio 9
1211 Genf
Telefon 022/37 12 12

Austria Versicherungs AG
Avenue Louis-Casai 108
1215 Genf-Cointrin
Telefon 022/98 95 45

Basler Versicherungs-Gesellschaft
Aeschengraben 21
4002 Basel
Telefon 061/55 70 00

Berner Allgemeine
Versicherungs-Gesellschaft
Sulgeneckstrasse 19
3001 Bern
Telefon 031/25 31 11

Berner
Lebensversicherungs-Gesellschaft
Brückfeldstrasse 16
3001 Bern
Telefon 031/24 32 32

C. A. P. Rechtsschutz
Versicherungs-Gesellschaft
Avenue Champel 8 C
1206 Genf
Telefon 022/47 50 50

Continentale Allgemeine
Versicherungs-AG
Seestrasse 356
8038 Zürich
Telefon 01/481 92 11

Coop
Lebensversicherungs-Genossenschaft
Aeschenvorstadt 67
4002 Basel
Telefon 061/45 31 11

Coop Rechtsschutz
Bachstrasse 43
5001 Aarau
Telefon 064/24 73 67

DAS La Défense Automobile et
Sportive
Rue Massot 1
1211 Genf
Telefon 022/46 68 44

DEURAG
Rechtsschutz-Versicherung AG
Spielhof 14 a
8750 Glarus
Telefon 058/61 48 52

Eidgenössische Versicherungs AG
Flössergasse 3
8039 Zürich
Telefon 01/208 44 22

Elvia Versicherungs-Gesellschaft
Tödistrasse 65
8039 Zürich
Telefon 01/201 10 40

Epona Allgemeine
Tierversicherungsgesellschaft
Avenue de Béthusy 54
1012 Lausanne
Telefon 021/33 31 25

Europäische Allgemeine
Rückversicherungs-Gesellschaft
Mythenquai 50/60
8022 Zürich
Telefon 01/208 21 21

Europäische Reiseversicherung AG
Steinengraben 3
4003 Basel
Telefon 061/25 99 01

Familia
Lebensversicherungs-Gesellschaft
Teufenerstrasse 25
9000 St. Gallen
Telefon 071/23 21 21

Farabewa AG
Versicherungs-Gesellschaft
Florastrasse 7
8034 Zürich
Telefon 01/47 70 00

Fortuna
Lebensversicherungs-Gesellschaft
Freigutstrasse 12
8027 Zürich
Telefon 01/201 50 30

Die Freiburger Allgemeine
Versicherungs AG
Avenue du Midi 15
1701 Freiburg
Telefon 037/24 44 74

General Reinsurance Corporation
(Europe)
Bellerivestrasse 29
8034 Zürich
Telefon 01/47 53 40

Genfer Allgemeine
Versicherungs-Gesellschaft
Avenue Eugène-Pittard 16
1211 Genf
Telefon 022/47 92 22

Gerling Globale
Rückversicherungs-Gruppe AG
Unter Altstadt 10
6300 Zug
Telefon 042/21 30 12

Guardian
Rückversicherungs-Gesellschaft
Feldeggstrasse 36
8008 Zürich
Telefon 01/252 42 30

Helvetia Feuer
Dufourstrasse 40
9001 St. Gallen
Telefon 071/26 51 11

Helvetia Leben
Cours Rive 2
1211 Genf
Telefon 022/28 51 33

Helvetia Unfall
Bleicherweg 19
8022 Zürich
Telefon 01/201 38 40

Interwa-AG
Gartenhofstrasse 17
8036 Zürich
Telefon 01/242 49 33

Juridica Compagnie d'assurance de la
protection juridique
Rue du Château 13
2001 Neuchâtel
Telefon 038/25 67 61

KKB Versicherungen
Laubeggstrasse 68
3000 Bern 32
Telefon 031/44 25 81

Limmat-Versicherungsgesellschaft
Genferstrasse 11
8027 Zürich
Telefon 01/201 41 01

Metzger-Unfall Versicherungsverband
Irisstrasse 9
8028 Zürich
Telefon 01/251 76 34

Neptunia Assicurazioni Marittime SA
Via Balestra 3
6900 Lugano 1
Telefon 091/23 78 41

Neuenburger Versicherungen
Rue de Monruz 2
2001 Neuenburg
Telefon 038/21 11 71

Neue Rückversicherungs-Gesellschaft
Rue de l'Athénée 6−8
1211 Genf 3
Telefon 022/20 42 11

Orion
Rechtsschutz-Versicherungs-
gesellschaft
Steinengraben 25
4003 Basel
Telefon 061/25 79 39

Patria Allgemeine
Versicherungs-Gesellschaft
St.-Alban-Anlage 26
4002 Basel
Telefon 061/55 11 55

Patria Schweizerische
Lebensversicherungs-Gesellschaft
St.-Alban-Anlage 26
4002 Basel
Telefon 061/55 11 55

Pax Schweizerische
Lebensversicherungs-Gesellschaft
Aeschenplatz 13
4002 Basel
Telefon 061/22 20 00

Phenix Lebensversicherungs-
gesellschaft
Avenue d'Ouchy 14
1000 Lausanne
Telefon 021/26 70 83

Previsa
Rechtsschutz-Versicherungs-
gesellschaft AG
Boulevard Saint-Georges 72
1205 Genf
Telefon 022/20 32 22

Protekta Rechtsschutz-Versicherungs
AG
Effingerstrasse 15
3001 Bern
Telefon 031/25 52 56

Providentia Schweizerische
Lebensversicherungs-Gesellschaft
Chemin de la Redoute 54
Case postale 302
1260 Nyon
Telefon 022/63 12 12

Rentenanstalt Schweizerische
Lebensversicherung
General-Guisan-Quai 40
8022 Zürich
Telefon 01/206 33 11

Rhein Rückversicherungs AG
Kornhausgasse 7
4002 Basel
Telefon 061/25 88 50

Schützenvereine Unfallversicherung
Riedthofstrasse 289
8049 Zürich
Telefon 01/56 63 06

Schweiz. Allgemeine Versicherungs
AG
Gotthardstrasse 43
8022 Zürich
Telefon 01/207 66 66

Schweizerische
Hagel-Versicherungs-Gesellschaft
Seilergraben 61
8023 Zürich
Telefon 01/251 71 72

Schweizerische Mobiliar
Versicherungs-Gesellschaft
Schwanengasse 14
3001 Bern
Telefon 031/22 13 11

Schweizerische National
Versicherungs-Gesellschaft
Steinengraben 41
4051 Basel
Telefon 061/21 01 11

Schweizerische
Rückversicherungs-Gesellschaft
Mythenquai 50/60
8022 Zürich
Telefon 01/208 21 21

Secura Versicherungsgesellschaft
Löwenstrasse 32
8023 Zürich
Telefon 01/211 24 10

Solida Unfallversicherung
Schweizerischer Krankenkassen
Rotachstrasse 20
8003 Zürich
Telefon 01/463 10 00

La Suisse
Unfall-Versicherungs-Gesellschaft
Avenue de Rumine 13
1001 Lausanne
Telefon 021/20 18 11

TCS Versicherungs-AG
Rue Pierre-Fatio 9
1211 Genf 3
Telefon 022/37 12 12

Ticino Lebensversicherungs-
Gesellschaft
Via Camara
6932 Breganzona
Telefon 091/56 77 51

Tokio Rückversicherungs-Gesellschaft
AG
Lavaterstrasse 83
8002 Zürich
Telefon 01/202 06 07

TSM Transportversicherungs-
gesellschaft
Avenue Léopold-Robert 42
2301 La Chaux-de-Fonds
Telefon 039/23 44 61

Turegum Versicherungsgesellschaft
Mythenquai 2
8022 Zürich
Telefon 01/205 21 21

Union Rückversicherungs-Gesellschaft
Genferstrasse 27
8027 Zürich
Telefon 01/201 18 80

Union Suisse
Rue de la Fontaine 1
1211 Genf 3
Telefon 022/22 01 65

Unisana Unfallversicherung für
Gewerbe und Industrie
Effingerstrasse 59
3000 Bern 14
Telefon 031/25 84 92

Universale
Rückversicherungs-Aktiengesellschaft
Dreikönigstrasse 45
8022 Zürich
Telefon 01/201 24 36

Veritas Rückversicherungs AG
Zugerbergstrasse 4
6301 Zug
Telefon 042/23 11 71

Vita
Lebensversicherungs-Aktien-
gesellschaft
Austrasse 46
8022 Zürich
Telefon 01/465 65 65

Waadt Versicherungen
Place de Milan
1001 Lausanne
Telefon 021/26 61 21

VVST Versicherungs-Verband
Schweizerischer
Transportunternehmungen
Urs-Graf-Strasse 12
4002 Basel
Telefon 061/42 51 65

Winterthur Schweizerische
Versicherungs-Gesellschaft
General-Guisan-Strasse 40
8401 Winterthur
Telefon 052/85 11 11

Winterthur
Lebensversicherungs-Gesellschaft
Römerstrasse 17
8401 Winterthur
Telefon 052/85 11 11

Winterthur Rechtsschutzversicherung
Untertor 39
8401 Winterthur
Telefon 052/22 88 22

Zürich Versicherungs-Gesellschaft
Mythenquai 2
8022 Zürich
Telefon 01/205 21 21

# Hauptsitz der in der Schweiz vertretenen ausländischen Versicherungsgesellschaften

Deutschland:
Deutsche Hagelversicherung, Zürich
Gerling Allgemeine Versicherungs AG, Zürich
Gothaer Versicherungsbank, Zürich
Nordstern Allgemeine Versicherungs AG, Zürich
Securitas Bremer Allgemeine Versicherungs AG, Zürich

Frankreich:
Assurances générales de France, Lausanne
Gan incendie accidents, Pully
Gan vie, Pully
Préservatrice-Foncière, Genf
Société française d'assurances pour favoriser le crédit, Zürich
L'Union des assurances de Paris, Lausanne

Grossbritannien:
British & Foreign Marine Insurance, Zürich

General Accident Fire & Life, Zürich
Lloyd's Underwriters, Zürich
The Marine Insurance Company, Neuchâtel
The Northern Assurance Company, Genf

Niederlande:
AGO Schadeverzekering, Zürich
Nieuw Rotterdam Assurantie, Basel

Österreich:
Erste Allgemeine Versicherungs AG, Bern

Spanien:
GESA, General Europea SA, Genf

USA:
American Home, Zürich
The Home Insurance Company, Zürich
INA, Insurance Company of North America, Zürich

# Suche nach einem Anwalt

## Anwälte können folgende Stellen nennen:

● Schweizerischer Beobachter
Industriestrasse 54
8152 Glattbrugg
Telefon 01/829 61 11

● Kantonale Anwaltsverbände
Die Adressen der Präsidenten und Sekretariate können erfragt werden bei:
Schweizerischer Anwaltsverband
Lavaterstrasse 83
8027 Zürich
Telefon 01/202 56 50

● Demokratische Juristen der Schweiz (DJS) RA Egloff
Effingerstrasse 41a
3011 Bern
Telefon 031/26 08 38

● Gerichte
Oft sind die lokalen Gerichte bereit, spezialisierte Anwälte zu vermitteln.

● Rechtsauskunftsstellen der kantonalen Sektionen des Schweizerischen Anwaltsverbandes

BE  Sekretariat
Effingerstrasse 4
3000 Bern
Telefon 031/25 39 37
Sa 9 – 12 Uhr

Dorfschulhaus
3123 Belp
jeden 1. Freitag, 17 – 20 Uhr

Mühlebrücke 3
2511 Biel
Sa 9 – 12 Uhr
Telefon 032/21 24 09

Kirchbühl 17
3400 Burgdorf
jeden 2. Freitag von
17.30 – 19.30 Uhr

Gemeindehaus
4900 Langenthal
jeden 1. Samstag, 9 – 11 Uhr

Amtshaus Aarberg
Sitzungszimmer, 1. Stock
Voranmeldung erforderlich
Telefon 032/82 12 08
jeden 3. Samstag, 8.30 – 12 Uhr

Frutigenstrasse 6
3600 Thun
jeden 1. und 3. Mittwoch, 17 – 19 Uhr

BS    Hebelstrasse 2
      4051 Basel
      Do 17—19 Uhr

FR    Alpengasse 58
      1700 Freiburg
      Di 17—19 Uhr

GE    Permanence juridique de
      l'Ordre des Avocats
      Rue Verdaine 13
      1204 Genève
      Telefon 022/28 24 11

GR    Sekretariat Bündner Anwalts-
      verband
      Obere Gasse 17
      7002 Chur
      Telefon 081/22 79 65

Regionale Rechtsauskunftsstellen, die
jeweils an (gewissen) Samstagen von 9
bis 12 Uhr geöffnet sind:
      *Region Chur:* jeden Samstag im
Gerichtsgebäude, Poststrasse 14, Chur.
      *Region Prättigau-Davos:* jeden er-
sten Samstag im Monat im Verwal-
tungsgebäude am Bergli (Büro Nummer 2) in Davos, jeden letzten Samstag
im Monat im Rathaus (Sitzungszimmer Nummer 24, 2. Stock) in Klosters.
      *Region Oberland:* jeden ersten
Samstag im Monat in der Casa Cumin,
Büro Bezirksamt Glenner, Ilanz.
      *Region Engadin:* jeden ersten und
letzten Samstag im Monat im Gemeindehaus Samedan (ersatzweise in der
Chesa Planta in Samedan).
      *Region Mittelbünden:* jeden ersten
Samstag im Monat im Rathaus (Zimmer Nummer 203, 2. Stock) in Thusis.

JU    Jurassischer Anwaltsverband
      c/o Me François Boillat
      Avocat
      Place de la Gare 14
      2800 Delémont
      Telefon 066/33 39 42

LU    Sekretariat
      RA K. Bieder
      Weggisgasse 29
      6004 Luzern
      Telefon 041/51 64 79

NE    Me François Knoepfler
      Avocat
      Rue de la Serre 4
      2000 Neuchâtel
      Telefon 038/24 35 22

      Me Maurice Favre
      Avocat
      Avenue Léopold-Robert 66
      2301 La Chaux-de-Fonds
      Telefon 039/23 73 24

SG    Neugasse 35 (1. Stock)
      9000 St. Gallen
      Do 16.30—19 Uhr, Büro 5

SO    Solothurnischer Anwaltsverband

      Bielstrasse 12
      4500 Solothurn
      Telefon 065/22 72 27

      Dammstrasse 14
      2500 Grenchen
      Telefon 065/52 39 52

      Baslerstrasse 37
      4603 Olten
      Telefon 062/32 32 31

      Amtshausstrasse 21a
      4143 Dornach
      Telefon 061/72 74 11

SZ    Sekretariat
      Anwaltsverband des Kantons
      Schwyz
      c/o RA Guido Schmidhäusler
      Zürcherstrasse 43
      8853 Lachen
      Telefon 055/63 38 03

TG    Sekretariat
      Thurgauischer Anwaltsverband
      c/o RA Dr. Hermann Bürgi
      Bahnhofstrasse 49
      8500 Frauenfeld
      Telefon 054/7 22 80

UR    Sekretariat
      Urner Anwaltsverband
      c/o RA H. Stadler
      Fremdenspital
      6460 Altdorf
      Telefon 044/2 26 06

VD    Permanence juridique de
      l'Ordre des Avocats Vaudois
      Rue Mauborget 6
      1000 Lausanne
      Telefon 021/20 20 60

ZH    Selnaustrasse 27
      8001 Zürich
      Mo und Do 14—16 Uhr

      Gubelstrasse 9
      8050 Zürich-Oerlikon
      Telefon 01/312 40 20
      Mo 19—21 Uhr

      Hans-Haller-Gasse 9
      8180 Bülach

      Gemeindehaus
      8157 Dielsdorf

## Unentgeltliche Prozessführung

Gesuche um unentgeltliche Prozessführung und um unentgeltliche Bestellung eines Rechtsvertreters sind in den meisten Kantonen dem Präsidenten des Gerichts einzureichen, das über den Fall zu entscheiden hat. Weil die Vorschriften in den Kantonen unterschiedlich sind und weil die Bezeichnung der Gerichte verschieden ist, fragen Sie am besten zuerst das nächstgelegene Gericht im Kanton, in dem Sie prozessieren müssen, an. Dort erfahren Sie auch, welche Bescheinigungen Sie beibringen müssen, damit das Gesuch behandelt werden kann. In den meisten Kantonen sehen die Voraussetzungen für die unentgeltliche Prozessführung ungefähr so aus:

— Einkommen und Vermögen dürfen eine bestimmte, nach kantonalen Gesichtspunkten festgelegte Grenze nicht übersteigen.
— Der angestrebte Prozess darf nicht von vornherein aussichtslos sein.

Für die Bestellung eines unentgeltlichen Rechtsvertreters ist zudem Voraussetzung, dass es sich um ein kompliziertes Rechtsgeschäft handelt.

## Übersetzte Anwaltsrechnung

Wenn Sie die Rechnung Ihres Anwalts für übersetzt halten, besteht in folgenden Kantonen die Möglichkeit, die Angemessenheit des Honorars beim Gericht, das mit dem Prozess befasst war, überprüfen zu lassen (sogenanntes Moderationsverfahren):

— Aargau
— Basel-Landschaft (Moderationsbeschwerde an das Obergericht)
— Basel-Stadt
— Freiburg (Moderationshof des Obergerichts)
— Glarus
— Graubünden
— Luzern
— Nidwalden
— Obwalden
— St. Gallen (Die Rechnung des Anwalts kann man durch einen vom Kantonsgericht bezeichneten Kantonsrichter überprüfen lassen.)
— Schaffhausen (beim Obergericht)
— Solothurn (Es gibt ein Moderationsverfahren beim Anwaltsverband.)
— Schwyz
— Thurgau (Das Bezirksgericht legt die Anwaltshonorare selbst fest; es überprüft dabei die Kostennoten der Anwälte.)
— Uri
— Zug
— Zürich

Bei nicht prozessualer Tätigkeit des Anwalts prüfen die kantonalen Anwaltsverbände die Rechnung

## Im Falle eines Falles

| | | |
|---|---|---|
| Polizeinotruf | 117 | Schweizerische Rettungsflugwacht |
| Feuermeldestelle | 118 | (REGA) |
| Strassenhilfe | 140 | Mainaustrasse 21 |
| Sanitätsnotruf | 144 | 8008 Zürich |

274

Alarmzentrale:
Telefon 01/47 47 47
Sekretariat:
Telefon 01/385 85 85

Interverband für Rettungswesen IVR
Ochsengässli 9
5000 Aarau
Telefon 064/22 66 22

Automobil-Club der Schweiz (ACS)
Wasserwerkgasse 39
3000 Bern
Telefon 031/22 47 22

Touring-Club der Schweiz (TCS)
Rue Pierre-Fatio 9
1211 Genf 3
Telefon:
— Sekretariat 022/37 12 12
— Strasseninformation und
Alarmzentrale Schweiz 022/35 80 00
— Alarmzentrale vom Ausland her
022/36 44 44
— Pannenhilfe 140

Verkehrs-Club der Schweiz (VCS)
Bahnhofstrasse 8
3360 Herzogenbuchsee
Telefon 063/61 51 51

## Unfallverhütung

BfB
Beratungsstelle für Brandverhütung
Bundesgasse 20
3011 Bern
Telefon 031/22 39 26

bfu
Schweizerische Beratungsstelle für
Unfallverhütung
Laupenstrasse 11
Postfach 2273
3001 Bern
Telefon 031/25 44 14

BUL
Beratungsstelle für Unfallverhütung
in der Landwirtschaft
5040 Schöftland
Telefon 064/81 48 48

## Haftpflicht, Verschuldens- und Kausalhaftung

Schweizerische Ärzte-Information
Seefeldstrasse 198
8008 Zürich
Telefon 01/55 05 05

Schweizerische Ärzte-Organisation
Elfenstrasse 18
3000 Bern 16
Telefon 031/43 55 43

Schweizerische Patientenorganisation
Postfach 850
8025 Zürich
Telefon 01/252 54 22

Die Zahnärzte-Honorarprüfungskom-
mission Ihrer Region nennt Ihnen die
Schweizerische Zahnärzte-
Gesellschaft
Münzgraben 2
3011 Bern
Telefon 031/22 76 28

Schweizerische Patientenstelle
Hammerstrasse 160 C
4057 Basel
Telefon 061/32 36 76

Patientenstelle Innerschweiz
Mühlenplatz 5
6004 Luzern
Telefon 041/51 10 14

Patientenstelle
Hofwiesenstrasse 3
8042 Zürich
Telefon 01/361 92 56

275

# Sachregister

Das Register erhebt keinen Anspruch auf Vollständigkeit, es soll dem Benutzer jedoch helfen, wichtige Stichwörter und schwer einzuordnende Begriffe rasch aufzufinden. Da zahlreiche Begriffe in verschiedenen Kapiteln auftauchen, haben wir beim Stichwort — wo nötig — das entsprechende Sachkapitel bezeichnet. Dabei wurden folgende Abkürzungen verwendet (die Reihenfolge entspricht der Anordnung im Buch):

Berufliche Vorsorge = BVG
Alters- und Hinterlassenenversicherung = AHV
Invalidenversicherung = IV
Ergänzungsleistungen zur AHV/IV = EL
Arbeitslosenversicherung = ALV
Militärversicherung = MV
Krankenversicherung = KV
Unfallversicherung = UV
Autoversicherung = AV
Lebensversicherung = LV
Privathaftpflichtversicherung = PHV
Hausratversicherung = HV
Reiseversicherung = RV
Rechtschutzversicherung = RSV

# Die Beobachter-Ratgeber geben Antwort auf praktische und rechtliche Fragen: Ratgeber um Ratgeber.

Ein Ratgeber aus der Beobachter-Praxis

**Testament – Erbfolge – Erbschaft**

3. Auflage
18. – 25. Tausend
162 Seiten, kartoniert

Ein Ratgeber aus der Beobachter-Praxis

**Sind Sie richtig versichert?**

2. Auflage
11. – 17. Tausend
276 Seiten, kartoniert

Ein Ratgeber aus der Beobachter-Praxis

**Konkubinat**

2. Auflage
11. – 20. Tausend
148 Seiten, kartoniert

**Scheidung**

2. Auflage
11. – 20. Tausend
196 Seiten, kartoniert

**Unfall, was nun?**

248 Seiten, kartoniert, mit Beilage
‹Europ. Unfallprotokoll›
und ‹Erste Hilfe-Broschüre›

**Reisen ohne Sorgen**

212 Seiten, kartoniert

**Frau im Beruf**

234 Seiten, kartoniert

der schweizerische
**Beobachter**
■ Kunst ■ Unterhaltung ■ Wissen

Erhältlich in Ihrer Buchhandlung
oder direkt beim Verlag:
Der schweizerische Beobachter, Buchverlag
Industriestrasse 54, 8152 Glattbrugg,
Telefon 01 / 829 62 26